大国崛起的文化准备

李洪峰 著

文化藝術出版社
Culture and Art Publishing House

目　录

注释

当代世界正在发生广泛而深刻的变化，当代中国正在发生广泛而深刻的变革，当代中国同世界的关系也在发生历史性变化。现在，这种变化和变革，在相互作用、相互影响的过程中日益广泛而深刻，并且正在广泛而深刻地改变着中国和世界的面貌。

美国国家情报委员会在《2025年全球趋势》报告中称，未来20年中国将拥有最大影响力。日本内阁2010年5月发布《世界经济趋势》报告预计，2030年中国经济总量将占全球23.9%，是日本的4倍。有西方战略学家认为“中国崛起成为一个大国，将是21世纪国际关系中最为确定的发展趋势之一”。美国历史学家伊恩·莫里斯认为，东方崛起大势不可改变。他指出，在理查德·尼克松1972年对北京进行历史性访问时，美国工人的生产率是中国工人的20倍。中国当时在全球总产出中所占的比重仅为5%，现在则升至14%。中国如今已经成为世界第二大经济体。据美国高盛公司预测，到2027年，中国将超过美国成为世界最大的经济体。

如同中华人民共和国成立是20世纪的伟大事件一样，中华民族的伟大复兴将成为21世纪的伟大事件。这是一个改变世界政治格局和经济格局的不可逆转的伟大历史进程。

大国崛起，要有经济准备、政治准备、军事准备，也要有文化准备。

一、我国作为发展中大国，文化落后的状况尚未根本改变

1949年新中国成立后，毛泽东主席多次讲过，我国是一个经济文化落后的大国。毛主席讲的，是两个落后，一个经济落后，一个文化落后。他后来还有个形象的说法，叫一穷二白，穷指的是经济，白指的是文化。

经济落后问题，引起了全党全民族的高度重视，经过新中国成立60多年特别是改革开放30多年的艰苦奋斗，我国经济高速发展，综合国力显著提高，取得的伟大成就举世瞩目。1978年以来，中国经济连续30多年平均保持9%以上的增长速度。尽管我国社会生产力水平总体还不高，

自主创新能力和核心竞争力还不强，农业基础还很薄弱，产业层次和劳动生产率相对较低，城乡区域发展还很不平衡，城镇化水平还很低，人民生活水平还不高。按联合国人均一天一美元的生活标准，中国今天还有1.5亿人生活在贫困线以下。每年还要解决2400万人的就业问题。中国要真正发展和强大起来，还要走漫长而艰辛的道路。但我国经济总量和许多产业制造能力已跃居世界前列。"十一五"时期是我国发展史上极不平凡的五年，也是我国改革开放和社会主义现代化建设取得新的重大成就的五年。2005—2010年，我国国内生产总值从18万亿元增加到近40万亿元，人均国内生产总值从1700美元增加到4000美元，国家财政收入从3万亿元增加到8万亿元，出口额和外汇储备跃居世界第一位；载人航天、探月工程、超级计算机等尖端科技领域实现重大跨越，综合国力大幅提升。2010年4月，世界银行春季会议通过改革方案，中国的投票权将由2.77%提高至4.42%，成为仅次于美国、日本的世行第三大股东国。11月，国际货币基金组织批准改革方案，中国持有份额从3.72%升至

6.39%，投票权从3.655%升至6.07%，成为居美、日之后拥有第三大表决权的国家。

总体上来说，我们完全可以得出结论，我国经济落后的状况，正在发生根本的改变。

但能不能因此说，我国文化落后的状况，也发生了根本改变呢？目前还不能这样说。我的认识是，已经发生了重大改变，但尚未得到根本改变。

讲我国文化落后的状况尚未得到根本改变，是因为我国硬实力上升很快，文化软实力建设还严重滞后于经济发展和国家战略需要。

在我国处于改革攻坚期、国际体系变革期、与世界关系磨合期的关键时期，在全球思想文化交流交融交锋的新的历史条件下，在西方文化的强烈冲击面前，我国的国家文化软实力建设面临三个历史性课题，或者叫做三个历史性挑战：

一是，传统文化现代化问题。

大家都知道20世纪40年代黄炎培[1]到延安考察，向毛泽东提出了著名的“黄炎培问题”。黄炎培说：“我生六十多年，耳闻的不说，所亲眼看到的，真所谓‘其兴也勃焉’，‘其亡也忽焉’，一人，一家，一团体，一地方，乃至一国，不少单位都没能跳出这周期率的支配力。大凡初时聚精会神，没有一事不用心，没有一人不卖力，也许那时艰难困苦，只有从万死中觅取一生，既而环境渐渐好转了，精神也就渐渐放下了。有的因为历时长久，自然地惰性发作，由少数演为多数，到风气养成；虽有大力，无法扭转，并且无法补救。也有为了区域一步步扩大了，它的扩大，有的出于自然发展，有的为功业欲所驱使，强求发展，到干部人才渐见竭蹶、艰于应付的时候，环境倒越加复杂起来了，控制力不免趋于薄弱了。一部历史，'政怠宦成'的也有，'人亡政息'的也有，'求荣取辱'的也有，总之没能跳出这周期率。""中共诸君从过去到现在，我略略了解的了。就是希望找出一条新路，来跳出这周期率的支配。"这就是著名的"黄炎培问题"。毛泽东当即回答："我们已经找到了新路，我们能够跳出这个'周期率'，这条新路，就是民主。只有让人民来监督政府，政府才不敢松懈。只有人人起来负责，才不会人亡政息。"这就是著名的"毛泽东答问"。

其实，还有非常有名的“梁启超[2]问题”和“李约瑟[3]问题”。梁启超1904年在《新民丛报》上写道：“郑君之初航海，当哥伦布发见亚美利加以前六十余年，当维哥达嘉马[4]发见印度新航路以前七十余年。顾何以哥氏、维氏之绩，能使全世界划然开一新纪元。而郑君之烈，随郑君之没以俱逝。我国民虽稍食其赐，亦几希焉。则哥伦布以后，有无量数之哥伦布，维哥达嘉马以后，有无量数之维哥达嘉马。而我则郑和以后，竟无第二之郑和，噫嘻，是岂郑君之罪也。”这就是“梁启超问题”。

李约瑟在撰写《中国科学技术史》这一煌煌巨著时，提出了著名的“李约瑟问题”。他说：“如果我的中国朋友们在智力上和我完全一样，那为什么像伽利略[5]、托里拆利[6]、斯蒂文[7]、牛顿[8]这样的伟大人物都是欧洲人，而不是中国人或印度人呢？为什么近代科学和科学革命只产生在欧洲呢？”“为什么直到中世纪中国还比欧洲先进，后来却会让欧洲人着了先鞭呢？怎么会产生这样的转变呢？”

上述三个问题，虽然处在不同领域，是在不

同时期提出的，但追根溯源，说到底，都可以归结为文化问题，说明我们的传统文化是有缺陷的，是值得深入反思的。用历史眼光来审视，我们对自己文化的认识，曾经历了从自我陶醉到全盘否定、再到重新认识这样一个历史过程。中国文化几千年来曾长期陶醉于以自己的辉煌成就铸造的思想牢笼和封闭世界里。1840年鸦片战争[9]后，在列强坚船利炮的打击下，经过与西方文化反复的比较和冲撞，到五四运动，到文化大革命，传统文化成为批判的矛头所向，有的甚至认为，是传统文化阻碍了国家的进步，因而中国文化的根基发生了某种动摇。改革开放以来，随着我国经济的发展和综合国力的强大，人们开始对中国传统文化进行再认识，开始寻找中国强大的文化基因。一些国外有识之士越来越认识到：21世纪将不再由西方发达国家塑造，中国在走向强大的过程中，将会愈加肯定其古代文明延续下来的价值观。我国国内出现“国学热”和世界上出现“中国热”，就是在这样的时代背景下发生的。上述这样一个历史过程，涉及怎样看待我国五千年历史文化的问题，其中最核心的问题，是如何面向现代化、面向世界、面向未来，实现传统文化的现代化问题。这个问题从理论到实践，都没有完全解决。中华民族正处在伟大复兴的重要阶段，我们必须有清醒的文化自觉，既要深入挖掘中华文化的精髓，又要认真反思我们文化的缺陷，从而建设性地实现古为今用，使之成为推动中华民族伟大复兴的丰厚资源和强大动力。

二是，民族素质和民族自信心问题。

新中国成立60多年，改革开放30多年，随着经济社会的发展进步，我国民族素质显著提高。这是不容置疑的事实。但也必须清醒地看到，由于我国改革开放和现代化建设的广度、深度和前进的速度前所未有，就整个国家和民族来说，我们的素质准备是远远不够的，存在某种滞后甚至严重滞后的现象。而从历史的和世界的视野来观察，一个大国的崛起，良好国民素质的养成和提高，是最重要的内在因素之一。这里举德国[10]和以色列[11]两个国家为例。

德意志民族有着悠久的历史和深厚的文化传统，产生过许多举世闻名的大思想家、大哲学家、大科学家、大文学家、大音乐家，如康德[12]、黑格尔[13]、马克思、海德格尔[14]、爱因斯坦[15]、贝多芬[16]、巴赫[17]、歌德[18]、海涅[19]等等。他们的思想和行为影响了广大的德国民众，成为德国民族文化和民族精神的重要组成部分。尼采在谈到德国人的民族特性时说："它没有一种与之一起成为主宰的高级文化，更没有一种美好的趣味和一种高贵的本能之'美'；然而，它却有着比任何一个欧洲国家更男人气的美德。勇气和自尊十足，在交往和相互义务中诚信有加，非常勤劳，极为坚毅——还有一种固有的、需要加以刺激而不是加以阻止的节制。"德国民族文化和民族精神，有三个显著特点：一是讲理性，守纪律；二是文化素质普遍较高；三是崇尚自强不息精神。歌德的《浮士德》所讲述的故事就生动、深刻地反映了德意志的民族精神。这种精神在很多德国人身上体现得比较突出。一直到现在，德国的产品质量在世界上有口皆碑、举世公认，其原因就是他们保证质量，不断改进，总是追求更美好、更完善的目标。正是由于有了这种无止境的追求精神，德意志民族才始终保持了旺盛的生命力，才可以在“二战”失败的废墟上，经过几十年的艰苦奋斗，国家迅速恢复元气，重新成为欧洲和世界舞台上一支不容忽视的重要力量。

以色列是一个面积只有21000多平方公里，约2/3土地为沙漠地带的袖珍小国，然而就是这样一个小国，已经发展成为人均GDP达到28000多美元的现代化工业国家，位居世界前列。犹太民族可以说是一个多灾多难的民族，历史上的几次大流散，蒙受了巨大的耻辱，并且遭受了德国纳粹最血腥的种族大屠杀。但这个民族历经千年磨难而不衰，归根到底，是犹太民族自强不息的奋斗精神和高度的民族团结精神在做支撑。世界上公认，犹太民族是最善于学习的民族，是最善于思考的民族，是最富于坚韧精神的民族，是最务实又最富想象力和创造力的民族。

优秀的民族素质是怎样养成的？差别在基础、在家庭教育。有一本名为《特别狠心特别爱》的书，介绍了一位以色列母亲的成功育子经验。她给了孩子们坚强、自信、宽容三把钥匙。而她的孩子们也以三把钥匙来回报她的养育之恩：一把汽车钥匙、一把别墅钥匙和一把装满珠宝的保险箱钥匙。犹太家长对儿女的爱，以终生受益为目标，他们不做短线，只做长期投资，从小就培养孩子健全的素质和人格，不培养平庸孩子。该书作者沙拉在“后记”中说，一些中国父母爱孩子的画面像一幅子宫图，而犹太父母爱孩子的画面像一幅篝火图。最美的子宫图就像文艺复兴时期大师达·芬奇在手稿中所描绘，它完美地表现出“子宫就是孩子的宫殿”。儿女是来源于子宫的作品，可是，作品发表之后，父母还设立“虚拟子宫”，斩不断理还乱地来“爱”孩子，久而久之就把孩子培养成平庸无能的人。犹太父母爱孩子的画面则像一幅篝火图。画面中，父母用篝火点燃孩子的人生和前程，遥遥望见他们就像一轮新的太阳从地平线升起。虚拟子宫的爱子方式，是毁灭性的育儿方式。然而，令人忧心的是，很多深陷误区的中国父母却丝毫没有意识到这一点。他们以爱的名义，正在送给孩子最可怕的礼物。“把生存教育列在教育的首位。”“有偿生活机制”是犹太生存教育的一个精华。它不仅使犹太子孙精明富有，而且还使得他们无论漂泊到世界任何一个角落，都能如鱼得水地开展事业。以色列的《家庭教育》杂志曾做过一个调查：爱干家务的孩子与不爱干家务的孩子相比，长大后的失业率为1：15。在有偿生活机制的运行下，孩子们比想象的更能干，更有时间意识、成本意识、自我管理意识、责任意识。在以色列广为流传着一句教子名言："教育的目的是把每个人都训练成一个有自己独立思想的人。"这句名言出自犹太后裔爱因斯坦的口中。《读者》杂志上有一则介绍美国华盛顿一所精英教会高中的文章。这所高中的校训是"为了别人的人"。为了把学生培养成"为了别人的人"，所有毕业班学生必须完成至少40个小时的社会服务才能毕业。其中重要的一个服务项目是到无家可归者救济站，面对面地给那些无家可归者提供社会服务。这些无家可归者，有的有毒瘾，有的精神不正常，服务起来非常不容易。一位15岁的男孩负责打饭，他看到排队来领饭的人全低着头，一言不发。什么是人的尊严，这个刚开始理解世界的男孩一下子就领会到了。正常的财富，都是通过为他人服务而得到的报偿，所以致富的正途首先是理解他人。让孩子看看真实的生活，理解什么是人的尊严，怎样维护人的尊严，才能使孩子健康成长。

中华民族历来就有团结统一、独立自主、爱好和平、自强不息的优良传统。中国共产党是中华民族精神的继承者和发扬者，我们党培育了井冈山精神、长征精神、延安精神、“两弹一星”精神、载人航天精神、抗洪精神和抗震救灾精神、奥运精神等巨大、丰富的精神财富，使中华民族伟大的民族精神有了新的发展，民族素质有了新的提高。毛泽东、邓小平、江泽民、胡锦涛都多次强调弘扬和培育民族精神，提高民族素质。对此，我们要有充分的信心。但我们也要清醒地认识到，我们的民族素质还是有差距的。鲁迅[20]先生一生，既严于解剖自己，也在不断地同我们的民族“劣根性”作斗争。鲁迅塑造的阿Q形象和阿Q精神，今天仍然发人深省。吴冠中[21]先生晚年，曾讲过一段振聋发聩的话，他说:“越到晚年我越觉得绘画技术并不重要，内涵最重要。绘画艺术毕竟是用眼睛看的，具有平面局限性，许多感情都无法表现出来，不能像文学那样具有社会性。在我看来，一百个齐白石[22]也抵不上一个鲁迅的社会功能；多个少个齐白石无所谓，但少了一个鲁迅，中国人的脊梁就少半截。”吴冠中先生是把鲁迅当做中华民族的精神旗帜来对待的。

同民族素质问题相联系的，是民族自信心问题。民族自信心也是民族素质的一个重要方面。我国民族素质与其他国家的差距，民族自信心不足是一个重要表现。冷战结束后，美国等西方强国文化扩张势头强劲。他们依靠经济、军事、科技和文化的强大优势，处处强加于人，企图以自己的意识形态一统天下。随着西方文化产品的多渠道大量输出，西方社会的政治理念、价值观念、意识形态和生活方式，或公开或隐蔽地推销到世界各地，“西方文化中心论”[23]长期甚嚣尘上。我国本土文化、民族传统受到极大影响，许多民族语言、艺术品种濒临灭绝，极大地弱化了人们对民族文化的认同。受“西优中劣”价值取向的长期影响，造成一些中国人，特别是某些所谓精英阶层的“集体无意识”，在干部和群众中，客观上存在着某种文化虚无主义。在社会上，常常出现一些同国家利益、民族利益相背离的现象，即所谓有损“国格”、“人格”的现象。民族自信心不足，使得中国成为世界上走向现代化道路中割裂和抛弃自身传统最为严重的国家之一。从文化的角度来看，这是一个非常大的问题。

三是，中国文化的国际影响力问题。

国家文化软实力的一个重要体现在于是否具有强大的国际影响力。美国在世界上的影响，既靠强大的经济实力、军事实力，也靠强大的文化影响力。2010年6—11月，上海交通大学与美国杜克大学、印第安纳大学联合组织了“中国形象全球调查”。调查显示，61%的美国民众认为“中国已经在世界政治中具有影响力”，77%的受访者认为“十年之后，中国在世界上的影响力将增加”，64%的美国民众认为“中国经济具有国际竞争力”。但调查同时表明，美国人对中国文化了解甚少，72.5%的美国人不认为“中国有非常吸引人的流行文化”，仅40.6%的人认为“中国有非常丰富的文化遗产”。在文化上总体存在的西强我弱的态势，短时期内还难以改变。

就整个西方文化来说，几乎每个历史时期都

有其标志性的主导性话语；而与此相比较，中国文化在世界话语体系中主导性的话语还不多。冷战结束以来，随着经济全球化的发展，国际政治权力斗争不仅围绕军事实力、经济实力等传统硬实力资源展开，而且围绕价值观、社会制度、社会文化等软实力资源展开。无论是硬实力的竞争，还是软实力的竞争，有关各方越来越把角逐国际话语权和合法性摆到日益重要的地位，围绕话语权展开的竞争越来越成为当今国际政治中的一个重要现象。诸如恐怖主义的概念界定、国际人权准则和人道主义干预、气候变化和国际温室气体减排标准、汇率争端和国际金融体系改革方案，以及在利用核能与防扩散等问题上的争斗，几乎无不首先表现为国际话语权之争。无论是美国、俄罗斯等处于国际政治舞台中心的大国，还是挪威、新加坡等小国，甚至连原先不属于国际政治游戏场中的跨国公司、非政府组织、媒体等，也无不把谋求左右国际舆论导向的话语权作为角逐的主要目标之一，并积极谋求将自己的特定话语巩固为国际社会普遍接受的游戏规则。

一个国家在实施公共外交的过程中，经常面

临的一个问题就是，在国内十分有效的信息传递者，在国际上却未必能胜任相同的使命。这一方面是由于国际媒体的偏见，另一方面是中国的话语缺乏学术理论支撑。西方的话语往往基于学术研究，如文明冲突论等，因此从政策上对之加以批判是没有力度的。中国制定国际议题和国际规则的能力还相当有限，多数情况下只能表现为对西方话语做出反应，总体上处于结构性弱势当中。一个国家的文化软实力要想转化成为话语权还需具备战略支点，要通过外交、外贸、外宣、国际民间交流等众多渠道，统筹协调各方面资源，才能将文化软实力优势转化为话语权优势。一般而言，提升话语权的主要载体是一个国家的核心价值观。现代西方话语权问题的关键在于西方文化中心论。中国是发展中国家群体中的一员，我们要坚持用先进的价值观对外讲话。各个国家之间虽然千差万别，但人类作为整体是具有共性的，主要体现在三方面：一是社会性；二是劳动创造性；三是自主选择性。符合这三个人类本质的价值观就是先进的价值观。儒学在当代中国社会的复兴是有原因的，因为儒学中的“仁、义、礼、智、信”符合人类本质中的社会性，所以大家都会接受。从这个角度来看，中国在提升潜在国际话语权方面是存在优势的。

汉字的魅力、中国语言的魅力、中华文化的魅力、中国思想的魅力，还远远没有挖掘出来，还远远没有为世界所高度认可。上海世博会的主题：“城市，让生活更美好”，发明权也不是我们自己的，是亚里士多德[24]讲的。他说，人们来到城市，是为了生活；人们居住在城市，是为了使生活更美好。

在文化产业方面，据社会科学文献出版社2004年出版的《中国文化产业国际竞争力报告》对15个国家文化产业竞争力的综合评价分析：美国的文化产业竞争力指数为0.87，位居15个受测评国之首，中国的文化产业国际竞争力指数为0.22，低于0.5这一国际竞争力指数的平均值，明显处于文化产业国际竞争力的弱势地位。

在文化交流方面，我们“引进来”和“走出去”相比，两者还不相匹配。如果说经济是顺差的话，文化毫无疑问是很大的逆差，像电影等文艺作品，进口远远大于出口。世界上“中国制造”已非常流行，从衬衫到鞋子，从玩具到工艺品，几乎在世界上任何一个角落都可以看到。但我们的价值观、我们的文化并没有相应地随之“走出去”。我们还缺少文化“走出去”的战略设计和战略思考。比如，我们拿什么“走出去”？如果“走出去”的都是一些“声色犬马”、肤浅之物，不但不会树立中华民族的形象，反而可能带来可怕的民族误解。英国有莎士比亚，法国有巴尔扎克、雨果，俄罗斯有普希金、托尔斯泰，这些国家都拥有世界性影响的大师，才赢得了世界的理解和尊重。一个国家在艺术和思想方面的输出有它的客观规律，强大的人格力量、巨大的民族创造力、伟大的精神境界，这些东西震撼和感动了其他民族，才算是真正的“走出去”，才是对世界的真正贡献。

再以风靡世界的美国大片为例，题材各个不同，但有三个共同特点：一是国家利益高于一切；二是美国民族精神、美国式的英雄主义；三是表现美国式生活情趣、美国式的爱情。总起来讲，是高品位、高质量的。我们的一些影视作品还不可同日而语，还不入流。法国作家弗雷德里克·

马特尔在他的新书《主流：关于世界流行文化的调查》中指出，全球化和互联网重组了文化产品“战争”的各种力量。这些力量在重新划分世界文化的版图，而对各国的综合国力产生深远影响。

从长远的国际竞争来说，一个国家的文化如果长期落后、长期滞后于经济、政治和社会的发展，就不可能实现由富国向强国的战略转变。这是一个必须引起高度重视的重大问题。

讲我国文化落后的状况已经发生重大改变，从国家文化软实力的角度来分析，是因为我国有两个根本优势：

一个根本优势，是思想理论优势。

讲国家文化软实力，不能不讲思想理论。理论是文化的核心。马克思说过：“任何真正的哲学都是自己时代的精神上的精华，因此，必然会出现这样的时代：那时哲学不仅在内部通过自己的内容，而且在外部通过自己的表现，同自己时代的现实世界接触并相互作用。那时，哲学不再是同其他各特定体系相对的特定体系，而变成面对世界的一般哲学，变成当代世界的哲学。各种外部表现证明，哲学正获得这样的意义，哲学正变成文化的活的灵魂，哲学正在世界化，而世界正在哲学化，——这样的外部表现在一切时代里曾经是相同的。”

中国共产党诞生本身，就是中国先进文化的产物，马克思主义[25]同中国工人运动相结合，孕育了中国共产党。而且中国共产党从一诞生就举起了马克思主义这面先进文化的旗帜。关于中国共产党为什么要高举马克思主义这面旗帜，毛泽东同志讲过一段很精辟的话。他说：“要把马克思主义当做工具看待，没有什么神秘，因为它合用，别的工具不合用，资产阶级的唯物主义不合用，只有马克思的唯物主义，就是辩证唯物主义，运用到社会问题上成为历史唯物主义，才合用。”中国共产党不但高举马克思主义伟大旗帜，而且实现了并不断推进马克思主义中国化，使我们党有了毛泽东思想和包括邓小平理论、“三个代表”重要思想、科学发展观在内的中国特色社会主义理论体系。这些我们党自己的科学理论形态，是我们党领导革命、建设和改革的强大思想武器，是中华民族自立于世界民族之林的强大思想武器，也是实现中华民族伟大复兴的强大思想武器。

陈毅[26]在1947年总结华东作战情况时，讲过两段话。一段是：“我们比战术是比不上人家的，如操场动作、内务管理、战斗动作等。我们愈往下比愈差，但愈往上比则愈强。如旅以上战役组织比人家强，纵队更强，野战司令部又更强，到统帅部的战略指导更不知比他高明多少倍。”另一段是：“一年来自卫战争的胜利，首先是战略上的胜利。虽然我们打胜仗靠同志们不怕牺牲流血的精神和大炮机枪，但主要是靠统帅部、陕北总部、毛主席的战略指导。”这两段话都是讲战略、战略指导、战略思维的重要。理论思维的最高层次是战略思维，我们党的思想理论优势，在很大程度上讲是战略思维优势。正是依靠战略思维优势，才带动了中国共产党和中华民族思维方式、思想方法的革命性变革。这个优势来之不易，务必十分珍惜，永远不能丢掉，不但不能丢掉，而且要不断深化、强化。

从人类社会发展的历史看，思想理论的进步和飞跃是引领社会前进和历史发展的重要引擎之一。人类社会的发展，奴隶社会代替原始社会，封建社会代替奴隶社会，资本主义社会代替封建社会，社会主义社会经过一个长过程的发展必然代替资本主义社会，决定的因素是生产力的发展，但从很大意义上说，也都是新的先进思想理论战胜旧的落后思想理论的过程。

从我们党的发展进程看，马克思主义中国化的伟大进程同中国革命、建设和改革的伟大进程，是同步前进、相辅相成的。

从世界各国的发展历史看，大国的兴衰演变，思想理论在其中发挥着重要作用。

从日益激烈的国际竞争看，国际竞争，是综合国力、军事实力和民族凝聚力的竞争，也是思想理论的科学性、彻底性的竞争。恩格斯[27]说过："一个民族要想登上科学的高峰，终究是不能离开理论思维的。"一个执政党只有掌握了先进的理论武器，具有科学的思维方式和思想方法，才能把全党全民族凝聚起来、团结起来，真正承担起推动历史前进的领导责任，才能在日益激烈的国际竞争中把握战略主动，立于不败之地。

理论强党必强，思想富国必富。我们党之所

以始终强调实事求是，强调解放思想，强调与时俱进，强调求真务实；之所以始终高度重视理论建设和理论工作；之所以始终坚持推进马克思主义中国化的伟大进程不动摇，其根本道理就在这里。

另一个根本优势，是政治制度优势。

文化结构，包括物质、制度和精神三个层次，其中物质是基础，精神是核心，而制度是关键。我们党创立的中国特色社会主义政治制度，是最适合中国国情的制度，因而是最好的制度，是最有竞争力的政治制度，也是最有竞争力的文化制度。2008年爆发的国际金融危机，充分暴露了西方政治制度的缺陷，也突出显示了中国特色社会主义制度的优势。

1989年美国政治学家弗朗西斯·福山曾在其《历史的终结》一书中作出“美国模式优于任何发展模式”、“不同意识形态和社会制度之间互相竞争的历史已经终结”的断言。但20年后的2009年，福山在接受媒体专访时却修正了自己先前的判断：“客观事实证明，西方自由民主可能并非人类历史进化的终点。随着中国崛起，所谓‘历史终结论’有待进一步推敲和完善。人类思想宝库需为中国传统留有一席之地。”

事实说明，一种制度的优劣，不仅要看其产生的历史必然性和现在的表现，而且要看其适应时代要求和人民愿望自我革新的能力。人民民主是社会主义的生命。发展社会主义民主政治是我们党始终不渝的奋斗目标。改革开放以来，我们坚持与时俱进，积极稳妥地推进政治体制改革，我国社会主义民主政治展现出更加旺盛的生命力。政治体制改革作为我国全面改革的重要组成部分，随着经济社会发展而不断深化，与人民政治参与积极性不断提高相适应。我们坚持中国特色社会主义政治发展道路，坚持党的领导、人民当家做主、依法治国有机统一，坚持和完善人民代表大会制度、中国共产党领导的多党合作和政治协商制度、民族区域自治制度以及基层群众自治制度，不断推进社会主义政治制度自我完善和发展。我们坚持正确的政治方向，以保证人民当家做主为根本，以增强党和国家活力、调动人民积极性为目标，扩大社会主义民主，建设社会主义法治国家，发展社会主义政治文明。我们坚持党总揽全局、协调各方的领导核心作用，提高党科学执政、民主执政、依法执政水平，保证党领导人民有效治理国家；坚持国家一切权力属于人民，从各个层次、各个领域扩大公民有序参与政治，最广泛地动员和组织人民依法管理国家事务和社会事务、管理经济和文化事业；坚持依法治国基本方略，树立社会主义法治理念，实现国家各项工作法治化，保障公民合法权益；坚持社会主义政治制度的特点和优势，推进社会主义民主政治制度化、规范化、程序化，为党和国家长治久安提供政治和法律制度保障。

思想理论优势和政治制度优势，保证我国文化建设的正确方向，同时为我国文化建设提供强大的精神动力和制度保障。

二、 大国崛起的文化条件

许多历史学家认为，真正意义上的世界历史，是从公元1500年前后开始的。因为在这以前，生活在世界各地的人们只有局部地接触和交往，没有人知道完整的世界是什么样的。当时，中国正处在明朝的统治之下，郑和船队虽然七次远航，但对于本国辽阔疆域之外的世界，中国人并没有太多的了解。阿拉伯和印度商人虽然很早就与欧、亚、非有贸易往来，但他们的活动基本局限在印度洋上。美洲的文明和其他大洲之间横隔着两个大洋，相互之间几乎没有往来。欧洲也是相对孤立和封闭的。1500年前后的地理大发现，拉开了不同国家开展相互对话和相互竞争的历史大幕，从而才有了世界性强国的概念。

而500多年的历史发展充分证明，谁创造了领先世界的文化，谁就能走在世界的前列，谁就可能成为世界性强国。深刻的文化变革和文化进步是近代以来世界科技和经济发展重心转移的最重要和最具影响力的因素。下面，举几个国家的例子来说明。

首先看葡萄牙[28]和西班牙[29]。葡萄牙和西班牙依靠发达的海洋文化建立起近代最早的殖民强国。葡萄牙学者马尔格斯在《葡萄牙历史》中写道，15世纪和16世纪的葡萄牙人通过经验和科学推论证明：大西洋是可以航行的，里面没有什么鬼魅魍魉；赤道地区不但是可以居住的，而且那里已经有了人烟；可以远离海岸航行，而且已经成功地依靠太阳行星进行准确的导航；非洲有一个南角，存在有一条通往印度的海上道路；哥伦布发现的所谓印度实际上是一个把欧洲与东亚分隔开的新大陆，太平洋、印度洋和大西洋是相通的；地球是圆的，可绕它航行。葡萄牙人绘出各个大陆和各大洋的轮廓，第一次画出一幅世界地图和第一张南半球的天界图。他们把大量鲜为人知的文明和文化带回西方世界，并使其他一些文化经常得以交流。面对有时是些极其复杂的文化，葡萄牙人提出融汇、折中或者把它们完全分隔开等处理方法。迫于形势，葡萄牙人不得不寻求一种方式，以便同结构上不同于葡萄牙语、书写方式与其大相径庭的各种语言沟通。葡萄牙人试种过无数新的或不太熟识的植物，尝过许多水果和食品，并把它们带回欧洲。他们发现大批新的动物，对它们作了详细的描绘。虽然1550年前，葡萄牙人才在这个新的辽阔的试验天地里，做出有决定意义的成绩，但是他们的科学记载、他们对于人类的巨大影响万世流芳。葡萄牙不是第一个从事海上航行的国家，但它是首先将航海发现纳入国家战略的国家。1415年，葡萄牙大军渡过直布罗陀海峡，占领北非的休达，开始了殖民扩张；并经过长达80多年的努力，终于到达了梦寐以求的印度。到16世纪上半叶，葡萄牙帝国进入鼎盛时期，控制了跨越半个地球的商业航线，垄断了世界上的香料、食糖、黑奴贸易，成为世界上的商业帝国。

西班牙从事探险和殖民活动要比葡萄牙晚一些，但其建立殖民帝国的速度和规模都远远超过葡萄牙。哥伦布对美洲大陆的发现和麦哲伦的环球航行，为西班牙人的大规模殖民奠定了基础。到16世纪中期，西班牙帝国达到全盛，其领土面积达到1054万平方公里，管辖范围包括西班牙本土及其在西欧继承来的领土，北非的一部分，中美、南美的大部分和菲律宾。

国力迅速强大而且包容性极强的西班牙帝国，孕育了自己独具特色的灿烂文化。法国著名历史学家让·德科拉在《西班牙史》中写道：事实上，我们只能说这个世纪——它按照年代延续了一百年，因为它始于查理五世诞生的1500年，终于菲利普二世去世的1598年——是从历史的黑暗中突然出现的，长期以来已经准备了条件。卡斯蒂利亚语渐渐赢得尊贵的地位。伊莎贝尔和西斯内罗斯竭力使西班牙具有高质量的文化工具，而富丽堂皇的艺术像种类繁多的文学一样，预告着16世纪的大丰收。

高尚的灵感灌溉着西班牙，流遍西班牙，其源泉也是不一而足的。其最杰出的代表是塞万提斯，他把握了西班牙的心脏与肌肉的真实性。

塞万提斯生于阿尔卡拉德埃纳雷斯堡。塞万提斯开始写作《堂·吉诃德》时，已年近六旬。这部作品是深刻的生活经验与人类经验的晚熟的不朽果实。题材是普遍熟知的：芒什有个末等贵族堂·吉诃德，没有财产，闲来无事，读骑士小说消磨时光。他怀着这种热情专心阅读，以致精神错乱。他自以为是游侠骑士，手执长矛、圆盾，冲向各条大道，后面跟随着他的马夫桑丘·潘萨。经历许多冒险之后，堂·吉诃德回到家里，恢复了理智，安详地去世。主题就是如此简单，只是一出闹剧，滑稽地讥讽在西班牙盛极一时的文学风格。然而，其论据已经过时。堂·吉诃德与桑丘之间的对立是16世纪西班牙人与社会的对立。堂·吉诃德向现代的西班牙提出的是中世纪的解决方法。尽管论据与时代脱节，但仍有其现实意义。这位芒什骑士宣扬独立，拒绝资产阶级化，忠于理想，体现着自由。堂·吉诃德的黄金法则是信守诺言，而且有义务感。他坚持不懈，不管这项义务是否有危险，也要充分履行。这样，这位斯多噶派狂人用马刺刺他皮包骨头的瘦马的肋部，策马飞奔，追逐奇幻异想，伸张正义，他不仅是陷入无止无休作战的菲利普二世的西班牙现世的象征，而且体现着人及其周遭的永恒悲剧。堂·吉诃德孑然一身，面对的是世界。他手持圆盾，在蒙蒂埃尔平原上奋勇前进，这位虚弱的赤身裸体的英雄与既无遮阴又无饮水的火辣辣的荒漠之间的战斗就爆发了，以他的迅即惨败而告终。人与其环境之间的心智不协调，演员与舞台之间的不和谐，物质世界与精神世界之间的冲突，这些就是堂·吉诃德提出的问题。

再看荷兰[30]。荷兰靠领先世界的商业文化而称雄世界。荷兰位于欧洲大陆西北部，地势低洼，面积只有4.1万平方公里。它处于南北欧洲之间，非常适合发展商业。早在中世纪时，就有轮船从沿海城市出发，从欧洲北方去南方发展贸易。17世纪，荷兰的航海业和世界贸易方面达到鼎盛，探索新贸易航道的荷兰航海家令这个小共和国的领土扩张60倍，成为帝国。这个小小的国家拥有世界上最强大的船队，它们游弋在世界各大洋中，几乎垄断了全球的远洋贸易，当时英法两国的远洋贸易总额加起来才勉强与它相当。世界历史上的17世纪被公认为是“荷兰世纪”。有专家评价:“荷兰是第一个达到我们所限定的意义上的持续经济增长的国家。”英国历史学家乔治·特里威廉对黄金时代的荷兰给英国带来的冲击作出了这样的描绘:“荷兰影响着英国人生活的方方面面，他们仅仅通过榜样的力量给英国造成的影响，也许就比任何其他国家都要多。1600—1650年间，这个小小的共和国在四周战火与毁灭的荒芜中维系着一方安宁与繁荣的绿洲，在这50年的大部分时期，引领着人类的大部分科学与艺术领域……作为一个通过反抗合法王储而获得繁荣、教养和实力的社会，它为我们的商人和政治家树立了典范。”此后，由于经济繁荣，荷兰人最早建立银行制度。但由于贷款不能及时回收和战争的影响，荷兰逐步在竞争中衰落。

再看英国[31]。英国的崛起，靠的是高度发达的工业文化。英国是一个岛国，地处欧洲的边缘。相对于欧洲大陆的其他国家而言，其自然资源并不占明显优势。但英国在18世纪就开始了工业革命，它是全世界第一个步入现代化的国家。先进的工业文明使英国成为世界工厂，生产了世界上53%的铁、50%的煤，制造业占世界的20%。随着殖民扩张的不断扩大，英国的势力和影响几乎遍及全球，其殖民地的面积超过本土面积的10倍，成为名副其实的“日不落”帝国。钱乘旦、许洁明撰写的《英国通史》对此作了充分论述。工业革命首先表现在生产工具的改变。1733年约翰·凯伊发明飞梭，织工一个人可以完成织机上的所有工作，不需要找助手帮忙。1764—1767年詹姆斯·哈格里夫斯发明了一种机械，可以使一个人同时捻动几个纺锭，从而使纺纱效率提高了几倍。这种机械叫“珍妮纺纱机”，珍妮是他女儿的名字。1769年查理德·阿克莱特发明了一种水力纺纱机，他让棉花通过滚子碾压成细线，再在旋转的锭子上捻成纱。由于使用水力，纺纱的速度再次提高，节省了大量的劳动。10年后塞缪尔·克朗普顿结合珍妮机和水力机的长处发明“骡机”（意为两者的结合），使纱线又细又结实，大受用户欢迎。而在差不多的时间里，阿克莱特又发明了梳棉机和绕棉机，使纺纱的准备工序也实现了机械化。这些机械的发明使织布工序的速度落在了纺纱工序之后，于是在1785年由牧师爱德蒙·卡特莱特发明了动力织布机，使用蒸汽作动力。蒸汽机的出现是划时代的大事，詹姆斯·瓦特完成了这次技术变革。英国采矿业一直在使用一种叫“纽考门蒸汽机”的动力装置，可以借助蒸汽的冲力把矿井中的积水排到井外。1763年瓦特开始改造这种装置，经过十多年的努力，终于造成可以连续动力的蒸汽机。蒸汽机的出现标志着人类生产力的一次巨大飞跃，人类能够使用自己创造的动力来驱动机器，从而释放出巨大的生产力。机器制造业的出现则标志着工业革命的基本完成，从这时候起，用机器生产机器，再用这些机器去生产其他产品，就成为人类生产的主要形式了。除了工具的改造、机器的出现、人造动力的运用之外，工业革命还引发了许多新技术，形成技术革命的第一次高潮。此外，工业革命还包括生产组织形式的变化，这同样也提高了生产力，并且更深刻地影响着社会变革。在工业革命中，“工厂化”是一个重大的变化，没有工厂化，工业革命就不会那么彻底。1771年阿克莱特在克莱普顿建立第一个现代意义上的“工厂”。他所设计的水力纺纱机必须使用水力，因此他在河边建造一座厂房，在厂房里安置许多纺纱机，让一台水轮机同时带动所有织机。由此，一种新型的工业组织形式就出现了，它的本质不在于使用机器，而是创造了一种新的工作场所。在这样的一个工作场所中，工人们听从机器指挥，随机器的转动有节奏地劳动。在这个工作场所中，工人们必须是守纪律的，按固定的工作时间上下班，一个工人不按时就会延误整个工序，因此他们必须养成集体劳动的习惯，不可以自由散漫。工厂制最早在纺织业出现，后来蒸汽动力取代水力，工厂就从乡村搬进了城市，并很快向各行各业扩展。各行各业都相继实行工厂化，比如家具、成衣、靴鞋、车辆等等。1872年，有一份官方的调查报告说，采访者询问了2540789人，其中2010637人说自己在“工厂”工作。迄至此时，工厂化过程已基本完成了，它与机器的使用、蒸汽动力的出现共同推动了经济的发展，同时又改变了整个社会生活。

从技术层面上说，工业革命还包括交通运输

的进步。与公路同时兴起的是运河，其目标是改进内河运输。但更重要的是铁路的建设。铁路改变了英国社会，这不仅体现在成百倍增加的运输量、数十倍提高的运行速度上，也不仅体现在把全国交织成一张铁路网，从而把各地区不分远近连成一体上；它还改变了人的思维模式，改变了人对生活的看法。铁路改变了时间和空间概念。火车还进一步教会人们遵守纪律，因为铁路本身就体现着强制，纪律是火车运行的基本前提。

总之，到19世纪中期，英国已经是个工业化国家，往昔那种田园诗般的风情不见了，代之而起的是一个忙忙碌碌的世界。乡村建起了灰暗的厂房，城镇竖起了高耸的烟囱，工厂里回荡着机器的轰响，高炉前喷发出铁水的光亮，工业已成为国家的命脉，人们靠工业、而不靠农业生产。1780年，英国的铁产量还比不上法国，1848年已超过世界上所有国家的总和。它的煤占世界总产量的2/3，棉布占1/2以上。1801—1851年，英国国民总产值增长125.6%，1851—1901年又增长213.9%。1700—1780年工业年平均增长率是0.9%—1%，1780—1870年已超过3%。这个数字虽不如20世纪有些国家发展速度那么快，但在当时的世界上却是惊人的，有些经济学家曾测算：在工业革命之前，每1000年人类的生产能力才增长一倍；而在工业革命以后，生产能力则加速翻番。英国迅速成为世界上最富有的国家，它一个国家的生产能力比世界上其他国家的总和还要多得多；它成为全世界的加工厂；它庞大的远洋船队把数不尽的工业品运往世界各地，再把原材料运回国，加工成工业品，然后再运出去。1851年，英国在伦敦市中心举办世界博览会，为此专门修建了一个“水晶宫”，长560多米，高20多米，全部用玻璃钢架搭成，占地37000多平方米，造价8万英镑（这在当时是一个天文数字）。博览会中陈列着7000多家英国厂商的产品和大约同样数目的外国商家展品。英国商家几乎全都陈列工业品，外国商家则几乎全都陈列农产品和手工产品。展览厅一进门，迎面一块巨大的重24吨的整体煤块，象征着工业的巨大力量，庞大的汽锤、运行的机车，无不显示着工业的雄伟命脉。博览会向全世界宣告英国已进入工业时代，英国是世界上第一个工业国家，也是最强的国家。英国只占地球上陆地面积的0.2%，人口在当时只有1000多万，远比欧洲其他国家少得多。这样一个小小的岛国，在100多年时间里能够领先于世界，完全得益于它第一个走上工业化道路。

美国[32]的情况大家都比较熟悉，美国只有两百多年的历史，然而却后来居上走在世界前列。美国靠什么？美国靠创新文化成为世界超级大国。

恩格斯1888年去美国考察时曾写过一篇名为《美国旅行印象》的文章。他在文中说："我们通常都以为，美国是一个新世界，新不仅是就发现它的时间而言，而且是就它的一切制度而言；这个新世界由于藐视一切继承的和传统的东西而远远超过了我们这些旧式的、沉睡的欧洲人；这个新世界是由现代的人们根据现代的、实际的、合理的原则在处女地上重新建立起来的。美国人也总是竭力使我们相信这种看法。他们瞧不起我们，认为我们是迟疑的、带有各种陈腐偏见的、害怕一切新事物的不切实际的人；而他们这个前进最快的民族，对于每一个新的改进方案，会纯粹从它的实际利益出发马上进行试验，这个方案一旦被认为是好的，差不多第二天就会立即付诸实行。在美国，一切都应该是新的，一切都应该是合理的，一切都应该是实际的，因此，一切都跟我们不同。”

19世纪中后期美国开始崛起，是建立在第二次工业革命的基础上，以汽车、飞机及电的发明及使用为标志；两次世界大战以及随后爆发的冷战，为美国制造的产品提供了广阔的全球市场，财富源源不断地从欧洲流入美国，使其成为全球新的财富和权力中心。“二战”结束时，1945年美国的GDP已是英国的10倍，其黄金储备为200亿美元，占当时世界总量（约330亿美元）的2/3，奠定了其超级大国的地位。

2011年2月4日，白宫再次发表《美国创新战略报告》，具体阐述此前奥巴马在国情咨文中提出的战略目标，即赢得未来，保持美国在创新能力、教育和基础设施等方面的竞争力。核心内容主要包括强化创新要素、激励创新创业、催生重大突破等几个层面。这也是美国在全球经济竞争越来越激烈的背景下为确保其国家经济增长和繁荣所作出的最新政策安排。美国这个举措，是由于过去10年中美国的创新能力大幅下降，创新的指标（包括企业和政府研发经费增长数据，科技领域学位和科技人员数量，风险资本的投入以及成立新公司数量）在全球创新竞争力排名中有所后退。这份文件明确地把“创新”界定为“个人和组织机构产生新的想法并将它们付诸实践的过程”，并且从美国的历史发展阐明创新是美国经济增长和国家竞争力的基础。“一个新的想法只是一个起点，因为我们的市场体系通过其竞争压力而致力于验证这些想法，并将其中最出色的想法进行传播。创新是一个完整的过程：通过将一个发明成功付诸实践并广泛传播，提高劳动生产率，为供货方提供利润，从而造福于发明实施方和消费者。”也就是说，创新是新的想法的商业化。概括地说，美国的创新战略，强调抓创新的三个基本要素：培养掌握21世纪技能的下一代人，创造世界一流素质的劳动力；加强和扩展美国在基础研究中的领先地位；建立高速铁路网络和先进的信息技术生态系统等引领21世纪的基础设施；同时强调，推动以市场为基础以企业为主体的创新，而政府的推动作用则表现为制定有利于促进创业和创新的法规政策，并且提出在能源、生物技术和纳米技术、空间技术、医疗保健和教育五方面的突破重点。这样从抓基本要素直到商品化的全过程创新战略，其目标是以创新为基础的经济增长将带来更丰厚的收益，更好的就业机会，并且改善所有美国公民的健康水平和生活质量。

美国之所以能够形成并且持续不断地发展自己的创新文化，从根本上得益于美国扎实而强大的教育保障。刘绪贻、杨生茂在《美国通史》中写道，虽然在国家垄断资本主义制度下通过教育实现机会平等难以取得成功，但战后教育保障在美国取得的进展，则是无可否认的事实。美国现代社会保障制度超越了物质保障的范围，进入教育和职业再培训的领域。随着生产力和社会经济的发展，特别是科技革命影响的日益扩大，教育保障对于劳动力的再生产产生举足轻重的影响。战后，美国教育保障迅速发展,25岁及以上居民，平均受教育的年限，从1940年的8.6年，提高到1979年的12.5年；穷人、黑人和妇女的入学条件，均有显著改善。不仅如此，美国政府和私人企业还大大加强了职业教育和培训。进入70年代以后，美国以实现机会平等为口号的教育改革虽失去势头，但教育保障仍在发展之中。特别是由于结构性失业日益加剧，使美国更有加强教育保障的迫切需求。在这种形势之下，美国的教育保障出现了一些新特点：首先，职业培训异军突起，成为美国整个教育体系的重要组成部分。据美国成人和继续教育保障协会负责人统计，1982年美国参加培训学习的成年人就已经达到2100万之多。在今天的美国，只有不断接受职业培训，才能获得比较完全的教育保障。其次，出现了普通教育职业化和职业教育普通化的趋势；这两种不同教育形式的相互渗透和相互融合，正在加速进行。再次，由于美国国民经济各部门对各类高级专业技术人才的需求量日益增大，而对蓝领工人和一般雇员的需求量则相对下降，美国的职业培训和教育逐渐向高教化的方向发展。1981年，在各类高等教育机构中接受职业教育的成年人为1200万，而接受中等职业教育的只有800万。许多新建的高等教育培训机构还获得学士或硕士授予权。另外，美国的教育保障还出现多样化的局面。高等教育机构除传统的综合大学、文理学院和专业学院外，还有初级学院、社区学院、开放大学、函授大学、老年大学、终身大学、技术学院等等，可谓花样翻新、琳琅满目。总之，美国的教育保障无论在深度上、广度上都在继续向前发展。尽管教育保障并不能解决美国教育家梦想解决的机会平等问题，但对美国生产力的发展和社会矛盾的缓和，确实具有不容忽视的作用。

《意大利[33]文艺复兴时期的文化》的作者，著名历史学家雅克布·布克哈特[34]，对意大利文艺复兴曾做过精辟的分析。他认为，中世纪时，人们无论观察世界还是认识自己，都被一层宗教信仰、无根据的幻想和成见的纱幕遮住了。意大利人首先撕去纱幕，认识世界和自己，从而焕发出无穷的力量去促使他们创造奇迹。但丁[35]这样的诗人在经院哲学笼罩下的欧洲决不可能出现。在15、16世纪，有许多人把个性发展到最高的限度，加上但丁自己坚强的性格，和当时现实生活的需要，遂成为许多方面有成就的天才人物。粉碎了中世纪的枷锁之后，意大利人不但发现了世界，还发现了自己。文艺复兴更重要的成就是对人性的发现。一个关于世界和关于人的知识的最宝贵的果实是在意大利成熟的。

16世纪的盛期文艺复兴以其璀璨夺目的成就不仅在意大利历史上空前绝后，在世界历史上也是极其罕见的。这时的意大利产生了西方历史上最伟大的三位艺术大师：达·芬奇[36]、米开朗琪罗[37]和拉斐尔[38]，以及被西方尊为“政治学之父”的马基雅维利[39]，马基雅维利不仅建立了近代意大利的政治学，在史学、文学方面也有很高造诣。这四位盛期文艺复兴的伟大代表，像我们通常所说的那样，都是在思维能力、热情和性格方面，在多才多艺和学识渊博方面的巨人。

朱龙华在其著作《意大利文化》中详细介绍了达·芬奇、米开朗琪罗和拉斐尔三位艺术大师。达·芬奇在进入16世纪时已快有50岁了，他是真正走在时代前面的人。他不仅是在15世纪即取得16世纪的成就，而且他的某些科学想法和技术设计直通今天，不少是在19世纪乃至20世纪才付诸实践的。他不只在科技方面无所不包，在艺术方面更是空前绝后，他完成的绘画作品为数不多，可是每一幅都达到后人难以企及的水平,《蒙娜丽莎》一画甚至被誉为世界绘画中最著名的杰作。这一切已使他在文化史上具有别人绝对无法相比的地位，但更难得的是他实现了科学和艺术的完美结合，那是只有文艺复兴时代的意大利才能产生的奇迹。他强调一切知识来源于感觉，认为只有实验证实的科学知识才属可靠，这种彻底的、近代的科学观为他的一切科研活动打下了新时代的烙印。由此出发，他对物理、力学、光学、化学以及解剖、生理、地质、植物、动物、天文、数学等几乎当时所有处于萌芽状态的自然科学的学科都产生浓厚的兴趣，并展开实际的考察和研究。作为建筑师和技术专家，他的技术设计更为广泛，从城堡桥梁到水陆军械，从灌溉工程到庆典设置，各种能工巧匠秘不示人的绝活他都能用科学的图解加以分析和改进，同时他也开始设计那些直接通向近现代的机械：起重机、纺织机、木轨轮车、冲床机床、齿轮螺旋等，其中最引人遐想的是他研究的飞行器、潜水艇、降落伞、自行车、机器人等，他超前的眼光已看到几百年后的发明了。他的科研使绘画独具慧眼，他在人体解剖方面实践之多、观察之精、论述之详，在当时都是创纪录的，但这种创纪录不仅表明他在解剖学和生理学方面的成就，更重要的是使他绘画的人物形象塑造奠定在最高度的科学水平上，《蒙娜丽莎》中的仕女绝非一般的笔墨油彩，而是洞悉生命之妙的小宇宙，无处不显示出极度的精确和无比的生动。同样，达·芬奇山川林木森罗万象的自然界也是通过矿物、地质、动植物乃至古生物等学科的了解而使它成为在永恒运动中的大宇宙，细部的切实结合着哲理的幽深，从流水行云到岩层地貌都蕴含着沧桑巨变的玄机，所以这大宇宙也无处不有其气韵。达·芬奇的艺术实践正是凭科学的翅膀而翱翔于盛期文艺复兴的太空，但是彻底的钻研精神也使他认识到科学的真实不等于艺术的真实，艺术要超越自然还得加上自己的创造，因此这位最重视也最善于掌握科学的精确表现的大师同时却强调含蓄和灵活是艺术的生命，形似之上压倒一切的是神似，所以他的绘画最迷人之处是气韵的微妙和意境的缥缈，《蒙娜丽莎》的千言万语都含于一丝微笑中，而那永难猜透的微笑之妙就在笑与非笑之间。

米开朗琪罗的创作最能体现盛期文艺复兴雄伟宏大的风格。他对生活毫无所求，一直过着斯巴达式的清苦生活，终身未婚，但对艺术工作却是全身心投入，经常废寝忘食。罗曼·罗兰形容他这种在艺术史上独一无二的工作热情时说："他在继续不断的兴奋中过生活。他的过分的力量使他感到痛苦，这痛苦逼迫他行动。他只以极少的面包与酒来支持他的生命，他只睡几个小时。他睡时衣服也不脱，皮靴也不卸。有一次，腿肿起来了，他不得不割破靴子；在脱下靴子的时候，腿皮也随着剥下了。"如果从时代灾难的大环境来看待他这种狂热与痛苦，那就可以理解为艺术家正是以自己的创作投入时代的斗争，他塑造了那么多雄伟壮健、力量无穷的英雄形象，正是对时代苦难的"象征性回应"。还是罗曼·罗兰说得好："他要雕琢整个的山头，当他要建造什么纪念物时，他会费几年的光阴到石厂中去挑选石头，建筑搬运石头的大路；他要成为一切：工程师、手工工人、斫石工人；他要独个儿干完一切；建造官邸、教堂，由他一个人来。他甚至不愿分出时间去饮食睡眠。他写道：‘我为了工作而筋疲力尽，从没有一个人像我这样工作过，我除了夜以继日地工作外，什么都不想。’”这位意大利文化史上最伟大的灵魂正是通过这种痛苦斗争为我们留下了最杰出的作品。竖立在佛罗伦萨市政府广场上的高达4米的《大卫像》，是献给佛罗伦萨共和国的英雄纪念碑，为了放置这尊巨人般的雕刻，达·芬奇和波提切利等大师都参加了专门委员会予以讨论。米开朗琪罗把传说中的少年大卫表现为一位英俊的巨人，他正在走向战斗，眼睛注视前方，意志集中，力量无穷。这是一个倾心尽力拯救祖国并为一切正义事业奋不顾身的战士的形象，同时也是一个无坚不摧、智勇齐备的信心十足的英雄形象，他的事业心、责任心与超人的能量正是整个盛期文艺复兴的象征。就米开朗琪罗的创作生涯来说，《大卫像》也奠定了他终生坚持的雄强壮伟的风格。他在几乎不可能的情况下完成了世界上最宏伟的一幅壁画：罗马梵蒂冈西斯廷礼拜堂的屋顶壁画。整个拱顶壁画面积达500公尺之巨，米开朗琪罗却独自一人，穷四年之力把它全部画完。画中央连续以大小9幅构图表现上帝开天辟地创造人类直到诺亚方舟的故事，周围又画以男女先知和裸体青年的形象。全画有343位巨人般的人物，无论男女都充分体现其宏伟雄强的风格，尤以上帝和人类始祖亚当的刻画最为杰出。这幅壁画奠定了盛期文艺复兴在西方艺术史上无与伦比的地位，它不仅是空前的，确实也是绝后的，直到今天无人能再作类似的巨画。

拉斐尔站在达·芬奇和米开朗琪罗两位巨人之间，他的艺术却另有特色，以至可以达到三杰鼎立的盛况，为盛期文艺复兴树立了第三面伟大的旗帜。他的生活比较顺利，性格比较柔和，艺术风格更多侧重秀美、典雅、庄重、和谐的方面，最能体现新时代对人和生活的美好理想和充分发展的愿望。拉斐尔艺术的高度水平还有赖于他善于学习与综合，集各家之长又能消化扬弃而进一步提高自己。他出生于乌尔比诺，立志用佛罗伦萨大师的成果武装自己，便到佛罗伦萨深造数年。那时正好是达·芬奇在佛罗伦萨画《蒙娜丽莎》和米开朗琪罗完成《大卫像》的时候，拉斐尔倾心向他们学习，尽得其精华却又不流于抄袭。他这时在佛罗伦萨画的许多圣母像已别开生面，把圣母描绘为生活中的年轻母亲，温柔、美丽，充满着母性的幸福与喜悦。他把达·芬奇的三角形构图和优美如烟的风景纳入画幅，却见平易与和谐。拉斐尔最伟大的作品是罗马梵蒂冈教皇宫中的一系列壁画。这些壁画皆作于教皇办公的几个厅堂上，其中最著名的是“签字大厅”的壁画。这些壁画以卓越的构图、完美的造型、和谐的色调而成为世界壁画艺术史上最重要的作品。

综上所述，可以看出，世界上一些国家崛起为世界性强国，虽然情况各个不同，但共同的一点是，先进文化在其中起着根本性作用。

大国崛起的文化条件，概括起来说，特别重要的，有以下四个方面：

第一，强化国家意识、坚守文化传统是大国崛起的必要前提。

国家意识是对民族存在的一种自觉，它最大的意义就是增进民族认同，提高人民的归属感和凝聚力。国家意识还是强化民族自信心、自尊心的最有力的工具，有助于唤起人们维护国家主权、统一和领土完整的愿望。坚定的国家意识是大国崛起的重要动力和源泉。必须牢固树立国家利益高于一切的观念，并使之成为全民族的自觉行动。要树立正确的国家利益观，首先必须明确国家的根本利益之所在，从而使爱国具有正确的方向。当前，把我国建设成为一个民族团结、国家统一的富强、民主、文明、和谐的社会主义现代化国家，是我国最根本的利益。这是树立正确的国家利益观必须明确的一点。树立正确的国家利益观，不仅要在情感上关心国家利益、在思想上认识国家利益，更要在实际行动中实现好、维护好、发展好国家利益。应当看到，在现实生活中，一些人还不清楚什么是爱国、怎样维护国家利益，把爱国简单地理解为爱国激情的宣泄；一些人不了解自己对国家所担负的责任，没有把爱国行动落实到做好本职工作上，等等。这些情况表明，树立正确的国家利益观，应在情感、思想和行为多方面同时努力，大力培养爱国情感，深化爱国思想，自觉投入到中国特色社会主义伟大事业中来。

同国家意识不可分割的是文化传统。人类历

史表明，世界上每一个民族都在自己的生产生活过程中创造了自己的文化。文化因地域地理不同、气候环境不同、生产方式不同、历史背景不同，而无不打上民族的烙印，具有民族特色。就东西方文化传统来说，也是各有特征、各有所长。在价值理念上，西方文化重个体，中国文化重整体；在思维方式上，西方文化长于实证分析和逻辑推理，中国文化长于辩证综合和直觉感悟；在艺术精神上，西方文化崇实，中国文化尚意。东西方文化是互补关系，不是优劣关系，更不是替代关系。任何国家和民族，失去自己的文化传统，都会失去发展和成长的根基。坚守本国本民族的优良文化传统是增强国家意识的内在要求，也是近代以来世界各国的基本国策。如果给新兴大国画一个崛起坐标，有两个特点是鲜明的，就是老祖宗没有丢，又有新创造。

第二，增强文化感召力是提高国家战略影响力的重要手段。

文化作为一种以思想意识、精神为特征的无形的集体认同力和感召力，能够对他人的思想和行为施加影响和控制。随着整个人类的进步和觉醒，相对于自然资源、军事力量、经济和科技实力等有形力量，以价值观念、精神追求为核心的无形的文化软实力在综合国力中的战略作用日益增强。文化感召力的强弱在很大程度上决定一个国家在国际竞争中的胜负。

葡萄牙、西班牙、法国[40]、英国等殖民主义国家在进行殖民统治的同时，十分重视传播欧洲文化。欧洲文化对美洲的社会发展产生了广泛影响。

美国在强大以后，始终不渝地遵循一个战略目标，就是不断向世界输出美国人的价值观。最近，奥巴马政府公布了首份《美国国家安全战略报告》，这个报告虽然主要讲美国的国家安全问题，但是它有一个极为突出的特点，就是强调输出美国的价值观。报告提出："美国自建国起就倡导的人权使我们享有领导地位，激励着世界各地的人民，并使美国及其民主盟友与剥夺或压制人权的国家及个人形成鲜明对比。我们践行自身的价值观，在社会中坚持民主原则，并支持国外被压迫人民的愿望，他们知道自己能够从美国获得基于公正与希望的领导。我们为了忠诚于我们的价值观和宪法而付出的努力，对于美国人民及那些与我们对人类尊严拥有共同期望的人来说，一直是指路之灯。价值观使我们能够将最优秀和聪慧的人吸引过来，激励国外那些志同道合的人们，并为我们赢得对抗暴政的美誉。美国必须通过言行展现我们的价值观和宪法的恢复能力。因为如果为了追求安全而损害我们的价值观，我们将使两者都遭到破坏；如果强化我们的价值观，我们将能保持住我们的力量和世界领导地位的重要来源。”

强大的苏联之所以解体，其中很重要的一个原因就是出现了社会思潮和大众传媒的西化、分化，导致思想信仰危机和精神支柱崩塌。

日本[41]从充满活力走向衰退消沉，也有其深刻的文化原因。20年前，日本是一个充满活力与野心的生机勃勃的国家，自豪到了傲慢的地步，渴望在日元的基础上创建亚洲新的经济秩序。如今，这些雄心壮志全部抛诸脑后，取而代之的是疲惫和对未来的恐惧。当年日本经济崛起给欧美国家带来的震撼，一点儿也不比现在的中国弱。当时，日本借助汽车和半导体的异军突起，在制造业上已经凌驾于美国之上，日本公司在此期间向全球扩张，在制造业、房地产业、金融服务业、游戏娱乐业等各个领域全面出击，不到几年，日本的海外资产急速攀升到上万亿美元的水平。据统计，1980—1988年日本在美国的直接投资增长了10倍以上，日本拥有2850亿美元的美国直接资产和证券资产；控制了超过3290亿美元的美国银行业资产（占美国银行业资产的14%）；控制了加利福尼亚银行业资产的25%以上以及其未清偿贷款的30%；在美国拥有的不动产超过欧洲共同体的总和；购买了30%—40%的美国财政债券；占有了美国股票交易所日交易量的25%；美国市场上20%的半导体器件、30%以上的汽车、50%以上的机床以及绝大部分消费类电子产品和其他数十种商品和服务是日本提供的。而现在日本年轻人身上，能够最清楚地看到进取精神的缺失，外界普遍嘲笑他们是“食草动物”，原因是缺少父辈那种在工作上吃苦耐劳的精神。昭和电工公司的前首席执行官大桥光夫说：“日本人过去被称为经济野兽。但是不知从什么时候起，日本失去了这种兽性。”

经济发展，并不等于文化感召力的自然增强。世界各国的这些深刻教训，我们应该引以为戒。即使与20多年前的日本相比，中国在各方面仍有很大的差距。中国目前的发展水平，包括城市化率，二、三产业占比，人均收入，社会公平度，婴儿死亡率，高等教育普及率，技术创新能力，社会保障能力等，实际上只相当于日本20世纪60年代的水平。与20世纪60年代日本“国民收入倍增计划”大幅度提高社会财富分配公平性，并且建立起了高度发达的社会保障制度相比，中国现在还面临极为严重的贫富分化，社会保障体系建设还处于初级阶段。同时，还要清醒地看到，我国经济总量跃居世界第二后受到的国际压力，将比20年前的日本要大得多。所以我们必须把确保国家安全放在首位，切实把经济增长转化为坚实的国家战略能力。尤其重要的是，要增强文化感召力和民族凝聚力，形成全党全民族强大的信念和精神力量。

撒切尔夫人[42]曾经说过，中国是一个无需重视的大国，它只生产洗衣机和冰箱，不生产思想。美国一位大学教授在讲到当前世界的汉语热时说道，十年前在美国曾刮起了一股日语热，但很快就消失了。如果汉语背后没有文化，文化背后没有思想，思想背后没有精神，这个神话也终究会消失。一位海外学者尖锐地指出：“西方富人留下的印迹，是文艺复兴时期的建筑和雕塑，是哈佛大学[43]、耶鲁大学[44]等名校，是卡内基音乐厅[45]、图书馆。中国的富人留下的印迹，则是‘二奶村’和豪华墓地。”人类的全部尊严就在于思想，文化的精髓就在于思想。这些说法虽然很刺耳，但应当引起我们的高度重视。

第三，培养开放的民族心态是大国崛起的必要条件。

民族文化在多样化的世界文化中不能像古董一样封闭在玻璃瓶中供人观赏。对一个国家来说，只有勇于学习外来先进文化，才能更好地振兴和发展民族文化。

近代先后崛起的大国无一例外的都是以开放的心态在借鉴和吸收中发展自己。当意大利成为文艺复兴的园地时，欧洲各国的学者纷纷来到意大利，接受它的先进文化；当英国成为先进的资本主义国家时，法国的一批思想家也到英国考察学习，成为“英国狂”；18世纪的法国启蒙运动也深受海外文化的影响，特别是来自英国的政治革命和启蒙思想的清新空气；德国人用一种典型普鲁士式“彻底精神”和“系统利用”的态度，来学习和利用外国的技术发明、投资、商业和工业组织范例，从而推动了工业化的进程；美利坚民族也不断从欧洲先进思想中汲取营养；俄国[46]的彼得一世甚至以沙皇之尊而匿名到欧洲学习考察。有一篇名为《清朝灭亡告诉我们什么》的文章，对日本和晚清作了一些比较，很发人深思。同治七年（1868）开始，两国的起跑点大体相同，都是以农林牧渔为主体的小农经济社会，也同是西方列强侵凌掠夺的对象。可四五十年之后，结果却大相径庭。日本由一个受人侵凌的弱国，变为一个现代工业迅速发展，与西方列强并驾齐驱、侵凌别国的强国。而紫禁城里，却又一次上演了一幕孤儿寡母“垂泪对宫娥”的历史悲剧。原因何在？日本政府于庆应4年4月4日（同治七年三月十二日），以睦仁天皇名义发布了《五条誓约》。其内容包括：一、广兴会议，万机决于公论；二、上下一心，大展经纶；三、公卿与武家同心，以至于庶民，须使各遂其志，人心不倦；四、破旧来之陋习，立基于天地之公道；五、求知识于世界，大振皇基。《五条誓约》是根据日本当时的国情提出的，是明治政府实行改革的基本纲领，为日本走上近代化之路创造了条件。虽然还存在着一些封建色彩，但是包含了民主的精华和对外扩张的因素。紫禁城的当政者却没有那么幸运。如果我们认真地回顾一下清王朝在最后半个多世纪所走过的道路，与日本稍稍作些比较，可以明显地看出，清王朝存在着三个重大失策：一是，错失改革机遇，开历史倒车，从而动摇了清王朝的根基。日本的明治天皇卧薪尝胆，节衣缩食，力图使全国上下“各遂其志，人心不倦”；大张旗鼓地宣讲变法的迫切性，其主要目的就是要激励民众齐心协力，将改革大业推行到底。经过二三十年的努力，日本逐步摆脱了内外交困的局面。然而，晚清王朝在经历了两次鸦片战争、中法战争、中日战争的几次严重挫折后，却没有表现出改革的诚意与紧迫感，错失了一个千载难逢的历史机遇。二是，在民主议政问题上，拖延阻拦，自误前程。三是，拒不吸纳新知识，新兴的知识分子群体没有形成。近代世界历史表明，国家之强弱在很大程度上决定于知识分子群体之强弱及其参与决策的程度。一个愚昧的国家如不更新知识，形成一个强有力的、可以影响国家决策的知识群体，是注定要遭受屈辱，甚至会亡国的。日本于维新之始，即提出了“求知识于世界”。他们一批又一批地派人赴欧美学习，如饥似渴地用西学来代替传统的儒学。新思想、新科学、新技术为日本列岛的飞速发展插上了翅膀。中国的情形却与此相反。晚清知识分子中，虽然也涌现出了像康有为、严复、孙中山这样的先进人物，但是，总的说来，还是一个传统文人社会，尤其是最高决策层如此。思想文化落后，也导致了科技、军事的落后。晚清的洋务运动搞了多年，可是到了甲午年与日本交战时，清军水陆不堪一击。在东京大学的校史档案馆有关中国的卷宗内，我们曾看到日本“陆军战利品整理委员会事务所”保存的甲午战争缴获的战利品目录清单。该清单记载，在缴获的清军武器中，居然绝大多数是古代兵器，其中以弓箭的数量最多。这些让人啼笑皆非的兵器反映了晚清王朝的国力与知识水平的落后。

文化的影响力超越时空、跨越国界。费孝通[47]先生曾写过三本海外札记——《初访美国》、《重访英伦》和《美国人的性格》。令费孝通印象深刻的是，无论是美国、英国还是中国，无一不是文化的混合体。全球化在费孝通眼中意味着不同文化的混合，现代化是全球性的跨文化交流的一部分。一个国家、一个民族在取得巨大的成功和进步之后，始终保持了解世界、学习世界的信念和热情，不断吸收借鉴世界文化的精华来丰富自己，防止走向新的自我封闭，是这个国家和民族能够不断取得发展进步的最重要条件。用费孝通先生的话说，叫做："各美其美，美人之美，美美与共，天下大同。"

我国的改革开放本身，就是一次前所未有的广泛而深刻的文化交流。30多年来，中国认识世界、世界认识中国，都达到了前所未有的水平。我国在学习世界、学习西方上有了很大进步，这个正确方向应该坚持。

第四，坚持思想引领和制度创新是促成大国崛起的深层原因。

思想理论的创新和思想观念的进步在大国崛

起过程中的作用不容忽视。西欧国家的兴起，几乎无不是以14—16世纪的“文艺复兴”和17—18世纪的启蒙运动为先导的。如果没有文艺复兴和启蒙运动吹响思想解放的号角，作为18世纪以来经济革命源泉的制度和技术创新不可能发生。英国深厚的文化思想底蕴和独树一帜的科技思想为英国取得长久稳定的世界霸权提供了重要基础。

创新是一个民族进步的灵魂，是一个国家兴旺发达的不竭动力，也是一个政党永葆生机的源泉。世界在变化，我国改革开放和现代化建设在前进，人民群众的伟大实践在发展，迫切要求我们党以马克思主义的理论勇气，总结实践的新经验，借鉴当代人类文明的有益成果，在理论上不断扩展新视野，作出新概括。只有这样，党的思想理论才能引导和鼓舞全党和全国人民把中国特色社会主义事业不断推向前进。实践基础上的理论创新是社会发展和变革的先导。通过理论创新推动制度创新、科技创新、文化创新以及其他各方面的创新，不断在实践中探索前进，永不自满，永不懈怠，这是我们要长期坚持的治党治国之道。

创新就要不断解放思想、实事求是、与时俱进。实践没有止境，创新也没有止境。我们要突破前人，后人也必然会突破我们。这是社会前进的必然规律。我们一定要适应实践的发展，以实践来检验一切，自觉地把思想认识从那些不合时宜的观念、做法和体制的束缚中解放出来，从对马克思主义的错误的和教条式的理解中解放出来，从主观主义和形而上学的桎梏中解放出来。要坚持马克思主义基本原理，又要谱写新的理论篇章，要发扬革命传统，又要创造新鲜经验。善于在解放思想中统一思想，用发展着的马克思主义指导新的实践。

制度建设和制度创新，在大国崛起过程中同样具有不可替代的重要作用，而且影响更为深远，竞争更为剧烈。美国之所以比其他大国领先世界更长时间，一个重要原因是美国的资本主义制度比其他资本主义国家的制度更为完备和成熟。社会主义同资本主义的制度竞争将是长期的。

中国特色社会主义制度，是当代中国发展进

步的根本制度保障，集中体现了中国特色社会主义的特点和优势。我们推进社会主义制度自我完善和发展，在经济、政治、文化、社会等各个领域形成一整套相互衔接、相互联系的制度体系。人民代表大会制度这一根本政治制度，中国共产党领导的多党合作和政治协商制度，民族区域自治制度以及基层群众自治制度等构成的基本政治制度，中国特色社会主义法律体系，公有制为主体、多种所有制经济共同发展的基本经济制度，以及建立在根本政治制度、基本政治制度、基本经济制度基础上的经济体制、政治体制、文化体制、社会体制等各项具体制度，符合我国国情，顺应时代潮流，有利于保持党和国家的活力、调动广大人民群众和社会各方面的积极性、主动性、创造性，有利于解放和发展社会生产力、推动经济社会全面发展，有利于维护和促进社会公平正义、实现全体人民共同富裕，有利于集中力量办大事、有效应对前进道路上的各种风险挑战，有利于维护民族团结、社会稳定、国家统一。

面对风云变幻的国际形势，面对艰巨繁重的国内改革发展稳定任务，我们党要团结带领人民继续前进，开创工作新局面，赢得事业新胜利，最根本的就是要高举中国特色社会主义伟大旗帜，坚持和拓展中国特色社会主义道路，坚持和丰富中国特色社会主义理论体系，坚持和完善中国特色社会主义制度。

我们要以科学发展观为指导，坚定不移地推动和深化经济体制改革、政治体制改革、社会体制改革等，使社会主义制度始终保持强大的生机和活力。

三、 关于文化建设的若干思考

胡锦涛总书记在党的“十七大”上提出，推动社会主义文化大发展大繁荣、兴起社会主义文化建设新高潮，提高国家文化软实力的号召。

党的十七届五中全会强调：文化是一个民族的精神和灵魂，是国家发展和民族振兴的强大力量。要推动文化大发展大繁荣，提升国家文化软实力，坚持社会主义先进文化前进方向，提高全民族文明素质，推进文化创新，深化文化体制改革，增强文化发展活力，繁荣发展文化事业和文化产业，满足人民群众不断增长的精神文化需求，基本建成公共文化服务体系，推动文化产业成为国民经济支柱性产业，充分发挥文化引导社会、教育人民、推动发展的功能，建设中华民族共有精神家园，增强民族凝聚力和创造力。

胡锦涛总书记在庆祝中国共产党成立90周年大会上的重要讲话中指出：“在前进道路上，我们要继续大力推动社会主义文化大发展大繁荣，坚定不移地发展社会主义先进文化。社会主义先进文化是马克思主义政党思想精神上的旗帜。面对当今文化越来越成为综合国力竞争重要因素的新形势，我们必须以高度的文化自觉和文化自信，着眼于提高民族素质和塑造高尚人格，以更大力度推进文化改革发展，在中国特色社会主义伟大实践中进行文化创造，让人民共享文化发展成果。要坚持发展面向现代化、面向世界、面向未来的、民族的科学的大众的社会主义文化，推动社会主义先进文化更加深入人心，推动社会主义精神文明和物质文明全面发展，不断开创全民族文化创造活力持续迸发、社会文化生活更加丰富多彩、人民基本文化权益得到更好保障、人民思想道德素质和科学文化素质全面提高的新局面，建设中华民族共有精神家园。发展社会主义先进文化，必须把社会主义核心价值体系建设融入国民教育、精神文明建设和党的建设全过程。要坚持用马克思主义中国化最新成果武装全党、教育人民，引导广大干部群众深刻领会党的理论创新成果，坚定理想信念。要在全体人民中大力弘扬以爱国主义为核心的民族精神和以改革创新为核心的时代精神，增强民族自尊心、自信心、自豪感，激励全党全国各族人民为实现中华民族伟大复兴而团结奋斗。要坚持用社会主义荣辱观引领社会风尚，深入推进社会公德、职业道德、家庭美德、个人品德建设，加强对青少年的德育培养，在全社会形成积极向上的精神追求和健康文明的生活方式。要加快文化体制改革，加快构建公共文化服务体系，加快发展文化事业和文化产业。要着眼于推动中华文化走向世界，形成与我国国际地位相对称的文化软实力，提高中华文化国际影响力。中华民族创造了源远流长、博大精深的中华文化，中华民族也一定能够在弘扬中华优秀传统文化的基础上创造出中华文化新的辉煌。”这是党和国家的远见卓识和战略部署。

上述论述充分表明，文化建设已经提到党和国家的重要议程。全党必须把思想统一到中央的战略部署上来，从战略上思考和谋划文化建设问题，实现中华文化的科学发展、健康发展和可持续发展。

第一，关于文化目标。

全面建设小康社会，实现中华民族的伟大复兴，必须确立一个战略目标，这就是经过较长时期的奋斗，根本改变我国文化的落后状况，努力创造适应时代要求、继承中华文化优良传统、吸收世界各民族文化精华、能够满足广大人民群众积极健康的精神文化需求、体现大国风范的中国特色社会主义新文化，使中华文化走在世界的前列。

从大文化的视野出发，我国文化建设的目标，应该特别注重解决好以下四个方面的问题：一是提高国民基本素质，包括思想道德素质、科学文化素质、民主法治素质、健康文明素质。在西方古典政治学中，曾就公民素质作过深入的探讨。柏拉图[48]的哲学王治国思想，亚里士多德对德性公民的重视，卢梭[49]对公民素质和国家体制之间关系的论述，托克维尔[50]对传统习惯、民情的强调，都从不同角度论证了公民素质对于良好制度有效运作的重要性。而中国自古就有“以德治国”的理念传统，它要求统治者加强自我道德修养并引导子民们向善。大量事实说明，具备一定素质的公民是任何形式的好社会所不可或缺的因素，正如孟德斯鸠[51]在《论法的精神》中所强调的：“共和国的原则就是美德。”胡锦涛总书记深刻指出：“一个社会是否和谐，一个国家能否实现长治久安，很大程度上取决于全体社会成员的思想道德素质。”有学者认为，中国现代化历程表明，中国走向现代化屡受挫折的“第一个原因就在于中国始终没能培养出够格的现代化的公民，没能培养出不但能自尊而且能自律、不但能自强而且能自胜的独立自由的个人，没有培养出既能伸张自己的权利、也能担当自己的责任的独立自由的个人”。目前，自然环境恶化、贫富差距拉大、某些地方干群关系紧张等诸多因素成为构建和谐社会的重大障碍，要妥善解决这些问题，也必须有良好的公民素质作为支撑；二是确立社会基本道德规范，包括社会公德、职业道德、家庭美德、个人品德。思想品德建设同文化建设密切相关。我国文化历来有重要的教化之责。确立新的道德规范是文化建设的重要目标，也是长期任务；三是深化社会的基本价值观，加强和完善社会主义核心价值体系建设。价值观同道德建设既有联系，又有区别，也是文化建设的重要目标；四是坚定国家和民族的基本信念，增强国家和民族的凝聚力和向心力。这是一个更高层次、更核心的目标，是文化建设的灵魂，不但党要有信念，国家和民族同样要有信念。

这四个方面的问题，最根本、最基础、最重要的是提高国民素质。要提高全民族文明素质，弘扬科学精神，加强人文关怀，注重心理引导，培育奋发进取、理性平和、开放包容的社会心态，提倡修身律己、尊老爱幼、勤勉做事、平实做人，推动形成我为人人、人人为我的社会氛围。着眼于国家长远建设，有必要实施国民素质建设伟大工程，经过长期努力，使我国国民素质有一个显著的提高和进步。

第二，关于文化地位。

联合国教科文组织提出：“发展最终应以文化概念来定义，文化的繁荣是发展的最高目标。”文化既是推动社会发展的重要手段，又是社会文明进步的重要目标。一个现代化强国必然是经济、政治、文化、社会协调发展的国家。社会主义文化建设是我国社会主义现代化建设总体布局的重要组成部分。中华民族的伟大复兴，离不开中华文化的伟大复兴，而且归根到底，要靠中华文化的伟大复兴。没有中华文化的伟大复兴，不可能实现中华民族的伟大复兴。

恩格斯说过：“文化上的每一进步，都是迈向自由的进步。”文化是国家的根脉。文化兴则国兴，文化强则国强。面对激烈的国际竞争，谁不认识文化的价值，谁不重视文化建设，谁就将犯历史性错误。要确立硬实力和软实力协调发展的战略思想，努力改变我国软实力与硬实力不相适应的状况。

从宏观上看，当今时代，文化与经济日益交融，文化的经济功能明显增强，经济的文化含量不断提高，文化在综合国力竞争中的地位和作用越来越突出，文化产业对促进经济增长和经济发展方式转变的贡献越来越大。

从微观上看，我们要保障人民群众的经济权益、政治权益，也要保障人民群众的文化权益。从长远来看，文化权益更为重要。因此，要把文化建设摆在更重要、更突出的位置上，推动和保证我国的现代化建设健康发展、科学发展、和谐发展。

从中国和世界的关系上看，随着中国经济的崛起，质疑声、责难声和打压声也随之而起。过去五千年的历史文化发展并没有给过我们接受这种挑战的机会。现在面对世界文明的质疑，中国不但要向世界提供更加丰富的物质成果，而且要向世界提供更加丰富的精神成果，创造强大的精神体系和文化体系，用中国文化精神和创造性的学术思想影响世界，用中华文化的核心价值理念，思考、分析和回答人类遇到的新问题。同时，努力引导各国对华政策取向和国际涉华舆论，努力引导民众理性看待我国与世界的关系，防止“未强先傲”思想和狭隘民族主义滋长，让东方文化智慧的光芒照亮世界。

这里，再举一个例子。2010年8月轰动世界的智利[52]矿难救援，圣何塞铜矿33名矿工被困700多米深的井下长达69天，最终全部获救，使全世界对智利刮目相看，也再一次见证了文化的力量，给我们以多方面的深刻启示。首先，应对重大灾难事件和自然灾害，政府的领导作用不可或缺。8月5日矿难发生后，智利政府立即承担起救援受困矿工的工作。智利武警、军队、消防人员以及政府各级部门联合行动，展开救援。智利总统皮涅拉8月7日紧急中止对哥伦比亚的访问，赶赴铜矿现场，慰问33名受困矿工家属并监督救援工作。与此同时，智利当局组织了分工明确、业务专业、各司其职的救援团队。智利当局还邀请美国航空航天局一个专家小组，借助航天员在太空中的生活经验，为受困矿工在空间狭小、物资紧缺的情况下保证生活质量提供借鉴。其次，智利铜矿成功应对灾难事件的关键要素，是预先建立健全的应急机制和设施。在此次事故中，井下紧急避难所对于矿工在救援人员实施救助前延续生命起到了关键作用。矿工们在被确定受困位置之前的十几天，只能依靠避难所储存的食品维持生命，每人每48小时可以吃两汤勺的罐头鱼、半片饼干和半杯牛奶。如果当初矿业公司没有遵守井下应急机制的要求准备好这些设施和物资，受困矿工很可能等不到救援到来的那一天。第三，矿工们在灾难来临之时，依靠健全和优良的素质，积极展开自救也是创造奇迹的因素之一。事故发生后，33名矿工自发组织起来，积极与地面救援人员取得联系。一名经验丰富的老矿工担当了领导者的角色，他指挥大家用一辆汽车的蓄电池为头灯充电，用手头的机器寻找水源。在耐心等待救援的同时，矿工们还积极协助救援工作。一名叫约翰尼·贝利奥斯的矿工成了井下的临时医生，他负责为其他矿工抽血和采集尿液样本，再通过专门传递设备送到地面上的医生手中。另外，在挖掘过程中，矿工们还帮助清理井下的碎石。尽管井下困难重重，但在确定被营救人员顺序时，矿工们都争着最后一个出井。心理专家指出，过硬的心理素质和冷静的头脑保证了矿工们能够在救援人员到来前和施救过程中，尽可能地延长生命。第四，回望两个月的救援过程，高新技术无疑起到了至关重要的作用。大到营救过程中使用的重型挖掘机和“胶囊”搭载舱，小到安慰矿工心灵的投影仪和灭菌铜纤维短袜，这些高新技术产品在帮助援救矿工的同时，也保证了他们在井下的生活质量。为了给矿工运送食品和药品，营救人员还设计了一种名叫“白兰鸽”的救援器材。这是一根5英寸长的空心圆柱，工作原理类似于气动导管。救援人员向“白兰鸽”中装入补给品，然后通过通风管送到矿工避难处。在整个救援过程中，细节的完善无疑是保证救援工作顺利完成的基石。为了保证受困矿工的身体健康，来自美国的营养师制订了特殊的食谱，限定矿工每人每天摄入的热量不超过2200卡路里；救援人员为矿工提供了用灭菌铜纤维制造的短袜，以防止感染脚气；由于长时间未见阳光，矿工出井时都会戴上一副造价450美元的太阳镜以保护眼睛。

科学发展观的核心是以人为本。怎样使文化建设成为促进人的全面发展和社会全面进步的基础一环，怎样把以人为本的核心理念落实到从国家决策到基层的每一项具体工作之中，是需要我们大家共同深入思考的重大课题。

第三，关于文化自信。

从历史层面来说，中华民族有五千年的文明史，中华文化源远流长、博大精深，而且从来没有间断过，这在世界上是独一无二的。其中积淀着中华民族最深层的精神追求，包含着中华民族最根本的精神基因，代表着中华民族独特的精神标志，不仅为中华民族生生不息提供了丰厚滋养，而且为人类文明做出了独特贡献，今天仍然闪耀着灿烂的光芒。罗素[53]就曾说过："中国至高无上的伦理品质中的一些东西，现代世界极为需要。""若能够被全世界采纳，地球上肯定比现在有更多的欢乐祥和。"中华文化发展史上有无数可圈可点的文化名人和文化典籍。比如，我们有万象峥嵘的《诗经》[54]，蔚为壮观的《楚辞》[55]，有美轮美奂的汉赋[56]，有流光溢彩的唐诗[57]，有抑扬顿挫的宋词[58]，有煌煌巨著《史记》[59]、《春秋》[60]、《资治通鉴》[61]，有小说艺术的高峰《红楼梦》[62]，有博大精深的《老子》[63]，有汪洋恣肆的《庄子》[64]，有宏大庄严的《论语》[65]，有生动活泼的《孟子》[66]，有严谨深刻的《孙子》[67]；我们有屈原[68]、宋玉[69]，有司马迁、司马光[70]，有李白[71]、杜甫[72]、白居易[73]，有苏轼[74]、辛弃疾[75]，有王羲之[76]、颜真卿[77]，有陶渊明[78]、欧阳修[79]，有韩愈[80]、柳宗元[81]，有曹雪芹、罗贯中[82]，有汤显祖[83]、关汉卿[84]，有唐玄奘[85]、慧能[86]，等等，还可以举出许多，可谓群星灿烂，气象万千。对于中华民族伟大的历史文化，不能妄自菲薄、采取历史虚无主义态度，数典忘祖；当然也不能泥古不化，拜倒在古人脚下。我们要继承博大精深的中华文化精华，实现历史文化现代化。重要的是，中国在走向现代化、走向世界、走向未来的过程中，无论如何不能丢掉中华民族的文化本色。

从现实层面来说，中国共产党90年的历

程，中华人民共和国60多年的历程，不但创造了科学的思想理论体系，建立了社会主义制度，实行了改革开放，而且创造了新的辉煌灿烂的文化。

从未来层面来说，中国文化有着广阔而光明的发展前景。中华民族的伟大复兴，包括中华文化的伟大复兴，这是人类历史上前所未有的伟大实践。这一伟大实践过程，必然是一个文化创造和文化腾飞的伟大历史过程。展望未来，我们应该充满信心，任何停止的论点、悲观的论点、无所作为和骄傲自满的论点，都是没有根据的。

总之，我们要用世界眼光和历史眼光，从历史、现实、未来三个层面，深刻认识中华文化的伟大价值，并从中建立起坚定的民族自信心和自豪感。在世界文化多元发展的过程中，我们可以接受外国的方法和经验，但文化的主体和动力、文化的内容和方向，都在我们自己。实现文化自觉的根本目的，是确立和把握我国的文化自主权，实现中华文化的自我更新与发展。这是我们的根本着眼点和立足点，也是我们创造中国特色社会主义新文化的历史起点。我们要站在这个新的历史起点上，创造新的历史文化，创造新的历史文化高峰。

第四，关于文化观念。

随着我国对外开放的扩大，西方核心价值观的挑战已经成为我国文化建设进程中必须面对的一个重大问题。因此，重新构建中华民族的文化观念，是一个战略问题。

为什么提出这样的问题？第一，长期以来，西方文化中心主义影响根深蒂固；第二，东方和西方在文化观念上存在巨大差异；第三，我们的文化观念不但对未来的中国发展有好处，而且对未来世界的发展有好处。中国文化提倡家庭和睦、社会和谐、国际和平，具有深刻丰富的精神内涵，不是西方所谓前卫艺术的衰败文化，不是西方强调竞争的扩张文化，也不是西方鼓吹文明冲突的冲突文化。中国文化是讲生活情趣的文化、是讲人文境界的文化、是讲天地气象的文化。中国文化精神是推动可持续发展的文化精神，是建设和谐世界的文化精神。

中国文化精神集中体现在社会主义核心价

值体系上。社会主义核心价值体系，是社会主义意识形态的本质体现和重要内容，是我们党在经济全球化和社会多样化的形势下，团结带领人民开拓前进的精神旗帜和文化旗帜，是中华民族文化观念的核心。必须把社会主义核心价值体系建设作为国家软实力建设的重中之重，要做精雕细刻的工作，要做潜移默化的工作，要做入耳入脑的工作，要做深入人心的工作，并以此来带动社会道德规范、法制规范和行为规范建设，促进全党全民族素质的提高。思想和精神层面的工作，不是虚的工作，而是关系党和国家前途命运的百年大计、根本大计。从很大意义上说，我们国家、我们民族，最需要加强的恰恰是这方面的工作。我们要增强做好工作的责任感和使命感，用科学的先进的文化观念，把全党全民族武装起来。

第五，关于文化基础。

我国文化建设的基础设施，还严重滞后。以公共图书馆为例：英国平均1.2万人有一所，美国平均3.3万人有一所，法国平均2.2万人有一所，韩国[87]平均10万人有一所，我国平均

46万人才有一所，人均购书经费不足0.30元。不仅存在数量差距，质量差距更大。中等城市以上地区，要逐步建设一批民族性、时代性、标志性的高品位的文化设施。

基层应成为我们工作的重中之重。要立足基层大力发展健康有益、丰富多彩的企业文化、校园文化、乡村文化、军营文化、社区文化等，使文化的根基深深植根于基层和广大人民群众之中。这里涉及普及和提高的关系。只有把国家和民族文化普及的基础搞扎实、搞深厚，使整个社会有深厚的文化氛围，才能更好地提高文化。

要深化文化体制改革，理顺文化行政管理部门与所属企事业单位的关系，加快转变政府职能，推进政企、政资、政事，政府与市场中介组织分开，使文化行政管理部门实现由办文化向管文化为主转变，由管微观向管宏观转变，由直接面向直属单位转为面向全社会，更好地履行政策调节、市场监管、社会管理、公共服务的职能。

要加快培育文化市场。目前我国文化领域的市场体系建设水平整体上还不够高，市场发育还不成熟，市场机制的作用远远没有得到充分发挥。我国文化事业和文化产业的发展，实际上存在着某种“市场瓶颈”。要积极适应社会主义市场经济发展要求，打破条块分割、地区封锁、城乡分离的市场格局，加快培育大众化文化消费市场，构建统一开发、竞争有序的现代化市场体系。要依法加强文化市场管理。要加强文化队伍建设，特别是基层文化队伍建设，充分发挥他们的重要作用。

要千方百计繁荣社会主义文艺创作。坚持为社会主义服务和为人民服务的根本方向，认真贯彻“百花齐放、百家争鸣”的方针，努力创作出无愧于伟大时代和满足人民群众日益增长的精神文化需求的精品力作，努力创作一批新的文化经典。

要坚持一手抓公益性文化事业、一手抓经营性文化产业，始终把社会效益放在首位，实现经济效益和社会效益的有机统一。要着力打造一批具有自主知识产权和核心竞争力的知名文化品牌，着力打造一批具有国际竞争力的外向型文化企业，着力打造一批具有重要影响力的国际文化交易平台。要适应当代科技发展的新趋势，加快高新技术在文化领域的运用，推动文化与科技的融合，加快构建覆盖广泛、技术先进的文化传播体系。不断为文化注入新的内容、创造新的形式。不断增强中华文化的亲和力和影响力，让中国声音、中国故事、中国观念在世界广泛传播、持续传播。

要加大文化建设投入。我国文化事业费占国家财政总支出的比重，多年在0.3%—0.4%之间徘徊。2008年全国文化事业费总计248.04亿元，占国家财政总支出（62427.03亿元）的0.39%，人均文化事业费仅为18.77元。而同期教育事业费达到8937.9亿元，占14.32%；卫生事业费达到2722.4亿元，占4.36%；科技事业费达到2108.3亿元，占3.38%。农村和基层、中西部地区则更为薄弱。2008年各级财政对农村文化投入共计62.5亿元，仅占全国文化事业费的25.2%。占全国人口2/3的农村人口，仅享有全国1/4的文化事业费。韩国在2000年之前，文化产业占国家GDP的份额不足1%，但是到了2004年以后超过6%，这得益于韩国“文化立国”的方针，将文化产业作为国家发展的支柱产业，制定了从政府投入、税收减免、土地优惠、人才培养、市场补贴、政府奖励等一条龙的政策。韩国的文化产业市场迅速培育成熟，成为亚洲新型文化产品输出大国。

对文化投入，要从全局、长远和战略上着眼。不但要深思熟虑，更要深谋远虑。现在，还不是政府在文化产业的经济利益上有所获的时候，而应该从国计民生的长远战略利益来看，国家和各级地方都应该有文化发展的立法保障，有文化投入的法定增长，有人均经费的概念，使加强文化建设的国家战略真正落到实处。除了国家投入，还有社会投入的引导问题。要培育骨干文化企业和战略投资者，鼓励和引导非公有制经济进入，发展新型文化业态，增强多元化供给能力，满足多样化社会需求。要逐步使文化投资成为社会投资的战略重点之一。

第六，关于文化规律。

列宁曾讲过:“文化任务的完成不可能像政治任务和军事任务那样迅速。应当懂得，现在前进的条件已经和从前不一样了。在危机尖锐化时期，几个星期就可以取得政治上的胜利。在战争中，几个月就可以取得胜利，但是在文化方面，要在这样短的时间内取得胜利是不可能的。从问题的性质看，这需要一个较长的时期，我们应该使自己适应这个较长的时期，据此规划我们的工作，发扬坚韧不拔、不屈不挠、始终如一的精神。”

文化建设同经济建设、政治建设、社会建设一样，有它自身的特殊规律。认识和把握规律，不是一件容易的事情，而违反规律，则会造成严重后果。

邓小平同志曾经指出，党对文化工作的领导，不是发号施令，不是要求文学艺术从属于临时的、具体的、直接的政治任务，而是根据文学艺术的特征和发展规律，帮助文艺工作者获得条件来不断繁荣文学艺术事业，提高文学艺术水平，创作出无愧于我们伟大人民、伟大时代的优秀的文学艺术作品和表演艺术成果。文艺这种复杂的精神劳动，非常需要文艺家发挥个人的创造精神，写什么和怎样写，只能由文艺家在艺术实践中去探索和逐步求得解决。

在这方面，不要横加干涉。邓小平同志这些重要论断，很值得我们深思。探索和把握文化发展规律，我们许多同志还处在必然王国。要坚持以科学发展观指导文化建设，特别要按照中央要求，正确认识和处理人民群众的基本文化需求与多样化、多层次、多方面文化需求的关系，弘扬主旋律与提倡多样化的关系，继承与创新的关系，民族文化与外来文化的关系，促进繁荣与加强管理的关系，发挥政府作用与调动全社会力量的关系等重大关系。努力实现由必然王国向自由王国的飞跃。

这里，特别强调一点，就是文化创新问题。文化的传承，离不开两条基本途径，一是积累，二是创新。文化领域是最需要积累的领域，要注重积累、强化积累，也是最需要创新的领域，要鼓励创新、支持创新。美国算不上是文化资源大国，但却是名副其实的文化强国，强就强在创新上。影响世界的好莱坞大片、麦当劳薯条、英特尔芯片，都包含着独一无二的文化创意。我们要适应群众文化需求的新变化新要求，正确处理积累与创新的关系，在积累的基础上创新，在创新的指导下积累，创作出更多思想深刻、艺术精湛、群众喜闻乐见的文化精品，解放和发展文化生产力，增强文化发展活力。

第七，关于文化氛围。

文化需要尊重。必须广泛、深入、持久地在党内和社会上营造尊重劳动、尊重知识、尊重人才、尊重创造的浓厚风气，必须广泛、深入、持久地在党内和社会上营造尊重文化的浓厚风气。尊重劳动、尊重知识、尊重人才、尊重创造，必然要求尊重文化，因为文化是劳动、知识、人才、创造的最基本因素，也是人的生活、发展、提高、进步的最基本因素。各领域的发展都需要人才，文化领域尤其需要。

要着眼于国家和民族的长远发展，努力造就一支数量宏大的高素质文化人才队伍，造就一批世界一流的思想家、教育家、艺术家、学者和作家。特别要造就一批大师级的打通古今、打通中西、打通文史哲、打通文理的文化领军人才。为什么一些领域出不了大师级的人才？我认为主要是积累不够。以鲁迅、郭沫若[88]为例，他们都是具有深厚文化积累的文化巨人。鲁迅，小说有《狂人日记》、《阿Q正传》、《孔乙己》等，散文有《野草》、《朝花夕拾》、《故事新编》等，杂文更是异峰突起；郭沫若，诗歌有《女神》，戏剧有《屈原》、《蔡文姬》，历史著作有《中国古代社会研究》、《十批判书》、《甲申三百年祭》，都是彪炳史册的千古名篇。再举几个例子，冯友兰[89]的七卷本《中国哲学史》、陈寅恪[90]的《柳如是别传》、钱穆[91]的《晚学盲言》，都是在双目失明的情况下口述，由助手代笔的。他们的学养之厚，令人产生一种高山仰止、景行行止的震撼。培养大师级人才，要靠积累，也要靠提升挖掘想象力、创造力。爱因斯坦说，想象力比知识更重要。这个话是他自己的经验之谈，也是带有规律性的智慧之论，很值得深思。在历史上中华民族的想象力、创造力曾经是很发达的，我们不但有《红楼梦》这样才华横溢、文化凝聚的巨作，而且有《庄子》、《山海经》[92]这样想象力、创造力勃发的鸿篇。要重新唤起中华民族的想象力和创造力。

尊重文化，必然要求尊重人民群众，要尊重人民群众的历史主体地位。人民群众不仅是物质财富的创造者，也是精神文化财富的创造者。毛泽东曾讲过:“人民生活中本来有着文学艺术原料的矿藏，这是自然形态的东西，是粗糙的东西，但也是最生动、最丰富、最基本的东西；在这点上说，它们使一切文学艺术相形见绌，它们是一切文学艺术的取之不尽、用之不竭的唯一的源泉。”

第八，关于文化胸怀。

列宁讲过:“应当明确地认识到，只有确切地了解人类全部发展过程所创造的文化，只有对这种文化加以改造，才能建设无产阶级的文化，没有这样的认识，我们就不能完成这些任务。无产阶级文化并不是从天上掉下来的，也不是那些自命为无产阶级文化专家的人杜撰出来的。如果硬说是这样，那完全是一派胡言。无产阶级文化应当是人类在资本主义社会、地主社会和官僚社会压迫下创造出来的全部知识合乎规律的发展。”

不同的时代有不同的文化，不同的国家和民族有不同的文化。文化和文明的多样化，过去、现在和将来都是文化的本质属性和文化发展的根本特点。因此，不同文化、不同文明的相互学习、相互交流，是文化发展的根本途径之一，舍此别无他途。封闭只能导致落后。正如国学大师王国维在20世纪初所深刻指出的：“学无新旧也，无中西也，无有用无用也”，“中国今日，实无学之患，而非中学西学偏重之患”，“中西二学，盛则俱盛，衰则俱衰，风气既开，互相推助”，“虑二者之不能并立者，真不知世间有学问事者矣！”著名艺术家吴冠中说过：“艺术到高峰时是相通的，不分东方与西方，好比爬山，东面和西面风光不同，在山顶相遇了。”这些充满智慧的话，今天对我们仍有重要启发意义。中国现代化不但要站在中华民族的历史高度，而且要站在人类共同的思想高度，善于从世界文明中汲取思想营养，要以博大的襟怀，广采天下之长而用之，不断推进世界文明中国化。

第九，关于文化修养。

加强文化建设，领导干部的文化修养很重要。这已经成为一件刻不容缓的事情。现在党中央已经提出了建设学习型社会和建设马克思主义学习型政党的战略任务。各级领导干部在学习上要走在全党和全社会的前面，充分发挥带头作用。要强调学习理论，学习哲学，这是第一位的，理论素质是领导素质的核心和灵魂，也是民族素质的核心和灵魂。也要强调学习文化，文化素质是民族素质和领导素质的根本基础。战争年代，毛泽东曾讲过，没有文化的军队是愚蠢的军队，而愚蠢的军队是不能战胜敌人的。毛泽东的话，今天仍然有重要镜鉴意义。我们一些领导同志常常抱怨自己能力不足，其实学养不足可能是一个更严峻的问题。因此，必须把加强文化修养提到重要日程。加强文化修养是没有止境的，要经过长期的积累过程。领导干部既要德才兼备，又要文理兼修。要持续地向文化进军，要坚韧不拔地向文化高峰攀登。要提倡读一点古代典籍，读一点历史名著，读一点唐诗宋词，读一点西方学术名著，读一点当代文学作品。要读一点司马迁、司马光，读一点毛泽东、邓小平。

毛泽东、邓小平都是中国共产党造就的伟大人物。我曾写过一副长联："毛泽东开天辟地哲人其伟万古风流；邓小平经天纬地伟人其哲千秋气象。”毛泽东是伟大的中国共产党、伟大的中华人民共和国、伟大的中国人民解放军的缔造者，毛泽东领导中国共产党和全国各族人民开辟了中国历史的新纪元，是中华民族伟大复兴的真正奠基者，毛泽东的伟大历史功绩是开天辟地。哲人其伟，毛泽东首先是伟大的思想家、理论家，同时是伟大的战略家、政治家，没有毛泽东就没有马克思主义中国化，没有毛泽东就没有新中国。万古风流，毛泽东曾写有“数风流人物还看今朝”的名句，毛泽东不但属于中国，而且属于世界；不但属于当代，而且属于未来。这就是“毛泽东开天辟地哲人其伟万古风流”。邓小平的伟大历史功绩，是开创了中国改革开放和中国特色社会主义伟大事业的新时期。改革开放和中国特色社会主义事业的伟大历史进程，波澜壮阔，前无古人，中国人民和中华民族大踏步地迈上了强国之路，邓小平是中国改革开放和社会主义现代化建设的总设计师，没有邓小平就没有中国的改革开放。所以讲邓小平经天纬地。伟人其哲，邓小平首先是伟大的战略家、政治家，同时是伟大的思想家、理论家。千秋气象，中国改革开放和中国特色社会主义伟大事业关系国家和民族的前途命运，是根本大计、百年大计，将世代传承、生生不息。这就是“邓小平经天纬地伟人其哲千秋气象”。这两位历史伟人的伟大实践，也是理论强党必强、思想富国必富的最好证明。

现在，中华民族正处在伟大复兴的重要历史时期，这是包括文化复兴在内的极其宏伟的历史性任务和历史性课题。自由是对必然的认识和世界的改造。由必然王国到自由王国的飞跃，是在一个长期认识过程中逐步地完成的。对于我们面前包括文化建设在内的未被认识的必然王国，只要我们实事求是地调查它、研究它、认识它，只要我们紧紧地依靠全党和全民族的力量，万众一心，坚韧向前，百折不挠，我们就一定能够实现由必然王国到自由王国的飞跃。

注释

1 黄炎培（1878年10月—1965年12月），民主革命家、教育家。字任之，别号抱一。清光绪四年九月初六（1878年10月1日）出生于江苏省川沙县（今属上海市）一个幕僚家庭。1899年考中秀才。1901年入南洋公学，选读外文科，受知于中文总教习蔡元培。次年中乡试举人。1903年返乡兴办小学堂。1905年，经蔡元培介绍加入同盟会，并与张謇等人创立江苏学务总会（后称江苏教育会）。1906年回川沙创办浦东中学。1909年被选为江苏咨议局议员。1912年任江苏教育司司长，江苏省教育会副会长。1914年2月卸职后，周游全国及美、日、东南亚各国，考察教育，从事教育改革的研究和实践。1917年5月，与蔡元培等人创立中华职业教育社，以推广职业教育和普通教育为宗旨，对中国近代学制的演变和旧教育的改革都有一定作用。1917—1931年，他先后参与筹建南京高等师范学校、南京河海工程学校、暨南学校、上海商科大学、厦门大学的工作。1921、1922年，两次拒绝担任北洋政府教育总长。

“九一八”事变后，黄炎培积极投入抗日救亡运动，创办《救国通讯》，宣传爱国主义；组织上海市民维持会（后改为上海地方协会），支援淞沪会战。1937年以后，先后任国防会议参议、国民参政会参政员。1939年11月，与沈钧儒等组织统一建国同志会，1941年3月改组为中国民主政团同盟，先后任中央执行委员、常委和主席，主张团结、统一，反对国民党一党专政，并于1945年7月访问延安，与中共领导人会晤。

1945年7月1日，黄炎培与傅斯年、左舜生等六位民主人士为恢复停顿的国共和谈，飞赴延安。7月4日，毛泽东邀请黄炎培到杨家岭窑洞叙谈。在窑洞的客厅里，毛泽东问黄炎培对几天的考察有何感想。黄炎培说：“我生六十多年，耳闻的不说，所亲眼看到的，真所谓‘其兴也勃焉’，‘其亡也忽焉’，一人，一家，一团体，一地方，乃至一国，不少单位都没能跳出这周期率的支配力。大凡初时聚精会神，没有一事不用心，没有一人不卖力，也许那时艰难困苦，只有从万死中觅取一生，既而环境渐渐好转了，精神也就渐渐放下了。有的因为历时长久，自然地惰性发作，由少数演为多数，到风气养成；虽有大力，无法扭转，并且无法补救。也有为了区域一步步扩大了，它的扩大，有的出于自然发展，有的为功业欲所驱使，强求发展，到干部人才渐见竭蹶，艰于应付的时候，环境倒越加复杂起来了，控制力不免趋于薄弱了。一部历史，‘政怠宦成’的也有，‘人亡政息’的也有，‘求荣取辱’的也有，总之没能跳出这周期率。”“中共诸君从过去到现在，我略略了解的了。就是希望找出一条新路，来跳出这周期率的支配。”毛泽东当即回答：“我们已经找到了新路，我们能够跳出这个‘周期率’，这条新路，就是民主。只有让人民来监督政府，政府才不敢松懈。只有人人起来负责，才不会人亡政息。”

同年秋，黄炎培与胡厥文等发起组织中国民主建国会，任常务理事，主张和平，反对内战。1946年1月参加政治协商会议。1948年5月，参加民建会常务理监事会，通过决议，赞成中共主张召开新政协，成立联合政府。1949年9月出席中国人民政治协商会议。中华人民共和国成立后，历任中央人民政府委员、政务院副总理兼轻工业部部长、全国人大副委员长、全国政协副主席、中国民主建国会中央委员会主任委员等职。主要著作有：《学校教育采用实用主义之商榷》、《中国教育史要》等。1965年12月21日病逝于北京。

黄炎培文章峭拔清健、傲岸不群。笔歌墨舞、酣畅淋漓。诗初学温、李，继复寝馈李、杜。思力沉厚，趣味隽永，章调铿锵。兴到落笔，虽语必工，富于著述。著作有《黄炎培考察教育日记》、《新大陆之教育》、《东南洋之新教育》、《中国商战失败史》（合作）、《中国教育史要》、《黄海环游记》、《断肠集》、《蜀道》、《抗战以来》、《延安归来》、《学校教育采用实用主义之商榷》、《中华职业教育社宣言书》、《八十年来》、《南洋华侨教育商榷书》、《我之人生观与吾人从事职业教育之基本理论》、《中国关税史料》、《对外贸易史料》、《淞沪抗日史料》，诗集《断肠集》、《苞桑集初稿》、《红桑》等。

2 梁启超（1873年2月—1929年1月），中国近代资产阶级改良派思想家，戊戌变法（维新）运动的主要领导者之一。字卓如，号任公，又号饮冰室主人。广东新会人，康有为的学生。在变法维新运动中影响很大，和康有为齐名，当时并称“康梁”。戊戌变法失败后，逃亡日本，主编《清议报》、《新民丛报》，宣扬保皇、改良，反对革命。晚年在清华学校（今清华大学）任教，著作编为《饮冰室合集》。

梁启超于学术研究涉猎广泛，在哲学、文学、史学、经学、法学、伦理学、宗教学等领域，均有建树，以史学研究成绩最著。梁启超一生勤奋，著述宏富，在将近36年而政治活动又占去大量时间的情况下，每年平均写作达39万字之多，各种著述达1400多万字。

梁启超的文章风格，世称“新文体”。这种带有“策士文学”风格的“新文体”，成为“五四”以前最受欢迎、模仿者最多的文体，而且至今仍然值得学习和研究。梁启超写于1905年的《俄罗斯革命之影响》，文章以简短急促的文字开篇，如山石崩裂，似岩浆喷涌：“电灯灭，瓦斯竭，船坞停，铁矿彻，电线斫，铁道掘，军厂焚，报馆歇，匕首现，炸弹裂，君后逃，辇毂塞，警察骚，兵士集，日无光，野盈血，飞电刿目，全球桥舌，于戏，俄罗斯革命！于戏，全地球唯一之专制国遂不免于大革命！”然后，以“革命之原因”、“革命之动机及其方针”、“革命之前途”、“革命之影响”为题分而析之，丝丝入扣。难怪胡适说：“梁先生的文章……使读者不能不跟着他走，不能不跟着他想！”

“郑和谜题”是梁启超提出的一个历史研究课题，他在当时的《新民丛报》上提出：“郑君之初航海，当哥伦布发见亚美利加以前六十余年，当维哥达嘉马发见印度新航路以前七十余年。顾何以哥氏、维氏之绩，能使全世界划然开一新纪元。而郑君之烈，随郑君之没以俱逝。我国民虽稍食其赐，亦几希焉。则哥伦布以后，有无量数之哥伦布，维哥达嘉马以后，有无量数之维哥达嘉马。而我则郑和以后，竟无第二之郑和，噫嘻，是岂郑君之罪也。”

不用说梁启超先生感到迷惑，现代历史学家对上述历史现象也迷惑不解，并把它称为“郑和谜题”。与“郑和谜题”同时产生的是科学技术历史上的“李约瑟难题”。

郑和下西洋是官办的航海活动，是在明朝皇帝的旨意下进行的大规模远航活动，具有鲜明的官办特色，明朝皇帝可以利用自己的权力，调动全国的人力、财力、物力组织船队，进行远航，为实现一定的政治、军事目的，可以不计成本，不顾经济效益，但是，这样的远航是不能持续的，这注定了郑和下西洋只能昙花一现。可以这样说，郑和下西洋这一航海奇迹出现在明代封建社会是偶然的，不是社会生产力发展的结果。

反观哥伦布等西方航海家的航海活动，它们是发生在15—16世纪欧洲出现了商品经济生产和资本主义萌芽的国家，那里出现了新兴的资产阶级，需要黄金，需要财富，进行资本积累，也需要商品生产的原料、市场。西方航海家的航海探险活动正是为了满足这种社会需要。西方国家的社会生产力发展需要远航探险，以发现新航路、新大陆。同时，西方航海家的航海探险不是官办的航海活动，没有官方参与，而是在利益驱动下，为了获利目的开始了航海探险，寻找新航路、新大陆，以获取财富。可以这样说，发生于15—16世纪的西方航海家的航海活动是必然的，是西方国家社会生产力发展的结果。

1984年秋天，邓小平在北京人民大会堂谈改革开放时说：“恐怕明朝明成祖的时候，郑和下西洋还算是开放的。明成祖死后，明朝逐渐衰落。以后清朝康乾时代，不能说是开放。如果从明朝中叶算起，到鸦片战争，有三百多年的闭关自守，如果从康熙算起，也有近二百年。长期闭关自守，把中国搞得贫穷落后，愚昧无知。”

3 李约瑟（Dr.Joseph Needham，1900—1995）,英国科学家，早年创立化学胚胎学成为英国皇家科学院院士。剑桥大学生化系的创建者之一,剑桥大学霍布金斯生化实验室的指导人。剑桥大学李约瑟研究所名誉所长，第二次世界大战前，曾兼任为西班牙国际纵队志愿军家属提供资助的基金会的司库。长期致力于中国科技史研究，撰著《中国科学技术史》，为中国培养了一批优秀的科技史学家。1994年被选为中科院首批外籍院士。

李约瑟1937年开始向其中国女学生鲁桂珍博士等学习汉语，后又学习中国古籍。当他读完沈括的《梦溪笔谈》后，深为激动，认为此系中国科技史的里程碑，并决心写一部完整的中国科技史巨著。1942年以英国驻华大使馆科学参赞名义，抵达昆明，在西南联大访问了华罗庚、闻一多等一大批名教授，并向他们了解了中国古籍中的一些科技问题。后来抵达重庆，在英国驻华大使和英国文化委员会支持和资助下，在重庆建立“中英科学合作馆”，兼任馆长。当时他在中国走访了未被日军占领的几乎所有省份的一些地区，包括西南各省与广东、福建、陕西、甘肃(包括敦煌)等的300多所大学和研究机构，搜集了大量中国的古籍和科学著作，接触了上千名中国学术界著名人士。他对中国的老庄哲学和道教理论极感兴趣，故在其名字前面冠以李耳的姓(原名为约瑟夫·尼达姆)，取中国名字为“李约瑟”。后又自取中国道教名号为“十宿道人”（因“约瑟”最古老的译音为“十宿”）。抗战胜利后，在巴黎受聘为联合国教科文组织自然科学部主任。他聘请鲁桂珍为其助手，并共同拟订撰写《中国科学技术史》的计划。1948年，回到剑桥大学。在他主持下，鲁桂珍等人开始整理从中国搜集到的大量资料，着手研究并分章分册撰著《中国科学技术史》。协助李约瑟从事此项研究者，先后有数十人，遍及世界各大洲。鲁桂珍博士始终与其在一起，成为其主要的合作者。该书共7卷，多数卷均有若干分册，共约30分册。这部巨著不仅查明与阐发了中国古代科技的大量发现和发明，并论证了中国的发明创造与近代世界科技的源流关系。新中国成立后，李约瑟多次来华访问，并被聘为中国科学院自然科学史研究所名誉研究教授。

“李约瑟难题”是科学史研究中的一个概念，也称之为“中国近代为什么没有发生科学革命的原因”，最早由李约瑟提出。

李约瑟潜心钻研中国科学技术史，发现中国在千余年前，科学上使“西方望尘莫及”，打破了“欧洲中心论”；即使近500年来，中国的科学技术“一直在稳缓地前进”。但在这段时期内，欧洲兴起了文艺复兴运动，紧随其后的便是科学革命。于是李约瑟提出了这样一个问题：“为什么这种科学的大振兴或大革命，不在中国或印度发生，而是在西方发生？”

中国古代的科学技术是极其光辉灿烂的。正如李约瑟博士所指出的，中国在公元3世纪到13世纪之间保持了一个西方所望尘莫及的科学技术水平；而且中国的科学发明和发现往往远远超过同时代的欧洲，特别在15世纪之前，更是如此。然而，到了16—17世纪（在我国是明末清初），近代科学在西欧诞生了。这种科学运用严密的逻辑方法进行科学推理，运用系统的实验方法检验假设，探索自然现象之间的因果关系，并力图运用数学对自然现象及其规律进行定量的描述。这样，近代科学就开始从直观、思辨的自然哲学中分化出来，走上了独立、系统和全面的发展道路。而在中国，这种近代科学并没有出现，从那以后，中国的科学开始落后于西方。18—19世纪，与近代科学相结合的近代技术诞生了，欧洲开始了工业革命。中国的技术从此也开始落后于西方。随着时间的推移，中国科学技术与世界先进水平之间的差距越来越大，中国传统科技和文明逐渐没落了。

如今，世界各国学者对“李约瑟难题”的研究已经由科技史领域扩展到经济史和文化史等领域，但至今尚未达成共识。即使李约瑟本人，在他60年的中国科技史研究生涯中，对这一问题的看法，也前后不尽一致。他关于这一难题的最终解答因全套《中国科学技术史》尚未杀青而未面世。但正如他指出的，即使《中国科学技术史》全部问世，也“只能是一个初步的探讨”。

4 维哥达嘉马，即瓦斯科·达·伽马（Vasco da Gama，约1460—1524年12月），葡萄牙航海家，从欧洲绕好望角到印度航海线路的开拓者。生于葡萄牙锡尼什，卒于印度科钦。青年时代参加过葡萄牙与西班牙的战争，后到葡宫廷任职。1497年7月8日受葡萄牙国王派遣，率船从里斯本出发，寻找通向印度的海上航路，船经加那利群岛，绕好望角，经莫桑比克等地，于1498年5月20日到达印度西南部卡利卡特。同年秋离开印度，于1499年9月9日回到里斯本。伽马在1502—1503年和1524年又两次到印度，后一次被任命为印度总督。伽马通航印度，促进了欧亚贸易的发展。在1869年苏伊士运河通航前，欧洲对印度洋沿岸各国和中国的贸易，主要通过这条航路。这条航路的通航也是葡萄牙和欧洲其他国家在亚洲从事殖民活动的开端。

5 伽利略·伽利雷（Galileo Galilei，1564—1642），意大利天文学家、力学家、哲学家和物理学家，科学革命的先驱者。历史上他首先在科学实验的基础上融会贯通了数学、物理学和天文学三门知识，扩大、加深并改变了人类对物质运动和宇宙的认识。为了证实和传播尼古拉·哥白尼的日心说，伽利略献出了毕生精力。由此，他晚年受到教会迫害，并被终身监禁。他以系统的实验和观察推翻了以亚里士多德为代表的、纯属思辨的传统的自然观，开创了以实验事实为根据并具有严密逻辑体系的近代科学。因此，他被称为“近代科学之父”。他的工作，为艾萨克·牛顿理论体系的建立奠定了基础。

6 托里拆利（Evangelista Torricelli, 1608—1647），意大利物理学家、数学家。出生于贵族家庭，幼年时表现出数学才能，20岁时到罗马在伽利略早年的学生B. 卡斯提利指导下学习数学，毕业后成为他的秘书。1641年写了第一篇论文《论自由坠落物体的运动》，发展了伽利略关于运动的想法。经卡斯提利推荐担任伽利略的助手，伽利略去世后接替伽利略做宫廷数学家,39岁早逝。

7 斯蒂文（Stevin,Simon, 1548—1620），荷兰数学家、工程师。生于荷兰布鲁日（今属比利时）。曾任政府官员。在对西班牙的战争中担任陆军军需司令，设计水闸，利用洪水冲击敌人。1586年出版《静力学与流体静力学》一书，实际已得到力的平行四边形法则。同年发表一篇实验报告，指出两个相差十倍的铅球自由落下，同时到地，用事实驳倒亚里士多德的谬论，在时间上早于伽利略。影响最大的是《论十进》（1585年出版，原文为佛兰芒语，同年有法语译本）这本小册子。其中论述十进制的优点，主张一切度量衡和币制均应改为十进。十进分数（小数）虽然早已为中国人所用，但在欧洲，系统地阐明其理论仍以此书为最早。此外，他还有算术、天文、透射等方面的著作。

8 艾萨克·牛顿（Isacc Newton，1643—1727），英国伟大的数学家、物理学家、天文学家和自然哲学家，其研究领域包括了物理学、数学、天文学、神学、自然哲学和炼金术。牛顿的主要贡献有：发明微积分，发现万有引力定律和经典力学，发现光的色散原理，设计并实际制造第一架反射式望远镜等等，被誉为人类历史上最伟大、最有影响力的科学家。为了纪念牛顿在经典力学方面的杰出成就，“牛顿”后来成为衡量力的大小的物理单位。代表作是《自然哲学的数学原理》。为了颂扬这位伟大的学者，当时英国著名诗人A.波普为牛顿写了一个碑铭，镶嵌在牛顿出生的房屋墙壁上，大意是“道法自然，久藏玄冥；天降牛顿，万物生明”。

9 鸦片战争，1840—1842年（道光二十年至二十二年）英国发动的侵略中国的战争。是中国由独立的封建社会逐渐变为半殖民地半封建社会的转折点，标志着中国近代史的开端。

战前的世界和中国　鸦片战争前，世界上几个主要资本主义国家先后经历了工业革命，社会生产力迅速发展。英国是当时最先进的工业国。1825年爆发了世界资本主义历史上第一次生产过剩的经济危机，资产阶级加紧对外扩张，企图开辟新的商品市场和原料供给地。法国自18世纪资产阶级革命后，工业生产也有较快增长，成为仅次于英国的资本主义强国。美国资本主义的发展远较英、法两国落后，其南部各州奴隶制还居于统治地位，但其商业资本也极力谋求向海外扩张势力。沙俄是欧洲的封建帝国。16世纪80年代起，它越过乌拉尔山，向东进行扩张。17世纪中叶，曾侵入中国黑龙江流域。1689年、1727年，中俄双方先后签订《尼布楚条约》和《布连斯奇条约》，划定中俄东段和中段边界。沙俄掠夺中国领土的阴谋暂时未能得逞，但仍野心勃勃，伺机而动。

当西方资本主义迅速发展时，中国仍停滞在封建社会阶段，处于清王朝的统治之下。小农业和家庭手工业相结合的自给自足的自然经济，在整个社会经济中占主要地位。资本主义萌芽虽然已经出现，但发展缓慢。自18世纪下半叶开始，清王朝的腐朽日益暴露出来。政治黑暗，军备废弛，土地兼并现象愈益严重，捐税和地租不断增加，广大人民生活每况愈下，国内阶级矛盾日趋尖锐。各族人民的反抗斗争此伏彼起，连绵不绝。

鸦片战争前，清政府在对外关系方面采取闭关政策。它把对外贸易的城市限制于广州一口，并对这种贸易严加控制，规定外国商人销售商品和购买土货必须通过少数特许的公行商人之手。这种闭关政策是封建经济和封建专制政治制度的产物，既严重阻碍了中国经济的发展，也引起了希望打开中国市场的西方国家资产阶级的不满。

禁烟运动　以英国为首的西方资本主义国家急于开拓中国市场，但它们的工业品很难获得广泛的销路。中国出口的茶、丝，远远超过英国输入的工业品。于是，英国资产阶级竭力发展对中国的鸦片贸易，利用鸦片作为打开中国大门的手段。

自19世纪初，鸦片开始大量输入中国。外国鸦片贩子不顾清政府多次颁布禁止鸦片入口的法令，贿赂清朝官吏，勾结中国私贩，肆无忌惮地进行走私活动。据不完全统计，19世纪最初20年中，英国每年平均自印度输入中国鸦片四千余箱，以后迅速增加，至鸦片战争前夕已达三万五千五百余箱。另有少部分鸦片是美国烟贩从土耳其贩运来的。此外，沙俄自30年代也从中亚向中国输入鸦片。由于鸦片输入激增，中英贸易发生了显著变化，英国由入超变为出超。从30年代起，在英国输入中国货物总值中，鸦片占1/2以上，英国每年从中国掠走白银达数百万两，鸦片税收还成为英属印度政府的一项重要财源。

鸦片的大量输入，流毒极为严重。不仅损害吸食者的健康，造成白银外流，而且引起银贵钱贱，直接破坏社会生产，影响广大劳动人民的生活。过去白银一两折换铜钱一千文左右，30年代末增至一千六百多文。按规定农民必须用白银纳税，从前粜谷一石多可完税银一两，如今非粜谷两石不可，实际负担大为加重。1838年12月12日，广州爆发万人大示威，抗议英美烟贩阻挠广州地方官吏处决中国烟贩，干涉中国内政，反映了广大人民禁止鸦片的强烈要求。

鸦片的大量输入，还加深了清朝封建统治的危机。吸食鸦片的人，最初主要是清朝封建统治阶级及其依附者。鸦片贸易使清朝的吏治愈益腐败，军队更加失去战斗力，而白银源源外流，使清朝财政陷入困境。因此，鸦片问题在清政府内部引起激烈争论。道光十六年，太常寺少卿许乃济奏请取消鸦片输入的禁令，准许鸦片纳税后公开买卖。这种弛禁主张反映了封建统治阶级中腐朽集团的利益。道光十八年，鸿胪寺卿黄爵滋上书道光帝，痛陈鸦片祸害，主张严惩鸦片吸食者，以抵制鸦片输入。这个主张得到一些开明官僚的支持，湖广总督林则徐奏称：鸦片为害巨大，若不认真查禁，“数十年后，中原几无可以御敌之兵，且无可以充饷之银”。经过中央和地方官吏反复讨论，严禁鸦片的主张暂居上风。是年冬，林则徐奉诏进京。道光帝多次召见，授以钦差大臣，赴广州查禁鸦片。

1839年3月10日，林则徐到达广州。他与两广总督邓廷桢、广东水师提督关天培等严拿烟贩，惩办不法官弁，整顿水师，加强珠江防务；同时责令外国烟贩将趸船上所存鸦片造具清册，听候收缴，并出具甘结，保证今后不再贩运，否则“货尽没官，人即正法”。这些措施得到人民群众热烈支持，禁烟运动迅速趋于高涨。

英国蓄意破坏中国的禁烟措施。3月24日，英国驻华商务监督义律从澳门潜入广州洋馆，企图阻止外商交出鸦片。林则徐派兵监视洋馆，断绝广州与澳门之间的交通。义律改变手法，命令英商缴烟，保证烟价由英国政府赔偿，并劝告美商采取一致行动。其目的在于为英国发动侵略战争制造借口。在禁烟运动的压力下，英国烟贩缴出鸦片两万余箱，美国烟贩缴出一千五百余箱。6月3—25日，林则徐率地方官吏，在虎门海滩将缴获的烟土全部当众销毁。禁烟运动获得初步胜利。

战争过程　鸦片贸易被严厉取缔后，英国资产阶级立即策划发动侵略战争。1839年10月1日，英国内阁作出向中国出兵的决定。次年2月，英国政府任命懿律和义律为正副全权代表，并派懿律为侵华英军总司令。4月，英国议会通过支付军费案。

在中国境内，义律继续进行破坏禁烟的活动，阻止英国商船具结入口贸易。1839年9—11月，英国兵船先后在九龙和穿鼻洋面多次袭击中国水师，都被击退。

1840年6月，懿律率领的英国船舰四十余艘及士兵四千余人到达中国海面，第一次鸦片战争正式开始。这次战争持续了两年多时间，经历了三个阶段：

第一阶段自1840年6月英军封锁珠江口开始，至1841年1月20日义律公布《穿鼻草约》为止，历时约七个月。

英军到达中国海面后，首先封锁珠江口。懿律看到广东军民早有戒备，决定率主力北上。7月，英军进犯福建厦门，被已调任闽浙总督的邓廷桢督师击退。接着，北犯浙江，攻陷定海。8月，英舰抵达天津白河口，投递英国外交大臣巴麦尊致清政府的照会，提出赔款、割地、通商等无理要求。道光帝被英军的武力恫吓所动摇，派直隶总督琦善到天津海口与英军谈判。琦善向懿律表示将查办林则徐等，希望英军返棹南旋，等候清政府处置。英军乃于9月折回南方。道光帝即任命琦善为钦差大臣，前往广东与英方继续谈判。

11月底，琦善到达广州。他一反林则徐所为，撤除防务，遣散水勇，镇压抗英群众。此时，义律接替懿律为英国全权代表，步步进逼。1841年1月7日，英军突然攻陷沙角、大角炮台，琦善急忙求和，义律乘机提出《穿鼻草约》，并于20日单方面公布，其中包括割让香港、赔偿烟价六百万元、恢复广州通商等条款。

第二阶段自1841年1月29日清政府对英宣战开始，至5月27日《广州和约》订立为止，历时四个月。

沙角、大角炮台失陷后，道光帝决定宣战，任命御前大臣、宗室奕山为靖逆将军，调派大军开往广东。2月下旬，英军先进攻虎门炮台，琦善拒派援军，守将关天培等壮烈牺牲，炮台失陷。4月，奕山到达广州，奉行“防民甚于防寇”的反动方针。5月，他贸然发动夜袭，英军乘机反扑，占领城郊各据点，炮轰广州城。奕山派人求和，与英订立《广州和约》，其中规定清军退出广州，向英军缴纳“赎城费”六百万元。

第三阶段自1841年8月英军再犯厦门开始，至1842年8月29日《南京条约》签订为止，历时一年。

英国政府对《穿鼻草约》的内容不满，决定撤换义律，改派璞鼎查为全权公使，进一步扩大侵略战争。8月璞鼎查率领援军到达香港，不久即攻占厦门，清总兵江继芸力战牺牲。9月，英军北犯定海，总兵葛云飞、郑国鸿、王锡朋等英勇战死，定海再陷。10月，英军进攻镇海，两江总督裕谦坚决抵御，城陷时投水自尽。宁波旋也陷入敌手。同时，英舰窜扰台湾，被台湾军民击退。

浙江连失三城，清政府决定第二次出师，派协办大学士、皇侄奕经为扬威将军，率军驰往浙江。奕经到达绍兴后，企图侥幸取胜，分兵进攻三城，结果惨败。英军反攻陷慈溪，奕经等逃至杭州。清政府鉴于两次出师失败，转而一意求和，派盛京将军耆英前往浙江主持对英交涉。但英军决定乘虚而入，按既定计划侵入长江。1842年5月，英军攻陷乍浦，6月再攻吴淞炮台，江南提督陈化成据台死守，力竭牺牲，宝山、上海相继陷落。英军溯长江西上，于7月下旬进攻镇江。清副都统海龄所部顽强抵抗，经过激烈巷战，终于失守。8月初，英舰直抵南京江面，耆英等赶到南京议和。第一次鸦片战争至此结束。

战争期间，英军所到之处，烧杀抢掠，无恶不作，激起了中国人民的英勇反抗。厦门、定海、镇海、宁波、太仓、江阴、瓜洲等地农民奋起袭击英军。台湾各族人民击退闯入鸡笼（今台湾基隆）的英国军舰。广东人民，特别是广州郊区三元里一带群众，与英军进行了激烈搏斗，使英军遭到很大损失。中国军民反对英国侵略的战争，是正义的自卫战争。但因社会制度腐败，经济技术落后，人民的巨大力量不可能充分发挥出来，无法扭转战争的结局。

第一批不平等条约的订立及其影响　1842年8月29日，清钦差大臣耆英与璞鼎查，在南京签订了结束鸦片战争的《南京条约》，亦称《江宁条约》。共十三款。主要内容为：①中国割让香港；②向英国赔款两千一百万银元；③开放广州、福州、厦门、宁波、上海五口对外通商，英国可派驻领事；④废除“公行”制度，英商可以与中国商人自由进行贸易；⑤中国抽收进出口货的税率由中英共同议定。条约签订后，双方在广东继续谈判。1843年7月22日，在香港公布《中英五口通商章程》。10月8日，耆英与璞鼎查在虎门签订《中英五口通商附粘善后条款》，亦称《虎门条约》（《中英五口通商章程》被作为其中的一部分）。在该约中，英国取得了领事裁判权和片面的最惠国待遇等特权，同时还制定了海关税则。

《南京条约》签订后，美国和法国趁火打劫，于1844年分别强迫清政府订立了《望厦条约》和《黄埔条约》。两国借以取得了《南京条约》中所规定的五口通商、派驻领事等权，此外还扩大了领事裁判权的范围，加强了协议关税权。条约并准许在五口建立教堂、医院等，准许外国兵船到中国沿海各口岸“巡查贸易”。后来，法国还强迫清政府取消对天主教的禁令。

《南京条约》、《虎门条约》与《望厦条约》、《黄埔条约》一起，成为中国近代史上外国侵略者强迫清政府订立的第一批不平等条约。它们作为鸦片战争的结果，不但使中国蒙受了重大损失，而且使中国社会的性质开始发生根本的变化。战前，中国在政治上是一个独立自主的国家；战后，中国的领土开始被割裂，主权完整遭到破坏，中国已经丧失了独立自主的地位。战前，中国在经济上是自给自足的封建经济占统治地位的国家；战后，外国商品涌入中国，逐渐破坏了中国封建经济基础。从此，中国由一个封建社会逐步变为半殖民地半封建的社会。

10 德国，位于欧洲中部，东邻波兰、捷克，南接奥地利、瑞士，西界荷兰、比利时、卢森堡、法国，北与丹麦相连并临北海和波罗的海，是欧洲邻国最多的国家。陆地边界全长3757公里，海岸线长2389公里。

德国地势北低南高，可分为四个地形区：北德平原，平均海拔不到100米；中德山地，由东西走向的高地块构成；西南部莱茵断裂谷地区，两旁是山地，谷壁陡峭；南部的巴伐利亚高原和阿尔卑斯山区，其间拜恩阿尔卑斯山脉的主峰祖格峰海拔2963米，为全国最高峰。主要河流有莱茵河（流经境内865公里）、易北河、威悉河、奥得河、多瑙河。较大的湖泊有博登湖、基姆湖、阿莫尔湖、里次湖。德国位于大西洋和东部大陆性气候之间的凉爽西风带，西北部海洋性气候较明显，往东、南部逐渐向大陆性气候过渡。气温大起大落情况很少，平均气温7月14—19℃，1月 −5—1℃。年降水量500—1000毫米，山地则更多。

德国人口8200.2万，首都柏林（Berlin）。民族主要是德意志人，有少数丹麦人和索布族人。有718.6万外籍人，占人口总数的8.9%，其中最多的是土耳其人，共169万。

德国自然资源较为贫乏，除硬煤、褐煤和盐的储量丰富外，在原料供应和能源方面很大程度上依赖进口，2/3的初级能源需进口。天然气储量约3820亿立方米，能满足国内需求量的1/4。硬煤探明储量约2300亿吨，褐煤约800亿吨；其他矿藏的探明储量为：钾盐约130亿吨，铁矿石16亿吨，石油5000万吨，天然气约5000亿立方米。东南部有少量铀矿。德国森林覆盖面积为1110万公顷，占全国面积约1/3。水域占2%。

德国是高度发达的工业国。经济总量位居欧洲首位，世界第四，连续六年保持世界头号出口大国地位。2009年外贸总额为14703亿欧元，其中出口8032亿欧元，同比下降18.4%，进口6671亿欧元，同比下降17.2%，盈余1361亿欧元。国内资产投资4787亿欧元，私人可支配收入15525亿欧元，私人消费支出10203亿欧元，公共支出10706亿欧元。2009年，通胀为0.4%，平均失业率为7.2%。

受意大利文艺复兴的影响，18世纪德国的文学走向顶峰。歌德、海涅、席勒、莱辛和格林兄弟是杰出的代表。20世纪最著名的作家有托马斯·曼、海因利希·曼和贝托尔特·布莱希特。作家海因里希·伯尔和贡特·格拉斯分别于1972年和1999年获得诺贝尔文学奖。

德国有3000多座博物馆，收藏内容十分丰富。此外，每年都举行各种艺术节、博览会和影展等。法兰克福和莱比锡是德国图书出版业中心。德国图书出版量在世界上仅次于美国，占第二位。

音乐是德国人生活中不可缺少的组成部分。德国造就了各个不同时期的音乐大师，如贝多芬、巴赫、门德尔松、瓦格纳等。柏林爱乐乐团更是享誉世界。教堂、宫殿和古堡是德国重要的文化遗产。著名大学有科隆大学、慕尼黑大学、亚琛工业大学、海德堡大学等。

德国是一个拥有许多文化中心的国家，各州文化生活和教育事业相对独立，各具特色。文化艺术事业由联邦和各州共同负责，全国性的文化艺术活动由联邦政府予以资助。对外文化交流由外交部负责协调。

德国的大、中、小学和职业教育发达。实行12年制的义务教育，公立学校学费全免，教科书等学习用品部分减免。2009年公共财政用于教育的开支为1000亿欧元，占国内生产总值8.6%。

德国著名作家歌德曾说过："读好书就是同高尚的人谈话。"德国人对这种"谈话"有着巨大热情，即使是在电视、因特网等媒体十分发达的时代，他们依旧保持着爱读书的传统，而社会提供的服务又使他们读书十分便利。

在地铁列车里，在公园草坪上，甚至在医院的候诊室内，手捧书本埋头阅读的人都很常见。民意调查显示，70%的德国人喜爱读书，一半以上的人定期买书，1/3的人几乎每天读书。值得一提的是，在所有年龄段的人群中，30岁以下的年轻人读书热情最高。可见，书已经融入到了德国人的日常生活中。笔者的一个年轻德国朋友说，在德国，读书就像喝啤酒一样平常。

德意志民族是德国的主体民族。主要在德国，也有一部分分布在美国、加拿大、哈萨克斯坦、俄罗斯和巴西等国。多属欧罗巴人种北欧类型，部分属阿尔卑斯类型。使用德语，属印欧语系日耳曼语族。多信基督教新教，部分信天主教。

德意志民族精神，是在德国发展中长期积淀形成的德意志文化中最本质的内容，表现了德意志民族的特征和素质，是德国文化的深层次体现。其主要特征可概括为：勤勉、严谨、务实、守法、忠诚，以及荣誉、坚韧、勇敢。这种特征是在德意志国家的历史过程中逐步形成的，这一历史过程的重要特点是经历着绵延不断的战争。正是在严格的军队生活和军事活动中形成了具有上述特征的德意志精神。这样的特征同时反映了德意志精神的两面性。在不同历史条件、不同社会制度和不同统治集团里，会起到不同甚至完全相反的作用。

勤勉和务实是德意志民族表现得最为突出的特征；严谨是凡到过德国或与德国人打过交道的人都有的深切感受，与严谨相关，人们行事精确准时，思想追求独立自由，理论要求深入基础；守法也表现在社会政治生活的各方面，特别是强调公共秩序；忠诚在古代表现为君臣间、军队上下级间的关系，在现代表现为相互守信；勇敢与忠于本民族相连，同时又是极富侵略性的尚武精神的另一面。德国曾用这样的精神发动了多次侵略战争，给欧洲和世界带来了深重灾难；也用同样的精神抗击外国的侵略，取得了德意志民族解放战争的胜利，创造了战后的经济奇迹，实现了两德的重新统一。

这种精神在德国战后经济、社会发展的各方面更是发挥了无形的内在的推动力作用。它滋养了深刻的理论和思想；形成了严谨的教育和科学；培育了独特的品质和习惯。严谨务实、勤勉节俭、讲究诚信的国民素质，尊重历史、各具个性、宁静有序的城市文化，推崇学术、培育能力、甘于寂寞的大学观念，强调质量、重视技术、追求效率的企业理念，都是德意志精神的人民性、进步性的体现和表现。在一定的意义上，也正是这种精神，成为德国社会经济发展的有力支撑，推动德国在各个领域取得世界性的成就。

德意志民族严谨、勤勉的精神，也滋养了德国的理论和思想，使德国历史上涌现了众多在世界文明史中据有重要地位的哲学家、文学家、音乐家、科学家等文化和科学巨匠。16世纪的宗教改革家马丁·路德、革命家托马斯·闵采尔和人文主义者乌利希·封·胡登；18世纪的哲学家康德和剧作家莱辛、诗人歌德和剧作家席勒；19世纪的哲学家黑格尔和费尔巴哈、诗人海涅和工人运动活动家魏特林；特别是出现了伟大的无产阶级革命领袖和导师马克思和恩格斯。哲学上，从莱布尼茨开始，经康德、黑格尔到费尔巴哈形成的古典哲学，从叔本华、尼采的意志主义哲学开始，到胡塞尔、海德格尔的现象学和加达默尔的解释学，以及以哈贝马斯、赫费、吕贝等一大批著名哲学家为代表的当代德国社会、政治哲学；文学艺术上，以巴赫和亨德尔为代表的德国巴洛克音乐，以歌德和席勒为代表的古典文学，和以贝多芬、小巴赫为代表的古典主义音乐，既是德国不同时期思想文化繁荣发展的表现，也是思想文化领域追求新思想、新自由的反映。这些思想理论，在经济社会的进步、科学技术的发展、民众的生存意识、思想观念、文化取向和价值系统等方面，不仅深刻地改变了德国，也极大地影响了世界。

11 以色列（The State of Israel），位于地中海的东南方向，北靠黎巴嫩，东濒叙利亚利和约旦，西南边是埃及。以色列在1948年宣布独立建国，面积为1.49万平方公里。首都耶路撒冷。实行多党共和政体，总统为象征性国家元首。最高权力机构为议会（一院制），政府为最高行政机构。

以色列现有人口738万（2009年1月），其中犹太人约占80%，其余为阿拉伯人、德鲁兹人等。希伯来语和阿拉伯语均为官方语言，通用英语。居民中大部分信奉犹太教，其余信奉伊斯兰教、基督教和其他宗教。

以色列经济较发达，属于混合型经济，工业化程度较高，以知识密集型产业为主。农业、工业、生化、科技及军工等部门技术水平较高。私人企业比重较大，但政府对主要部门控制严格，许多大企业都由国家控制或监管。合作经济主要以农村中的“基布兹”（集体社）和“莫沙夫”（合作社）为主。以色列总体经济实力较强，全球竞争力居世界前列。总资本超过100亿美元的以色列风险投资业在全球规模仅次于美国，成为以色列国民经济的核心特色和国家竞争力的重要源泉之一。

文化方面，以色列文化是一种全面的、完整的文化。它包括语言、文学、美术、音乐、舞蹈、戏剧、电影和新闻媒介等所有领域。这些领域中的创作内容大体可分为三类。第一类，以以色列国的建立和发展为背景，取材于以色列犹太人的现实生活，表现犹太人回归以色列后的喜悦和对美好、自由生活的向往，描写为建立国家付出的艰辛以及阿以冲突带来的精神与心灵上的痛苦与创伤。第二类以犹太人问题为背景，体现“不能让历史重演”的主题，揭示犹太苦难历史给新一代犹太人在民族历史和文化认同上带来的困扰。第三类以人类社会为背景，探讨人类共同享有的物质生活与精神生活。

在创建和发展以色列文化的过程中，古代希伯来文化即圣经文化具有十分重要的地位和影响。今天的以色列虽然是一个高度发达的现代化国家，但古代希伯来文化作为犹太民族根基的作用丝毫没有动摇。它是把来自不同国度的犹太人凝聚在一起的重要因素，是所有以色列犹太人生活中不可缺少的内容。正因为如此，以色列政府十分强调和重视继承古代希伯来文化的工作，把希伯来语、犹太历史、犹太律法和《圣经》作为从幼儿园、小学、中学到大学的必修课。由于这种系统和严格的教育，犹太人个个对《圣经》了如指掌。

希伯来语作为希伯来文化发展和文学创作的基础，20世纪初由埃利泽·本－耶胡达在巴勒斯坦复活之后，在半个多世纪的时间里又有了很大的发展。如今以色列的绝大多数文学作品都是用希伯来语创作的。

60多年来，以色列希伯来文学不断发展，形成一支由三代作家和诗人组成的相当庞大的文学创作队伍。艺术方面，雕塑、美术、工艺等都获得较大发展。音乐方面，于建国后成立了音乐学院，拥有了一支数量众多、造诣很高的音乐家队伍。目前，以色列被认为是世界上音乐活动最丰富、最频繁的国家之一。此外，舞蹈、戏剧也体现出多样化的特点。来自不同地区的作家、导演、演员，把各自所接受的文化的特点融为一体，创造出独具特色的以色列戏剧形式。

为了鼓励每个公民积极参加文化艺术活动，不断提高国民的文化修养和素质，以色列政府一直实行“文化辐射”政策，使全国各地包括边缘、偏僻地区的居民和大城市的居民有同等的权利和机会享受同样丰富、同等质量的文化生活。

犹太民族（Jews），古称“希伯来人”和“以色列人”。属欧罗巴人种地中海类型。约1500万人（1980），主要分布在美国（600万）、以色列（310万）、俄罗斯（210万），以及欧洲和其他地区（380万）。以色列犹太人以希伯来语为国语，属闪含语系闪语族。19世纪以前，流散于世界各地的犹太人，由于彼此隔绝，在社会文化、宗教礼仪和生活习俗上产生了一定差别，遂形成3大支系：阿什肯纳兹人、赛法丁人和东方人。信仰犹太教，历史上曾有一部分人改信基督教。

在希伯来语中，希伯来人意为"过河人"，因其祖先哈俾路人约在公元前2000年越过幼发拉底河而得名。哈俾路人原属闪米特人的一支。据传其历史始于两河流域的乌尔时代。公元前14世纪来到巴勒斯坦以后，曾与当地居民迦南人发生冲突；但因两族语言相近，以后逐渐发生混合。当时迁入的有12个游牧部落。后在巴勒斯坦南方形成犹太部落联盟，在北方形成以色列部落联盟。公元前13世纪前后，"海上民族"腓利斯丁人攻占巴勒斯坦沿海地区，并侵扰内地。以色列和犹太各部落曾与之长期斗争。在对外战争中，部落首领的权力不断扩大，从而加速了奴隶制国家的形成。公元前11世纪末，犹太王大卫征服周围民族，定都耶路撒冷，建立统一王国。公元前928年，王国分裂为以色列国和犹太国。公元前722年，亚述人攻陷撒马利亚，俘以色列王及其臣民近3万人返回亚述，以色列国遂亡。公元前597年，新巴比伦人进兵犹太，灭犹太国，俘大批富人而归，史称"巴比伦囚虏"。公元前539年，巴比伦为波斯人所陷，先后约有5万犹太人回到耶路撒冷，重建圣殿。公元前332年，遭希腊人入侵。公元前166年，爆发马卡比父子领导的起义，于公元前141年解放耶路撒冷，建立祭司王朝。公元前63年，又被罗马人征服。公元66年和132年，犹太人先后爆发反罗马起义，均遭残酷镇压，几十万犹太人被杀，幸存者流徙异域，散居世界各地。

整个中世纪，在基督教世界，犹太人始终背着出卖耶稣的罪名，到处受到仇视和迫害。常被限定在特定的"隔都区"，禁止拥有土地，多以放债和小商业为生，少数从事实业和自由职业。自18世纪法国大革命后，犹太人的处境始有改善，首先在法国开始享有平等的公民权利。随后，大多数欧洲国家也仿效法国，只有俄国例外。1881年俄国沙皇被暗杀，犹太人被怀疑为凶手而遭到大规模屠杀。这次大屠杀一直延续到1917年，幸存者约有200万人逃往美国和其他国家，为犹太史上最大的一次迁徙浪潮。留下的犹太人惶惶不安，对前途感到绝望。多少世纪以来，盼望有朝一日能够返回锡安(Sion，Zion，希伯来人的神殿山，传统上是耶路撒冷和以色列故土的同义词)，一直是散居世界各地的犹太人的生活支柱。19世纪末由于东欧的犹太人不断遭到压迫和迫害，而西欧的犹太人对既未结束种族歧视也未使犹太人与所在国家的社会融为一体的那种形式上的解放所抱幻想日益破灭，犹太复国主义作为一种民族解放运动而出现。1897年，在奥地利记者T.赫茨尔的鼓动下，在瑞士巴塞尔召开了第一届世界犹太复国主义大会。在会上，犹太复国主义运动成为一个正式的政治组织，它号召犹太人返回以色列故土，在祖先的家园复兴犹太民族生活。1917年，英国政府发表《贝尔福宣言》，表示主张“在巴勒斯坦为犹太民族建立一个由公共法律保障的犹太人之家”，犹太复国主义更加活跃。第二次世界大战期间，600万欧洲犹太人惨遭纳粹德国无辜杀害，遂使更多的犹太人支持复国运动。1948年5月14日，在英、美支持下，部分犹太人在巴勒斯坦建立以色列国。当时仅有60多万犹太人，此后又有不少犹太人从世界各地陆续迁往以色列，目前已有300多万人。

犹太民族在历史发展过程中积淀下来的民族精神是其赖以生存和发展的精神支柱，是千百年来锤炼而成的一种相对稳定的精神力量。犹太民族精神有别于其他民族精神，是犹太民族维持自身存在的特有的精神。“抗争、务实、求知、创新”的精神是犹太民族精神的核心内容。

抗争精神：犹太人自古以来就对包括“上帝”观念在内的各种“权威”具有强烈的挑战和反叛精神。无论身处逆境还是濒临危险，犹太人都始终保持着坚韧的抵抗力。犹太人虽几经迫害，却从未放弃反抗。处处遭受迫害，却从未放弃信仰，并为此进行惨烈的艰苦卓绝的抗争。此外，犹太人的抗争精神还体现在犹太人与自然环境的抗争上，这一点从以色列建国之前的早期移民身上已经得到了明显的体现。

务实精神：作为异乡人的犹太人要生存只有靠自己，所以务实精神体现在职业的选择上，就是在社会中寻找赖以栖身的职业。在古代、中世纪，犹太人从事的主要职业有经商、从医、传统手工艺，到了近现代，许多犹太人还选择从事远离政治的科学研究；务实精神体现在对待生活的态度上，是脚踏实地，循序渐进，凡事从小处做起；积极主动地去改变所处的环境，通过自己的努力，让生活更加美好。

求知精神：犹太人对于知识，有一个相当实际的认识，那就是知识就是财富，并且据此得出相应的结论：由于知识可以不被抢夺且可以随身带走，所以教育是最重要的。因此犹太民族的求知精神，集中表现在其对教育的重视上。强烈的求知精神，导致犹太民族对教育特别重视，并形成了与众不同的教育观念。犹太民族对知识的执著追求、对教育的高度重视，无疑是他们获得成功的主要源泉之一。

创新精神：犹太人崇尚创新，他们有敏锐的问题意识，认为学习应该以思考为基础，要敢于怀疑；在经济活动上，犹太人具有强烈的开拓意识，因此世界上没有他们钻不到的地方，有需求就有他们的身影；在生活上，具有坚毅的攻克意识，喜欢向困难挑战。犹太民族在2000多年前就失去了家园，流散在世界各地，但他们没有因此而丧失了志气。他们民族的凝聚力一代代地传下来，那就是要为犹太复国而世代奋斗，不屈不挠。

12 伊曼努尔·康德(Immanuel Kant, 1724—1804)，德国哲学家，德国哲学革命的开创者，德国古典哲学的奠基人，近代西方哲学史上二元论、先验论和不可知论的著名代表，有重大贡献的自然科学家。

康德所处的时代，是资产阶级革命风暴席卷欧洲大陆的时代，但当时的德国还处在封建专制和割据的落后状态。同荷、英、法等国相比，德国的资产阶级无论在经济、政治、思想各方面都较落后，既向往革命，又不敢真正摆脱对封建统治阶级的依附。康德作为德国资产阶级的哲学代言人，其思想体系所包含的复杂矛盾，是当时德国资产阶级二重性在哲学上的反映。从整体上看，康德的哲学思想经历了曲折的发展过程，可以分成先批判期、过渡期与批判期三个阶段。

康德的"三大批判"构成了他的伟大哲学体系，它们是："纯粹理性批判"（1781）、"实践理性批判"（1788）和"判断力批判"（1790）。

"纯粹理性批判"要回答的问题是：我们能知道什么？康德的回答是：我们只能知道自然科学让我们认识到的东西，哲学除了能帮助我们澄清使知识成为可能的必要条件，就没有什么更多的用处了，自从柏拉图以来的形而上学问题其实是无解的。

“实践理性批判”要回答的问题是伦理学的问题：我们应该怎样做？简单地说，康德告诉我们说：我们要尽我们的义务。但什么叫“尽义务”？为了回答这一问题，康德提出了著名的“(绝对)范畴律令”：“要这样做，永远使得你的意志的准则能够同时成为普遍制定法律的原则。”康德认为，人在道德上是自主的，人的行为虽然受客观因果的限制，但是人之所以成为人，就在于人有道德上的自由能力，能超越因果，有能力为自己的行为负责。

“判断力批判”要回答的问题是：我们可以抱有什么希望？康德给出的答案是：如果要真正能做到有道德，我就必须假设有上帝的存在，假设生命结束后并不是一切都结束了。“判断力批判”中，康德关心的问题还有人类精神活动的目的、意义和作用方式，包括人的美学鉴赏能力和幻想能力。

虽然康德大部分著作都很艰涩，读他的书需要勇气，但要研究哲学，康德却是无法回避的一座高峰。他对德意志心灵的影响非常巨大。

他那种严格遵守纪律和确保精确性的生活态度在今天的德国人身上普遍存在，世界上最精密的仪器就是出自这些认真得近乎呆板的人群之手。更重要的是，他为德意志人的哲学思辨立下了一个榜样，让哲学这门科学在德意志的大地上大行其道，以至于世界领域内，最有名的哲学家和思想家的名字上冠有德意志标志的比例太高了。黑格尔、费希特、马克思、尼采等等，这在许多国家，只要能出现一位，就足以夸耀世间的名字，却在德意志接二连三地出现。

海涅说：“德国被康德引入了哲学道路，哲学变成了一件民族的事业。一群出色的思想家突然出现在德国国土上，就像用魔法呼唤出来的一样。”

13 格奥尔格·威廉·弗里德里希·黑格尔（Georg Wilhelm Friedrich Hegel，1770—1831），德国古典哲学家、客观唯心主义者、辩证法大师、渊博的学者。

黑格尔生于德国符腾堡公国首府斯图加特，父亲是税局书记。1780年起他就读于本城文科中学，接受古典和启蒙教育。他在这期间所写的几篇短文，如《三人间交谈》、《谈希腊人和罗马人的宗教》、《谈古今诗人的显著区别》等，显示出他喜欢分析历史故事中的矛盾、对传统宗教观念采取批判态度的倾向。他在美学中关于当代诗人已不再起广泛作用的观点，也在此时相当明确地提了出来。1788年10月黑格尔到图宾根神学院学习哲学和神学。他对于哲学充满兴趣，十分努力，而对于正统神学则很反感。在学院里，黑格尔同荷尔德林、弗里德里希·威廉·约瑟夫谢林结识，他们之间的友谊对于他的思想的发展具有深远的影响。他们当时都是法国革命的热忱拥护者。以后黑格尔对于法国革命基本保持肯定态度。大学毕业后，他没有选择牧师的职务。1793—1796年，在瑞士伯尔尼一个贵族家里担任家庭教师。这一时期，黑格尔对法国革命以后罗伯斯庇尔的恐怖统治持谴责态度。1797年末至1800年，黑格尔到法兰克福任家庭教师。这里的待遇比在伯尔尼优越，又能与好友荷尔德林生活在一起，为黑格尔哲学思想的发展提供了有利的条件。1801年1月黑格尔在继承父亲的一部分遗产之后，来到了当时德国哲学和文学的中心耶拿，开始了他一生中具有决定意义的一个阶段。他与谢林一起开课，又合办《哲学评论》。直到《精神现象学》出版之前，两人一直合作，保持着良好的友谊。1801年黑格尔通过了学位论文和讲课资格的答辩。1805年获得副教授职。1804年黑格尔成为耶拿矿物学会鉴定员和威斯特伐仑自然研究会正式会员。1807年成为海德堡物理学会名誉会员。1807年3月黑格尔迁居班堡，任《班堡报》的编辑。由于他的报纸同情拿破仑，一再与慕尼黑官方发生纠葛，一年后他辞去这个职务。1808年12月黑格尔转到纽伦堡任中学校长。1816年黑格尔到海德堡任哲学教授，开始享有盛誉。1818年普鲁士国王任命黑格尔为柏林大学教授。1822年，黑格尔被任命为大学评议会委员。1826年《福斯报》发表庆祝黑格尔生日的报道，受到普鲁士国王的警告。1829年10月黑格尔被选为柏林大学校长并兼任政府代表。1831年黑格尔被授予三级红鹰勋章，同年夏他的《论英国改革法案》一文发表，因普鲁士国王下令中止，文章只发表了前半部分。1831年11月14日黑格尔病逝于柏林。

黑格尔的主要著作包括:《精神现象学》、《逻辑学》、《哲学全书》(其中包括逻辑学、自然哲学、精神哲学三部分)、《法哲学原理》、《美学讲演录》、《哲学史讲演录》、《历史哲学讲演录》等。

黑格尔集以往西方伦理思想之大成，特别是继承和发展了康德的伦理思想，建立了一个完整的理性主义伦理思想体系。黑格尔关于伦理的学说就是他的法哲学，其中包括抽象法、道德、伦理三个部分，中心是揭示自由理念的辩证发展过程。黑格尔把法看作自由理念的体现，它的出发点是自由意志。在他看来，自由意志借财产私有权以实现其自身，就是抽象的法；它在个人主观内心的规定，就是道德，所以道德是主观意志的法。他指出，道德意志表现于外，便构成行为；

行为通过故意的或有意图的活动所达到的结果，就是福利；法与福利的结合就是善，而良心是对善的内部规定或认识。黑格尔总结全部伦理思想史所得出的一个基本结论是："行法之所是，并关怀福利，——不仅是自己的福利，而且是普遍性质的福利，即他人的福利。"(《法哲学原理》第136页)黑格尔认为，道德行为的外部体现是复杂的综合体，是必然与偶然、动机与效果、目的与手段、理性与情感的辩证统一，善与恶也是相互联系、相互转化的。在他看来，良心是一个辩证的发展过程，它在道德阶段即在主观意志阶段只是形式的，既可能为善，也可能为恶，还处在"转向作恶的待发点上"，要达到对普遍的善即绝对价值的认识，只有在伦理阶段的普遍关系中才能实现。

黑格尔认为，扬弃了的道德就是伦理，并在伦理中显示出人类共同体的有机形式，其发展过程包括家庭、市民社会和国家三个环节。家庭是单个人以爱相维系的联合体，它的分化及其外部联系所形成的共同体就是市民社会。市民社会是一个包含复杂需要的体系，集中表现着个人与社会、利己与利他的矛盾。在黑格尔看来，人的现实活动表现为需要、劳动和享受三个环节，个体满足自己需要的劳动，既是自己需要的满足，同时又是对其他个体需要的满足，每一个个体要满足自己的需要，就只能通过别的个体的劳动才能达到。因此，他强调，他人和社会整体离不开个体，个体也在为他人和社会整体的献身活动中实现自己的价值，从而达到"为他的存在"和"自为的存在"的统一，这种"活的精神"的伦理表现，是"他们为我，我为他们"。黑格尔力图克服利己主义和利他主义、自爱论与仁爱论的片面性，提出应通过劳动和交换，在对立中使个人的利己心转化为有利于满足他人和社会的需要，实现个人利益和他人、社会利益的统一。黑格尔指出，市民社会划分为不同阶级、具有严格等级是国家的主要基础，国家是家庭和市民社会的统一，是伦理理念的最高体现，因而也是调解社会矛盾和个人生活的神圣力量。他强调，个人只有把自我规定在普遍的等级和阶级关系中，才能获得客观性和人格；个人只有隶属于国家，才能使形式的良心提高到真实的良心，实现法与福利、权利与义务、主体与客体的统一，达到至善和自由。

14 海德格尔（Martin Heidegger, 1889—1976），德国哲学家，存在主义的创始人和主要代表之一。

海德格尔1889年9月26日生于德国西南部巴登邦弗莱堡市附近的梅斯基尔希，卒于1976年5月26日。他早年在弗莱堡大学研读神学、哲学。1913年获博士学位，1915年在新康德主义者H. 李凯尔特主持下通过考试取得大学讲师资格。以后，他跟随现象学创始人E. 胡塞尔在弗莱堡大学执教。1923年起任马堡大学哲学教授。1927年，他最重要的著作《存在与时间》在胡塞尔主编的《哲学和现象学研究年鉴》上首次发表，这本书奠定了他一生哲学活动的基础。由此，海德格尔被视为开辟了现象学运动的一个新方向，并被奉为存在主义哲学的创始人。1928年，胡塞尔退休，在其推荐下，海德格尔回到弗莱堡大学接任哲学讲座教授。20世纪30年代之后，他和胡塞尔之间的关系日趋冷淡并最终破裂。纳粹肆虐期间，他一度担任弗莱堡大学校长，曾公开表示拥护希特勒。战后，他因这段历史受到审查并被禁止授课。1951年恢复教课，1959年退休，以后极少参加社会活动，僻居在家乡黑森林的山间小屋，只和很少一些最亲近的朋友一起讨论哲学问题。

海德格尔从20世纪30年代开始传播的存在主义思想认为，“存在”比“存在者”更根本，因为任何存在都首先必须“存在”，“存在”对于“存在者”处于优先的地位。世界上“唯一的本质的形式是人的存在”。要解决“存在”问题，就必须找到一种能在它的“存在”中过问存在本身的“存在者”，这就是“我的存在”（即“纯在”或“亲在”），它是本体论的存在。他指出，只有在极度苦闷中，才能意识到存在本身。存在的本质是虚无，人生下来就必然陷入烦、畏、死的境况中。他强调对死亡的认识可以“使自己从普通人当中解放出来”，认为学习哲学就是学习死亡，哲学就是对死亡的研究。体现其哲学思想的主要著作有《存在与时间》、《康德与形而上学问题》、《形而上学导论》和《林中路》等。

15 爱因斯坦（Albert Einstein, 1879—1955），20世纪最伟大的自然科学家，现代物理学的开创者和奠基人。

1879年3月14日爱因斯坦生于德国乌耳姆镇。他在瑞士度过青年时代；1896年进入苏黎世联邦工业大学师范系学习物理学，1900年毕业。由于他落拓不羁的性格和独立思考的习惯，为教授们所不满，大学一毕业就失业，两年后才在伯尔尼的专利局找到固定职业，从事发明专利申请的技术鉴定工作。他利用业余时间开展科学研究，于1905年在物理学三个不同领域中取得了历史性成就，特别是狭义相对论的建立和光量子论的提出，推动了物理学理论的革命。同年，以论文《分子大小的新测定法》取得苏黎世大学的博士学位。1908年兼任伯尔尼大学编外讲师，从此他才有缘进入学术机构工作。1909年离开专利局任苏黎世大学理论物理学副教授。1911年任布拉格德语大学理论物理学教授，1912年任母校苏黎世联邦工业大学教授。1914年，应马克斯·普朗克和瓦尔特·能斯脱的邀请，回德国任威廉皇帝物理研究所所长兼柏林大学教授，直到1933年。

经过8年艰苦的探索，爱因斯坦于1915年最后建成了广义相对论。他所作的光线经过太阳引力场要弯曲的预言，于1919年由英国天文学家亚瑟·斯坦利·爱丁顿等人的日全食观测结果所证实，全世界为之震动，爱因斯坦和相对论在西方成了家喻户晓的名词，同时也招来了德国和其他国家的沙文主义者、军国主义者和排犹主义者的恶毒攻击。

1933年1月纳粹攫取德国政权后，爱因斯坦成为科学界首要的迫害对象，遂移居美国普林斯顿，任新建的高级研究院教授，直至1945年退休。1939年他获悉铀核裂变及其链式反应的发现，在匈牙利物理学家L.西拉德推动下，上书罗斯福总统，建议研制原子弹，以防德国占先。由于不满于“二战”结束前美国在日本投掷原子弹，爱因斯坦在反对核战争的和平运动和反对美国国内法西斯危险的斗争中进行了不懈的努力。1955年4月18日，他因主动脉瘤破裂逝世于普林斯顿。

爱因斯坦推进了量子理论，创建了广义、狭义相对论，开创了现代宇宙学，从而深刻地改变了现代物理学的面貌。他的科学成就使他成为物理学革命的伟大先驱，并对哲学产生了深远影响。

16 路德维希·凡·贝多芬（Ludwig van Beethoven，1770—1827），德国作曲家、钢琴家、指挥家，维也纳古典乐派代表人物之一。他一共创作了9首编号交响曲、35首钢琴奏鸣曲（其中后32首带有编号）、10首小提琴奏鸣曲、16首弦乐四重奏、1部歌剧、2部弥撒、1部清唱剧与3部康塔塔，另外还有大量室内乐、艺术歌曲与舞曲。这些作品对世界音乐的发展产生了深远影响，因此贝多芬被尊称为乐圣。

生平：贝多芬出生于一个贫寒的音乐家庭。祖父L.van.贝多芬是科隆选侯的宫廷歌手和乐长，在波恩颇享盛名。父亲J.van.贝多芬也是选侯的宫廷歌手，无多大才能，且喜酗酒滋事，后被解雇，给半俸以维持一家生活。母亲是宫廷大厨师的女儿，一个善良温顺的女性，婚后备受生活折磨，在贝多芬17岁时便去世了。贝多芬是7个孩子中的第二个，因长兄夭亡，贝多芬实际上成了长子。由于父亲对家庭不尽责，贝多芬不得不从小就参加工作赚钱养家。

贝多芬的音乐教育从4岁开始，第一个教师是他的父亲。父亲曾梦想把他培养成莫扎特式的神童，但因环境不佳，未能实现，在他幼年的几位教师中，宫廷管风琴师C.G.内费对他帮助较大。

14岁以前，贝多芬受过普通学校教育，19岁时获准进波恩大学听课，在那里攻读了康德的哲学论著和古希腊文学，也接触到法国资产阶级革命的启蒙思想，对他以后的世界观和艺术观产生了很大的影响。他边求学边工作，1783年担任歌剧院哈普西科德琴手。1784—1792年担任宫廷副管风琴师，从1788年起又兼任宫廷乐队的第二中提琴手。1787年4月，贝多芬赴当时欧洲的音乐中心维也纳观光，在那里拜见了他所敬仰的W.A.莫扎特。他的即兴演奏赢得了莫扎特的赞赏。但不久因母病赶回波恩，他的慈母不幸于1787年7月病逝。同年的冬季，贝多芬通过挚友F.G.韦格勒的推荐，进入波恩有名望的F.von.布罗伊宁夫人家庭任音乐教师。在布罗伊宁家的客厅里，贝多芬接触到许多思想进步、学识渊博的教授、文艺家，以及政府中一些较开明的人物。他们谈论莱辛、席勒和．歌德，也谈论政治、哲学和艺术。年轻的贝多芬在这里受到进步思潮的影响，树立了艺术要服务于善良、正义和人道主义的艺术观。他与布罗伊宁一家的真诚关系一直保持到最后。

波恩的瓦尔德·施泰因伯爵，很欣赏贝多芬的才华，有意帮助他上进。1792年奥地利音乐大师弗朗茨·约瑟夫·海顿路过波恩，接见了贝多芬，看了他的作品，建议送他去维也纳深造，并表示愿意收他为学生。瓦尔德·施泰因说服了选侯，让贝多芬带薪留学于维也纳，希望他“从海顿手中接受莫扎特的精神”。

1792年，22岁的贝多芬第二次到达维也纳，跟海顿学作曲。由于两人的性格不同，不很相投，1793年冬海顿赴英国，便把这个学生交给著名的理论家J.G.阿尔布雷希茨贝格尔，贝多芬向他学习对位法，受到严格的训练，也跟意大利歌剧作家A.萨列里学歌曲写作。由于有波恩方面的大力举荐，又有出色的演奏才华，贝多芬迅速进入了维也纳上流社会，他受到显赫人物利希诺夫斯基亲王和夫人的宠爱，曾一度住在亲王府中。此外，金斯基亲王、洛布科维茨亲王、鲁道夫大公都是他的支持者和保护人。

1795年，25岁的贝多芬出版了他的第1号作品——3首为钢琴、小提琴和大提琴演奏的三重奏。此后5年他陆续出版了不少作品。《第八钢琴奏鸣曲》(即《悲怆》奏鸣曲，1799年出版)是他这段时期的代表性作品。这些作品的出版使他的声誉日渐遍及欧洲。贝多芬虽然有点怪癖，急躁易怒，但为人正直，待人以诚，结交了不少忠实的朋友，如小提琴家L.施波尔、I.舒潘齐格，大提琴家N.兹迈什考尔等。他的学生为数不多，有F.里斯、K.霍尔茨、A.F.申德勒、C.车尔尼等。

贝多芬终身未婚，婚姻和恋爱问题经常使他烦恼。他追求的对象较多，但都未能结合。贝多芬死后，人们在他的衣柜内一个秘密抽屉中发现了 3 封热情洋溢的情书，是写给他的“不朽的恋人”的，但没有收信人的姓名地址，年份也无从稽考。经多年争论，现认为收信人是一维也纳妇人安托妮·勃伦塔诺。贝多芬的少数作品是题赠给他的女弟子的，如脍炙人口的奏鸣曲《热情》和《月光》便是。前者作于1804年，是为他的学生特蕾泽写的，出版时题赠与她的兄弟弗朗兹。后者作于1801年，则直接赠与他的表妹朱丽叶塔。

贝多芬作曲很认真，先写在大型草稿本上，后逐句逐段地修改。有的作品要写数年。他还往往同时着手写几首作品。从他留下的大量草稿中，可看到他的作曲方法，一个动机、一个主题，都经过不断琢磨、不断发展，千锤百炼才最后成章。他常带着草稿本和铅笔在郊外写作，全神贯注，连下雨也未觉察。他在家中写作时废寝忘食是常事。这些草稿本现已部分出版，是研究贝多芬作品的珍贵资料。

贝多芬虽然进入上流社会，与王公贵族相往来，但他完全不像海顿和莫扎特那样，置自身于臣仆的地位。1809年贝多芬住在利希诺夫斯基亲王的庄园里，亲王要求他为法国侵略者将领演奏钢琴，贝多芬断然拒绝，冒雨回到自己的家，取下亲王的胸像摔得粉碎。

1812年夏，贝多芬在捷克疗养地泰普利茨会见了歌德。一日他们正挽臂散步，迎面来了皇后和一群贵族，歌德急忙松开贝多芬的臂膀，站在路旁向贵族们脱帽鞠躬，贝多芬则直冲而过，贵族们反而为他让路。贝多芬等歌德赶上来时对他说：“我按照您的功绩尊敬您，但您过分抬举他们了。”

贝多芬一生中最悲惨的遭遇是耳聋。在他28岁时，就发现自己的听觉有了故障，日益严重。他十分担忧，又不愿明告别人。加上恋爱上的挫折，使他的消极情绪在1802年达到一个高点。当时他住在维也纳近郊海利根施塔特镇，曾打算自杀，写下了遗嘱。然而他心中的音乐烈火终于烧掉了这一次精神危机。大约从1815年起，由于耳聋，贝多芬无法与人对谈，而不得不让对方把话写在纸上给他看。在贝多芬死后，人们发现这种"对话册"400余本(当时被他的学生、秘书申德勒据为己有)。现在这些对话册已成为研究贝多芬的珍贵史料。贝多芬的许多重要作品都写于全聋时期，他自己无法验证其音响效果，所以在后期的某些乐队作品中，在配器法上存在着某些不完善之处。有时他坚持指挥自己的作品，难免要出乱子，甚至无法进行下去而使演出中断。尽管这样，他仍以惊人的意志和毅力坚持创作和工作，毕生不懈，为欧洲音乐史增添了最光辉的篇章。

贝多芬的一生是光辉奋斗的一生，但他有时也对复杂的时局认识不清。在维也纳国际会议(1814)的前后两三年中，贝多芬所做的一些事难免给他光辉的一生投下一片阴影。1812年拿破仑的军队从莫斯科败退，1813年又在维多利亚等战役中受重创，拿破仑被迫下台，出亡于地中海。1814年以俄国沙皇亚历山大一世和奥地利首相梅特涅为骨干的欧洲王朝复辟会议在维也纳召开，组织了反拨历史时钟的"神圣同盟"。许多曾痛恨法国的侵略战争和拿破仑暴政的人们，误认为从此可以实现和平，无不额手称庆，贝多芬也是其中之一。他曾于1813年写了那首现已被人遗忘的《惠灵顿的胜利》交响曲，歌颂英国将军惠灵顿在维多利亚重创法军的功绩；1814年为了庆祝维也纳会议，他又写了 1首康塔塔《光荣的时刻》。在会议期间他举行了两次庆祝音乐会，演出了《光荣的时刻》、

《惠灵顿的胜利》和《第七交响曲》，他自任指挥，异常卖力，并以个人名义发请帖给参加会议的王公贵族，有6000人听了他的演出。他把国王们送给他的钱购买了奥地利国家银行的股票。他为此很高兴，却没有发觉自己正处在逆流的漩涡中。

维也纳会议后，王朝复辟空气笼罩了整个欧洲。贝多芬的经济和健康状况日益下降。1816年他在笔记本上写道："我没有一个朋友，我孤零零地活在这个世界上。"他的创作生涯停顿了好几年，1817年以后，他才又拿起笔来完成了最后的几部作品，包括著名的《第九交响曲》和《庄严弥撒曲》等。

在最后的年头，他还草拟了《第十交响曲》的一些主题，可惜没有写多少就病倒了。1826年12月，他从外地回维也纳，路上受了风寒，从此便一病不起，医治无效，次年便与世长辞，终年57岁。贝多芬的死讯震动了维也纳，出殡时有两万人为他送葬，包括F.舒伯特在内。遗体葬于维也纳市内韦灵公墓。

创作：贝多芬的创作生涯大略可分为3个时期：1800年以前为早期；1801—1814年为中期；1814年以后为晚期。贝多芬许多作品的写作年代是先后交错的，不能截然按完成的年代把它们纳入各个时期，例如《第二交响曲》完成于1802年，但以其风格和手法而论，应属于早期作品。早期作品包括在波恩和1800年以前在维也纳写的一些室内乐和第一、第二交响曲等，主要沿着海顿和莫扎特的道路有所发展，尚未能独辟蹊径。

1801—1814年是他的创作最具有独创性的盛期。作于1801年的《第十四钢琴奏鸣曲》(即《月光》)就是富于独创性，完全以形式服务于内容的一个范例。它有3个乐章。前后两乐章肃穆庄严，当中一乐章玲珑小巧。第一乐章不是照惯例用快板，也不用奏鸣曲式，标明表情为“类似一首幻想曲”，很有特点。1802年贝多芬对朋友说：“对于我到目前为止的作品，我都不满意。从现在起我要走一条新的道路。”当时他正在写《第三交响曲》，即《英雄》交响曲。这是应法国驻维也纳大使的邀请为拿破仑写的。当时拿破仑任法兰西共和国的第一执政，贝多芬认为他是法国革命的英雄和人民的救星，所以乐于写作。1804年交响曲写成，拿破仑已于此时称帝，贝多芬极为气愤，他撕毁了已写好赠款的封面，换上一张新的，并写上“为纪念一位伟人而作的英雄交响曲”。这首交响曲从内容到形式都富于革新精神，感情奔放，篇幅巨大，和声与节奏都新颖自由，说明作曲者所走的确是一条“新的道路”。他在素材处理和曲式结构上作了许多革新，如用一首庄严而冗长的葬礼进行曲作为第二乐章，用一首谐谑曲作为第三乐章，这都是前所未有的。在这时期他还写了赠给瓦尔德·施泰因的《第二十一钢琴奏鸣曲》（1804，亦称《瓦尔德·施泰因》、《黎明》）和《第二十三钢琴奏鸣曲》（即《热情》，1806）。前者辉煌灿烂，如朝霞满天，无比光彩，被罗曼·罗兰称为“白色的奏鸣曲”。后者热情洋溢，如浪涛汹涌，一泻千里，被列宁称为“绝妙的、人间所没有的音乐”。贝多芬共作有钢琴奏鸣曲32首，其中，《悲怆》、《月光》、《瓦尔德·施泰因》和《热情》最为著名，成为钢琴音乐的不朽之作。

1808年他完成了简洁凝练、充满斗争精神和胜利信念的《第五交响曲》和纯真质朴、歌颂大自然的《第六交响曲》（《田园》交响曲）。《第五交响曲》第一乐章的第一主题，贝多芬曾解释为“命运在敲门”，因此人们称之为《命运交响曲》。第一乐章充满矛盾，是人和险恶世道的搏斗，乐章不长，手法异常简洁，主题思想异常明确，大部分是由“命运”主题的4个音符发展而成。第二乐章照传统设计，安排了一个描写作者内心境界，优美而富于深思的慢板。第三乐章战斗再起，进一步表现了世道诡谲、风云变幻的情景，它的末尾用了一个长达数十小节的属和弦，力度逐步加强，情绪逐步高涨，从而引至第四乐章胜利的爆发(第三、第四乐章是连接不断的)，它有如阴霾已被扫尽，阳光突然出现，人们终于战胜了命运，凯歌响彻云霄。特别在尾声部分，胜利的意志愈益坚定，心潮愈益澎湃，不可抑制，至今仍能令听者受到鼓舞。1812年他完成第七和第八交响曲。以个性解放和魄力巨大而论，《第七交响曲》是最令人惊异的。

贝多芬写过6首钢琴协奏曲(第6首未完成)，《第五钢琴协奏曲》由于内容威严而堂皇，后人称为《皇帝》(1809)。他的《D大调小提琴协奏曲》(1806)，曲调性极强，非常抒情而气魄浩大，不像一般小提琴协奏曲多在演奏技巧上做文章。此外还有一首由钢琴、小提琴、大提琴和交响乐队演奏的《三重协奏曲》(1804)。

贝多芬所作的唯一歌剧是《菲德里奥》(1805，原称《莱奥诺拉》)。作曲者摒弃了骑士、神仙和爱情主题的剧本，而挑选这一部伸张人权、平反冤狱的剧本，说明贝多芬具有强烈的民主思想和正义感。他对这部歌剧进行过长达数年的修改，并为它写过4首序曲。在戏剧音乐方面，他写过两幕舞剧《普罗米修斯的创造物》(1801)。希腊神话中的英雄普罗米修斯敢于违抗天神宙斯的禁令，将火偷来给予人类而遭到天神的惩罚。贝多芬歌颂了他的勇敢和对人类的爱。歌德的剧本《埃格蒙特》所描写的荷兰民族英雄埃格蒙特因反抗外族统治、争取民族独立而牺牲自己。这剧本深深地吸引了贝多芬，他为它写了10段配乐(1810)。当埃格蒙特殉难后，乐队中响起了配乐第10段《胜利交响曲》，这是继哀悼英雄之后，对革命人民的鼓舞和激励。他还为历史剧《科利奥兰》写了序曲(1807)，为历史剧《雅典的废墟》(1811)写了配乐。

在室内乐方面，最重要的是16首弦乐四重奏，它们反映了贝多芬一生的艺术生涯。和他的交响曲一样，前期、中期、后期的四重奏各有其特点。10首小提琴与钢琴合奏的奏鸣曲中，最著名的是作于1801年的《F大调小提琴奏鸣曲》。由于它富于青春气息，被后人称为《春天奏鸣曲》。另一首作于1802年的《克鲁采奏鸣曲》，气魄奇伟，别具风格，好像两件乐器在斗争，有时又汇合在一起。因是赠给法国小提琴家R.克鲁采而得此名。贝多芬还写过各种乐器组合的室内乐曲多首，其中作于1811年、赠给鲁道夫大公的《降B大调三重奏》(亦称《大公三重奏》)最为著名。

总的来说，贝多芬中期的作品充满奋斗向上的精神。“通过斗争，达到胜利”这8个字可说是贝多芬的创作思想的概括。

维也纳会议后，贝多芬的创作停顿了好几年，但他不甘向命运低头，1817年再次奋起，直至1827年逝世，这10年是他创作晚期。这时他已不像早、中年那样朝气勃勃了，现实生活中的种种遭遇已逐渐磨损了他的锐气。他认识到生活的复杂，不可能达到他的理想和信念，但他没有放弃它们，而是在创作上用另一种形式表达它们。他的最后5首弦乐四重奏和5首钢琴奏鸣曲，与他的《英雄》、《命运》、《热情》等相比，已经减少了火一般勇往直前的气势，在曲式上也减缩了，但所表达的思想感情更深刻、更内在，有些音乐语言好像是自己的内心独白，不求别人的了解，这便是他晚期作品的特点。

《第九交响曲》(即《合唱交响曲》，1817—1823)，是贝多芬用席勒的诗《欢乐颂》谱成的作品。前三乐章是器乐曲，第4乐章加入人声，用了4位独唱者和一个大合唱队。第一乐章描写一片动乱凄凉的人间情景；第二乐章描写兵荒马乱之中，有时也流露出一线曙光；第三乐章是慢板，充满了悲天悯人的情绪和深沉内在的哲理性探索；第四乐章最奇特：先是大段器乐，把前三乐章的主题一一拿出来加以否定，然后由男中音独唱者唱出："啊，朋友，不要这种音响，让我们唱出更愉快更欢乐的吧！"（这是贝多芬加的词，非席勒原诗）于是唱出了声乐的"欢乐"主题，接着以重唱、合唱、独唱、乐队等形式淋漓尽致地演唱了《欢乐颂》。这个作品在当时引起了各种评论，最后才被肯定。H. 柏辽兹认为它是贝多芬毕生的杰作，他说："贝多芬完成了这部巨著可以死而无憾，可以对自己说'现在让死神来临吧，因为我的任务已经完成了'。"

综观贝多芬一生的创作，他在作曲技术上有许多新发展，例如他扩充了奏鸣曲式结构，加强了它的表现力。他的主题、过渡、副主题都连接得很紧凑，若一气呵成。转调也更自由，打破了过去各乐章之间以及主题与副主题之间的调性关系的陈规，使调性色彩更丰富，适于表现更绚丽壮观的内容。

贝多芬作品中的引子常有重大的意义，如《悲怆》奏鸣曲第一乐章的引子，是具有独立性格的一个乐段，它给接踵而来的第一主题创造了良好的背景和气氛。《第七交响曲》第1乐章的引子长达80多小节，几乎等于1首序曲。他的作品的尾声也往往很宏伟而隆重，如《英雄》交响曲第一乐章的尾声和《第五交响曲》末乐章的尾声，都充分地发展了未尽的曲意，作了痛快淋漓的总结，相当于第二展开部。

贝多芬首先在交响曲中使用谐谑曲，在奏鸣—交响套曲中以它代替小步舞曲。贝多芬的谐谑曲在轻快的节拍中表现严肃端庄，甚至是悲壮的、如火如荼的情绪，他把谐谑曲写得风起云涌，气概非凡，第三、第五、第七和第九交响曲的谐谑曲都具有这种笔致。

贝多芬在《第九交响曲》中加入人声，在交响曲史上是一创举。

贝多芬的标题音乐寥寥可数。他对标题音乐仍然侧重感情的表达，他在《田园》的标题下，特别注明“感情的表达应多于景色的描绘”。

贝多芬极重视力度处理，对强弱变化的层次要求极高。例如在《f小调弦乐四重奏》中的“激动的快板”乐章中，在125个小节中他写了95个强弱记号。为了表达感情的突变，ff与PP有时突然转换，也有时在渐强之后突然出现PP。他很少写正规的赋格曲，但经常在乐章中运用赋格手法，写出具有赋格性质的绚丽乐段。他善于写变奏曲，用于大型作品中作为慢板或末乐章。他还曾用一个主题写成33段钢琴变奏曲，这和他善于即兴演奏有密切关系。

贝多芬集古典主义之大成，开浪漫主义之先河，其创作反映了资产阶级上升时期的进步思想。他通过精湛的艺术手法，大大加强了作品的感染力，把欧洲古典乐派推向新的高峰，并开辟了浪漫主义乐派个性解放的新方向。

17 巴赫（Joham Sebastian Bach，1685—1750），德国最伟大的古典作曲家、管风琴演奏家之一。

巴赫生于德国爱森那赫的音乐世家，他的家族在200年内产生了50位音乐家。受到艺术熏陶，巴赫从小显露出音乐天才和对艺术的渴求。

巴赫一生分为这样几个时期。第一时期从23岁起，称魏玛时代。其间，他在魏玛领主威廉安斯特公爵的宫廷里担任小提琴手，以及阿恩施塔特的教会管风琴师，并两次受到宗教法庭的审判；第二个时期，他历任米尔豪森教堂管风琴师、魏玛宫廷管风琴师兼为宫廷作宗教音乐；第三个时期是他任克滕宫廷乐长的六七年间，生活优厚，创作旺盛，他的器乐曲大多为此时期所作；第四个时期是从他38岁至去世，称莱比锡时代。其间，他担任圣托马斯教会合唱长，创作了圣坛曲、弥撒曲、受难曲等许多教会乐曲。

巴赫晚年比较保守，终于被古典派新音乐潮流遗弃。后因失明、中风，于65岁病逝。死后50年内被忽视，1800年以后逐渐受到重视。

巴赫的代表作有：管弦乐曲《勃兰登堡协奏曲》、《第二号小提琴协奏曲》、《双提琴协奏曲》、《小提琴奏鸣曲六首》、《无伴奏小提琴组曲》；风琴曲《展技曲与赋格》；200多部宗教及世俗康塔塔、古钢琴曲、宗教大曲、清唱剧，等等。

巴赫的所有作品，都是从风琴的特殊风格中发挥出来的。它们自成一类完美的艺术。他把路德新教的众赞歌和教会乐器管风琴，当做自己创作素材和音响构思的核心。但由于其受启蒙思想影响，他的宗教作品对教会音乐规范有所突破。他的创作以复调手法为主，在德国民族音乐基础上，集16世纪以来尼德兰、意大利、法国等国音乐之大成，对欧洲近代音乐的发展产生了深远的影响。他代表音乐史长期演进的一个终点，也是现代音乐的一个开端。

巴赫作为一位市民乐师，其作品深刻反映了18世纪上半叶德国市民阶级中先进分子的精神面貌以及广大德国人民的思想情感和愿望。人文主义精神和德国的早期启蒙思想（包括理性主义哲学），给予他深刻的影响。当德意志民族的语言还未能统一的时候，巴赫的音乐却已标志着德意志民族音乐语言的形成；当第一个使德国文学扎根于民族文化土壤的德国文学家G.E. 莱辛还没有出现的时候，巴赫的音乐却已为德意志民族音乐奠定了基础。这对于促进德意志统一的民族文化和民族意识有着积极的历史作用。

18 歌德（Johann Wolfgang von Goethe，1749—1832），德国诗人、剧作家和思想家。

歌德生于法兰克福的一个中产阶级家庭。1765年，他进入莱比锡大学学习法律。1768年因病辍学回到法兰克福。1770年，他在斯特拉斯堡大学学法律，兼听医学课，并在次年以法学博士学位结束学业。此间，歌德结识了狂飙突进运动纲领的制定者赫尔德，并在赫尔德的推荐下读荷马的史诗、品达罗斯的颂歌、莎士比亚的戏剧和"莪相"的诗，并开始注意民歌，这对歌德的文学创作特别是诗歌创作有重要影响。1774年，《少年维特之烦恼》发表，歌德因此声名大噪，驰誉欧洲。

1775年，歌德应卡尔·奥古斯特公爵的邀请，来到魏玛。取得公民权后，他被聘为魏玛国务参议。期间，他开始对自然科学研究产生兴趣。1776—1786年这10年间，歌德主要忙于政务活动和从事于自然科学的研究，文学上建树不大，此前已着手的《浮士德》和《埃格蒙特》都未能继续写下去。

1786—1788年的意大利之游重又唤起了歌德的文学青春。回到魏玛公国后，歌德基本上从政务中脱身出来，得以专事自然科学的研究和文艺活动。1786—1805年，是歌德与席勒的合作期，此间，歌德完成《浮士德》第一部和《威廉·迈斯特的求学时代》等作品。1805年，席勒去世，此后10年，歌德的主要著作又陷于停顿状态。晚年，歌德又进入了创作的旺盛阶段。《浮士德》第二部、《威廉·迈斯特的漫游时代》等都于这个时期写成。

歌德是多才多艺的文学巨匠，他在诗歌、戏剧、小说、传记和格言方面都有不朽之作。一般认为，《浮士德》代表了歌德在文学上的最高成就。《浮士德》是现实主义和浪漫主义相结合的典范作品，艺术形式千变万化，丰富多彩，既植根于现实土壤，又突破时间和空间的限制，具有特殊的艺术魅力。作者通过知识悲剧、爱情悲剧、政治悲剧、美的悲剧和事业悲剧，表现了欧洲自文艺复兴至19世纪初、300多年来资产阶级上升时期的生活发展史。

除进行文学创作外，歌德还从事自然科学活动。他研究植物学、昆虫学、解剖学、光学、颜色学和矿物学等，并且都有论著。他的一生著作浩繁，是世界文化史上少有的伟人。

19 海涅（Heinrich Heine，1797—1856），德国诗人。出生于杜塞尔多夫一个犹太商人家庭。1819年起进入波恩、格廷根、柏林等大学学习法律，获法学博士学位。他在中学时就爱好文学，并开始创作抒情诗。1822年，海涅出版第一部《诗集》，次年又出版《悲剧——抒情插曲》。1827年，他把早期的抒情诗汇集在一起出版，题名《歌集》，引起文坛轰动，奠定了他在文学界的地位。在这时期，他又创作了一系列散文游记，如《哈尔茨山游记》、《观念——勒·格朗集》、《从慕尼黑到热那亚的旅行》和《卢卡浴场》等，也引起巨大反响。这些诗歌和游记，大多抒写诗人个人的经历、感受、憧憬，感情真挚，语言朴素，音调优美，具有浪漫主义色彩，游记中也不乏对现实社会批判的成分。

海涅的犹太血统使他受到社会的歧视，他崇尚法兰西的自由精神。1830年法国爆发七月革命，他深受鼓舞，决定前往巴黎。1831年5月海涅到达巴黎，在这里结识了贝朗瑞、乔治·桑、巴尔扎克、雨果等作家和李斯特、肖邦、柏辽兹等音乐家，并与空想社会主义者交往。这个时期他为德国和法国报刊撰写介绍法国和德国文学与历史的文章，后来结集成两本重要的专著:《论德国宗教和哲学的历史》和《论浪漫派》。

1843年底，海涅和马克思结识，受到先进的社会政治思想的影响，他的诗歌创作达到了新的高峰。这个时期，他发表了《新诗集》，其中包括一部分以《时代的诗》命名的政治诗。恩格斯在看到海涅写的声援西里西亚织工起义的诗后，说:“德国当代最杰出的诗人亨利希·海涅也参加了我们的队伍，发表了宣传社会主义的诗歌。”

1843年10月，海涅在离开德国12年后重回祖国。这次旅行引起他很多感触，于是写下了他最重要的政治长诗《德国，一个冬天的童话》。海涅认为，德国现存制度是那样腐朽和落后，而德国反动政府企图用假象、伪善和诡辩来掩盖自己的腐朽，这只能是一个不切实际的童话般的幻想。这部长诗具有特殊的艺术风格:夸张的讽刺、离奇的比喻、民间的传说、个人的幻想和风趣的对话交织在一起，浪漫主义和现实主义得到了很好的结合。1848年革命失败后，海涅经历了8年“床褥墓穴”的生活，忍受瘫痪的痛苦，用口授方式创作了许多诗篇，它们是《罗曼采罗》、《1853至1854年诗集》和一些遗诗，其中大多数仍充满战斗的豪情，对祖国和人类的未来表示出坚定的信念。他的作品深刻反映了处于历史转折之中的德国政治、思想和文化。

20 鲁迅（1881—1936），中国现代文学家、思想家。原名周树人，浙江绍兴人，出生于一个逐渐没落的士大夫家庭。

1898年，鲁迅到达南京，进江南水师学堂求学，次年又转入矿务铁路学堂。在这里，他广泛接触到从西欧翻译过来的科学和文艺书籍，从中初步接受了进化论思想。

1902年，鲁迅考取官费留学日本，先入东京的弘文学校，后入仙台医学专门学校学医，不久就痛感救治国民精神的重要，遂弃医从文。1906年，鲁迅回到东京，开始提倡文艺运动。

1909年，鲁迅离日回国，先后在杭州两级师范学堂、绍兴府中学堂任教。1912年，鲁迅应中华民国临时政府教育总长蔡元培之邀在教育部任职。五四新文化运动唤起了鲁迅的斗争热情。1918年5月，他在《新青年》上发表中国现代文学的第一篇白话小说《狂人日记》，以文学的形式揭露封建思想吃人的罪恶，在文学史上具有划时代的意义。1920—1926年，鲁迅先后在北京大学、北京女子师范大学等校任教，致力于系统研究和讲授中国小说史，并编著了中国第一部小说史《中国小说史略》。1924—1925年，鲁迅继续创作了《祝福》、《伤逝》等11篇短篇小说以及散文诗集《野草》。1925年前后，鲁迅参加语丝社和未名社，出版《语丝》、《莽原》、《未名》等刊物，主编《国民新报》的文艺副刊，还编辑了专收译文的《未名丛刊》和专收创作的《乌合丛书》等。“三一八”后，鲁迅于1926年8月南下任厦门大学文科教授。他在厦门写完了在北京已开始动笔的散文集《朝花夕拾》，编定《汉文学史纲要》前十篇。1927年1月，他应邀前往广州任中山大学文科主任和教务主任。1927年“四一二”反革命政变后鲁迅离开广州，与许广平定居上海。

1930年3月，中国左翼作家联盟成立，鲁迅列名发起人，并参加了“左联”的领导工作。这一时期，他先后编辑了《萌芽》等刊物。他的主要创作是杂文，以杂文为武器参加各种政治思想斗争和文艺斗争。从1930年起，他一共写了8本杂文集。同时完成了根据故事和传说创作的《故事新编》，还出版了他与许广平的通信集《两地书》。

1936年10月19日，鲁迅病逝于上海。鲁迅学识渊博，治学严谨，著作、翻译都很丰富，主要成就在杂文、小说、文学史等方面，对中国文化事业做出了巨大贡献。

21 吴冠中（1919—2010），中国现代画家。生于江苏省宜兴县一个乡村教师家庭。从无锡师范初中部毕业后，考入浙江大学代办省立高级工业职业学校。1936年转入杭州艺术专科学校，从李超士、常书鸿及潘天寿等学习中、西绘画。1942年毕业，任国立重庆大学助教。1946年考取公费赴法国留学。1947—1950年在巴黎高等美术学校J. 苏弗尔皮教授工作室进修油画；同时在A. 洛特工作室学习，并在卢佛尔美术史学校学习美术史，各项成绩优异。

吴冠中1950年秋返国，先后任教于中央美术学院、清华大学建筑系、北京艺术学院、中央工艺美术学院。曾任中央工艺美术学院教授、中国美术家协会常务理事、全国政协委员等职。2010年6月25日逝世于北京。

吴冠中在50—70年代，致力于油画风景创作，并进行油画民族化的探索。他力图把欧洲油画描绘自然的直观生动性、油画色彩的丰富细腻性与中国传统艺术精神、审美理想融合到一起。他擅长表现江南水乡景色，如初春的新绿、薄薄的雾霭、水边村舍、黑瓦白墙，和谐、清新的色调，宁静、淡美的境界，使画面产生一种抒情诗般的感染力。

从70年代起，吴冠中渐渐兼事中国画创作。他力图运用中国传统材料工具表现现代精神，并探求中国画的革新。他的水墨画构思新颖，章法别致，善于将诗情画意通过点、线、面的交织而表现出来。他喜欢简括对象，以半抽象的形态表现大自然音乐般的律动和相应的心理感受，既富东方传统意趣，又具时代特征，令观者耳目一新。

作为美术教育家，吴冠中注重学生艺术个性的培育。作为善思考的艺术家，他又勤于著述，立论独特，而且文字生动流畅。其中关于抽象美、形式美、形式决定内容、生活与艺术要如风筝不断线等观点，曾引起美术界的争论。

他的油画代表作有《长江三峡》、《鲁迅的故乡》等，中国画代表作有《春雪》及《狮子林》、《长城》等。出版有《吴冠中画集》、《吴冠中画选》、《吴冠中油画写生》、《吴冠中国画选辑》（1—4）、《东寻西找集》、《风筝不断线》、《天南地北》、《谁家粉本》等。

22 齐白石（1864—1957），中国现代书画家。原名纯芝，字渭清，后改名璜，字濒生，号白石，别号借山吟馆主者、寄萍老人等。湖南湘潭人。

齐白石8岁随外祖父周雨若读书，一年后因家贫而辍学，在家牧牛砍柴。喜画，常以习字描红纸画人物、花卉及动物。15岁后，相继拜同乡齐仙佑、周之美为师学木匠，始为粗木活，后为细木工，善雕花，名闻乡里。21岁时得《芥子园画传》，在松油灯下勾影描摹，初悟画理画法，并在雕花活计之余，为主顾画神像功对。27岁学书画，习诗文，治印章，兼做画工，为人作衣冠像。40岁后5次游历南北各地，至50岁时，艺术已渐趋成熟。57岁定居北京后，艺术上深受陈师曾影响，探寻“变法”。他以徐渭、八大山人、石涛为宗，兼及金农、吴昌硕等，60岁后，画风遽变，融合传统写意和民间绘画的表现技法，形成自己独特的艺术风格。

齐白石作品以写意为主，题材从人物山水到花鸟虫鱼走兽，几乎无所不画；他的笔法在深厚功力的基础上奔放奇纵、挥写自如，造型简练质朴，画面生机蓬勃。他的著名画论“妙在似与不似之间，太似为媚俗，不似为欺世”在当代画坛产生了深远的影响。齐白石的刻印，自成一派。有独到的成就，他博取诸家之长，不拘成法，不起草底，不勾轮廓，以单刀深切为主，从心所欲，迎刃而解，创造了“轶乎规矩之外”的格调，开辟了刻印者所不敢走的道路。

齐白石一生勤劳创作，留下了数以千计的画作，以及大量的印章、书法和诗作。他的艺术不乏上层读书人的风雅韵味，同时又兼有一股粗犷、泼辣、生机勃勃的民间气势。齐白石的作品中表达和流露出深厚的民族情感、质朴的农民气质、孩子般的率直天真。他毕生尤其晚年的创作，所描绘刻画的都是他经历、体验过的对象，将记忆中的农村生活都摄入画幅，注入自己真挚的情感。

他曾任中国文学艺术界联合会主席团委员、中国美术家协会主席。由于其一生的卓越成就，1953年中央文化部授予他“人民艺术家”称号，1955年德意志民主共和国授予他德国艺术科学院通讯院士荣誉奖，1956年获得世界和平理事会1955年度国际和平奖金。1957年，任北京中国画院名誉院长。

23 西方文化中心论，也可称为“西方中心论”，是西方文化的一个不自觉的前提。从某种程度上说，认为西方文化优于、高于非西方文化；或者认为人类的历史围绕西方文化展开；或者认为西方文化特征、价值或理想带有某种普遍性，从而代表非西方未来发展方向，所有这些，都带有西方中心论的色彩。

西方中心论是西方人以自己的价值观、世界观用于东方社会时的一种自然表达。它本质上体现西方的观点或立场。它是由西方文化看待世界的方式，或这个文化的概念结构所规定的。使用这一套概念工具，采取西方的立场，其本身就是西方中心论的。它的最极端、粗劣、也最令人反感的形式是种族优越论。它最温和的、使人觉察不到的，也"科学化"、概念化的形式是现代化理论，即认为西方文化在其特殊的历史环境下发展出来的特殊的社会现象、制度装置、价值观念、生活取向，具有普遍意义。因而，把西方的发展作为唯一的参照系，把现代化等同于西方化。西方文化在世界范围内的扩张，更强化着这种普遍性的意识。因此，西方中心论是一种西方人与生俱来的有色眼镜，它本质上是西方的"看法"——只要处于这种文化中，便不自觉地拥有这种"看法"。

黑格尔是西方中心论的经典形态。他认为东方文化没有历史，因为在那里理性处于沉睡状态，而真正的历史是从希腊开始的，因为理性开始走向自我实现。理性顺着自我实现的道路，从希腊、基督教、启蒙主义直至普鲁士国家，达到其顶峰。西方文化是历史的中心，这是黑格尔的表面命题；西方文化体现的理性特征，是历史的动力与目标，这才是黑格尔的实质命题。

24 亚里士多德（Aristoteles，前384—前322），古希腊哲学家、科学家、思想家。他的学术思想对后世影响极大，正如培根被称为近代科学的泰斗一样，可以说亚里士多德是古代科学的鼻祖。

公元前384年，亚里士多德生于特拉加（Thrace）的斯塔该拉（Stagyra），父亲是医生，子承父业，他曾做过马其顿国王的御医。亚里士多德幼年失去父母，寄养在同乡友人的家中。18岁在雅典肄业。雅典当时是世界文化的中心。又过三年，柏拉图从叙拉古返回雅典，亚里士多德遂开始跟柏拉图学习修辞学，并做入室弟子17年。公元前347年，柏拉图去世，亚里士多德在亚细亚居住3年，继而又迁到附近勒斯白（lesbos）岛中的密特利亚（Mitylene），在那里居住两年。后来，马其顿国王腓力聘请他为亚历山大的老师，在宫中教书3年。亚历山大继位后远征小亚细亚，亚里士多德就返回了雅典。是年他50岁，设立讲堂称为来西姆园。由于他在讲学时常常缓步其中，所以，又称其学派为逍遥派。12年后，亚历山大大帝去世，亚里士多德遭到雅典反对派的诬陷。有鉴于苏格拉底之死，他逃避到加尔斯（chalais），同年逝世，终年62岁。

亚里士多德的哲学和他的老师柏拉图旨趣大不相同。柏拉图主张理想，亚里士多德注重实际，以观察事实为根据。所以，他的著作能概括当时人所知道的一切学识，包括天文和物理学，还有13卷称为《形而上学》的著作，涉及到遐思，阐发了本体论；其次是《动物学》，搜集的资料非常丰富。他所创造的分类法至今仍被沿用。他的《逻辑学》中，有一篇专门论思辨的方法，是繁琐哲学派的基础。逻辑学由苏格拉底创立，后被柏拉图所发展，到了亚里士多德则集其大成。他的研究还涉及政治学、心理学、文学等。

对现代学术思想的发展来说，亚里士多德在古希腊三大哲学家当中影响最大。亚里士多德哲学对以后西方哲学产生了重大的影响。现代西方以至世界各地哲学中有许多词汇都导源于亚里士多德。亚里士多德的影响是多方面的，甚至是矛盾的。在中世纪的欧洲，正统的经院哲学和僧侣主义抓住亚里士多德学说中僵死的东西，对宗教神学加以论证。它的反对派则利用亚里士多德哲学中的唯物主义因素，反对灵魂不死，传播双重真理。从文艺复兴开始，欧洲的人文主义者力求从原文对亚里士多德的原著加以研究，反对经院哲学家对亚里士多德的歪曲。恩格斯称他是古希腊哲学家中“最博学的人”，指出他在黑格尔之前就“已经研究了辩证思维的最主要的形式”。

25 马克思主义，国际无产阶级领袖和导师K.马克思和F.恩格斯创立的思想体系，无产阶级政党指导思想的理论基础。

马克思主义的诞生：马克思主义在19世纪40年代产生于西欧，英、法、德三国是其发源地。当时西欧资本主义已有相当发展。英、法等国已经或正在实现产业革命，生产力和科学技术达到前所未有的水平。产业无产阶级已经由自在阶级开始向自为阶级转变。英国宪章运动、法国里昂工人起义和德国西里西亚纺织工人起义标志着无产阶级已经作为独立的政治力量登上历史舞台。无产阶级革命斗争的发展，要求科学的世界观和革命理论的指导。马克思和恩格斯完成了这一历史使命。他们按其社会地位而言，原是资产阶级知识分子；按其哲学观点而言，原是唯心主义者；按其政治观点而言，原是民主主义者。大体上在1842—1844年间，他们积极投身于现实的政治斗争、工人运动和科学研究，转变为无产阶级知识分子、唯物主义者和共产主义者。从1844年起合著《神圣家庭》、《德意志意识形态》，并分别著有《英国工人阶级状况》、《哲学的贫困》等书，阐明无产阶级的新世界观。1848年2月出版的《共产党宣言》中，第一次对无产阶级的思想体系作了系统的表述，这标志着马克思主义的诞生。在以后他们的毕生活动中，继续丰富了马克思主义。“马克思主义”一词，是在1883年 3月马克思逝世后，才被作为无产阶级思想体系的代表而逐步流行起来的。

主要理论来源：马克思主义是人类优秀文化遗产的产物。它主要是批判地继承德国古典哲学、英国古典政治经济学和英、法空想社会主义而创立的崭新的无产阶级思想的科学体系。马克思、恩格斯在1841年以前曾接受黑格尔唯心主义哲学，从1841年下半年起转向费尔巴哈的唯物主义。他们吸取黑格尔哲学中辩证法的合理内核而摈弃其唯心主义，吸取费尔巴哈哲学中唯物主义而摈弃其形而上学和社会历史问题上的唯心观点，创立了辩证唯物主义哲学。他们运用辩证唯物主义观点和方法研究人类社会历史，同时批判地继承法国资产阶级历史学家J.-N.-A. 梯叶里、F.-A.-M. 米涅等人的阶级斗争思想，创立了历史唯物主义。马克思1841年柏林大学毕业后，在报刊上发表革命民主主义言论。从1842年10月至1843年 3月担任《莱茵报》主编，尽力为劳苦大众申辩。他在实践中第一次遇到要针对物质利益发表意见，促使他去研究经济问题。恩格斯于1842年底到达英国后也注意研究政治经济学。他们从英国资产阶级古典经济学家亚当·斯密和大卫·李嘉图的著作中吸取劳动价值论而摈弃其掩盖资本家剥削的理论，发现剩余价值剥削的秘密，创立了无产阶级政治经济学。从1842年起他们研究克劳德·昂列·圣西门、夏尔·傅立叶和罗伯特·欧文等人的空想社会主义学说。从1843年起分别在英国、法国参加工人运动，通过亲身实践转向工人阶级立场，并从空想社会主义者对资本主义制度的生动揭露和对未来理想社会的天才预测中吸取合理因素而摈弃其唯心史观和空想部分，创立了科学社会主义。

主要组成部分：作为无产阶级思想体系的马克思主义，主要包括哲学、政治经济学和科学社会主义三个组成部分。

哲学：马克思主义哲学是辩证唯物主义和历史唯物主义的统称。马克思、恩格斯认为：世界的统一性在于它的物质性，物质是世界所发生的一切变化的基础。运动是物质的存在形式，物质的运动是绝对的，静止是相对的。物质不是精神的产物，精神只是运动着的物质的最高形式。社会存在决定人们的意识，人们能够认识并正确运用客观规律。辩证法的规律是从自然界和人类社会的历史中抽引出来的，实质上可以归结为以下三个规律：从量转化为质和由质转化为量的规律；对立的相互渗透的规律；否定之否定规律。辩证法是关于一切运动最普遍的规律的科学。运动的根源在于矛盾。矛盾双方只存在于它们的相互依存和相互联系之中。人们要认识物质世界的运动规律，必须通过实践，人应该在实践中证明自己思维的真理性。人的认识能力是无限的，个别人的认识又是有限的，这个矛盾要在无穷无尽的、连绵不断的世代中解决。

唯物史观认为，物质生活资料的生产劳动是人类社会存在和发展的基础。劳动者和生产资料始终是生产的因素，两者的结合构成生产力。人们在发展生产力时也发展着一定的相互关系，即生产关系，生产关系总合起来就构成为社会关系。生产关系和社会关系的性质随着生产力的改变而改变。人们首先必须吃、喝、住、穿，然后才能从事政治、科学、艺术等等；所以每一个历史时代物质生活资料的生产以及由此产生的社会结构，是该时代政治和思想的基础。从原始公社制解体以来，全部历史都是阶级斗争的历史。历史活动是群众的事业，人们自己创造自己的历史，但他们是在现实关系的基础上进行创造。个人在历史上有一定作用，每个时代都需要而且能够创造出自己时代的伟大人物。

政治经济学：马克思、恩格斯运用辩证唯物主义和历史唯物主义，研究作为人类社会发展基础的各个时代的生产关系，尤其是着重研究资本主义社会的生产关系，创立无产阶级政治经济学。这是马克思主义理论最深刻、最详细的证明和运用。它阐明人类社会各个发展阶段上支配物质资料的生产、交换以及与之相适应的产品分配的规律。在资本主义社会中，商品生产占统治地位，资本主义生产的重要特点是自由雇佣劳动制，工人的劳动力成为商品。劳动力的价值是由维持和再生产劳动力而必需的生活资料的价值决定的。马克思发现劳动力是一种特殊的商品，它一天创造的价值同它每天的消耗全然不同。雇佣工人每天除了补偿自身劳动力价值以外，还必须额外工作若干小时，马克思称之为剩余劳动时间，剩余劳动时间创造的价值称之为剩余价值。还对剩余价值率、绝对剩余价值、相对剩余价值、剩余价值的分解等等作出科学分析。马克思的剩余价值学说揭示资本家剥削的秘密，成为马克思经济理论的基石。马克思把社会产品按价值分为不变资本、可变资本和剩余价值三个部分，从而分析了资本主义实现价值和剩余价值的深刻矛盾，论证了资本主义制度下生产社会性和私人资本主义占有形式之间的矛盾日益暴露和周期性经济危机的不可避免性。马克思阐明资本主义积累的一般规律，指出资本积累必然造成社会两极分化，无产阶级与资产阶级之间的对抗更为尖锐。生产资料的集中和劳动的社会化达到同资本主义私有制外壳不能相容的地步，从而资本主义不可避免地要让位于社会主义。

科学社会主义：唯物史观的发现，使了解人类社会发展的历史过程成为可能；剩余价值的发现，揭示了资本主义生产方式的性质及其运动规律。这为社会主义从空想变为科学奠定了理论基础。科学社会主义是马克思主义理论体系的核心，它的任务是研究无产阶级解放事业的历史条件以及这一事业本身的性质。它是最直接又全面指导无产阶级和全人类解放斗争的行动科学。马克思、恩格斯认为：社会主义必然代替资本主义是社会生产力发展的要求和合乎规律的结果，推翻资本主义并实现社会主义是无产阶级的历史使命。反对资产阶级的阶级斗争和无产阶级革命是通往社会主义的必由之路。工人革命的第一步就是使无产阶级上升为统治阶级，争得民主。阶级斗争必然要导致无产阶级专政，这个专政是达到消灭一切阶级和进入无阶级社会的过渡，无阶级的共产主义社会按其成熟程度不同分为低级阶段和高级阶段：在低级阶段，各方面还存在旧社会的痕迹，实行的是等量劳动的交换；在高级阶段，随着个人的全面发展，生产力也增长起来，那时将实行各尽所能，按需分配，共产主义社会将是这样一个联合体，在那里每个人的自由发展是一切人自由发展的条件。

要保证社会主义革命获得胜利并实现共产主义的最终目标，工人阶级必须组成与有产阶级一切旧政党对立的独立政党。工人政党要有一个新的科学世界观作为理论基础，它比其余无产阶级群众更善于了解无产阶级运动的条件、进程和一般结果，始终代表着整个运动的利益，坚持整个无产阶级的不分民族的利益。共产党在为实现自己纲领的斗争中要实行正确的战略策略，要使全世界无产者联合起来，要善于争取各种同盟者，善于同其他政党采取种种共同行动。

马克思主义除了以上三个主要组成部分之外，还包括政治学、军事学、历史学、教育学等方面的内容。

马克思主义的发展：马克思主义的诞生是人类思想史上的伟大革命，它第一次确立科学的世界观和方法论，不仅为全世界无产阶级和全人类的解放指明了正确的道路，而且为各门科学的发展提供了锐利的武器。

马克思主义不是教条，而是行动的指南。100多年来，它指导无产阶级的解放斗争取得重大胜利，随着社会实践和科学技术的发展而不断发展。马克思、恩格斯在进行深刻的科学研究工作的同时，亲身参加和领导国际共产主义运动，建立无产阶级的革命组织，指导国际无产阶级的革命斗争，总结无产阶级革命斗争的历史经验，在理论和实践相统一的基础上不断丰富和发展马克思主义。马克思主义在运用中必须同各个时代、各个国家的具体实际相结合。列宁在世界历史进入帝国主义的时代向前发展了马克思主义。在新的历史时期，各国杰出的马克思主义者也在结合本国的革命与建设实践不断地丰富和发展马克思主义的科学体系。

26 陈毅（1901年8月26日—1972年1月6日），名世俊，字仲弘，中国无产阶级革命家、军事家，中国人民解放军创建人和领导人之一。1901年8月26日（清光绪二十七年七月十三）生于四川省乐至县复兴场。1916年就读于成都甲种工业学校。1919年赴法国勤工俭学，开始接触马克思主义，在巴黎参加工人运动。1921年10月因参加中国留法学生的爱国运动而被押解回国。1922年加入中国社会主义青年团。1923年春担任重庆《新蜀报》文艺副刊主笔。同年秋入北京中法大学学习并转入中国共产党，在李大钊领导下从事工人、学生运动。1926年初毕业于中法大学文学院，后被派回四川，在旧军队中做党的秘密工作。1927年春到武汉中央军事政治学校，任该校中共委员会书记。同年8月赶上南下的南昌起义部队，任第十一军第二十五师第七十三团团指导员。起义军南下失败后，与朱德等整顿余部，转战至湘南。1928年1月参与领导湘南起义。同年4月和朱德率部与毛泽东领导的部队会师于井冈山地区。此后，历任中国工农红军第四军政治部主任兼第十二师师长，军委书记、前委书记，第六军政委，中共赣西南特委书记，第二十二军军长，江西军区总指挥兼政委，西方面军总指挥等职。参与领导创建和保卫井冈山革命根据地的斗争及中央苏区的反"围剿"斗争，曾两次当选为中华苏维埃共和国中央执行委员，两次获红星奖章。1934年中央红军主力长征后，留在南方任中共中央苏区分局委员、中华苏维埃共和国中央政府办事处主任，坚持了3年艰苦的游击战争。抗日战争时期，参加组建新四军，历任中共中央军委新四军分会副书记，新四军第一支队司令员，江南指挥部、苏北指挥部指挥，领导开辟苏南、苏北抗日民主根据地，组织指挥了黄桥战役。1941年1月皖南事变后，重建新四军军部，任新四军代理军长，领导华中敌后抗日斗争。1945年6月，被选为中共第七届中央委员。解放战争时期，历任新四军军长兼山东军区司令员、华东军区司令员、华东野战军司令员兼政委，与粟裕、谭震林等组织指挥了华东战场的一系列重大战役，粉碎了国民党军队的进攻。1947年秋，率主力一部实行外线出击，挺进豫皖苏，与刘（伯承）邓（小平）野战军及陈（赓）谢（富治）兵团密切协同，在中原地区大量歼敌，使解放战争进入战略进攻阶段。1948年5月，除继续担任华东军政职务外，又任中共中央中原局第二书记、中原军区和中原野战军第一副司令员。旋参与组织指挥了淮海战役。1949年1月任第三野战军司令员兼政委，率部横渡长江，解放了南京、上海和东南广大地区。同年5月起兼任上海市市长、中共上海市委第一书记、中共中央华东局第二书记。中华人民共和国成立后，历任中央人民政府人民革命军事委员会副主席和国防委员会副主席、国务院副总理兼外交部长、全国政协副主席、中共中央政治局委员、中央军委副主席等职。1955年被授予中华人民共和国元帅军衔。文化大革命中同林彪、江青反革命集团进行坚决斗争，遭到严重迫害。1972年1月6日在北京逝世。发表过多种军事、政治论著，1977年出版有《陈毅诗词选集》。

27 恩格斯（Friedrich Engels，1820年11月—1895年8月），全世界无产阶级和劳动人民的领袖和导师，科学社会主义的创始人之一，K. 马克思最亲密的战友。

生平：恩格斯1820年11月28日生于普鲁士莱茵省巴门市（今乌培塔尔市）一个纺织工厂主家庭。1837年中学未毕业就被父亲逼迫经商。1841年在柏林服兵役，业余时间在柏林大学旁听，并参加了青年黑格尔派。1842年11月去英国曼彻斯特其父经营的纺织厂工作，途经科伦时第一次与马克思会面。在英国，他经常深入工人群众，参加工人集会，调查英国工人阶级状况，同时研究英国古典政治经济学和空想社会主义学说。1844年发表《政治经济学批判大纲》，表明他已完成由唯心主义到唯物主义，由革命民主主义到共产主义的转变。同年8月，他同马克思在巴黎再次会见，成为两人终生伟大友谊的开端。1845—1846年同马克思合著《德意志意识形态》，阐明了唯物史观的基本原理。1847年11月，恩格斯为共产主义者同盟起草纲领《共产主义原理》，首次阐述了科学社会主义的一系列基本原理和策略。同年12月—1848年1月，和马克思合著同盟的党纲《共产党宣言》，标志着科学社会主义的诞生。1848年3月德国革命爆发，他协助马克思创办《新莱茵报》，并亲自参加了德国人民反击反革命的3次武装起义。革命失败后，他全面总结了欧洲1848年革命的经验教训，阐述了工农联盟、无产阶级革命策略和武装起义等问题。1850年11月恩格斯为维持他和马克思的生计被迫重返他父亲的公司工作，直到1870年9月。在这20年间，恩格斯以全部业余时间从事政治活动和科学研究。他同马克思一起领导了第一国际的活动，并同工人运动中各种流派作原则性的斗争，为奠定马克思主义在国际工人运动中的领导地位不懈地努力。1871年巴黎公社革命爆发后，他热情支持公社革命事业，是巴黎公社革命原则的坚决捍卫者。19世纪70—80年代，他经常关注欧美各国社会主义政党的建设。1883年马克思逝世后，他作为国际无产阶级的导师和顾问，继续指导国际工人运动。在此后近10年间，他除了从事繁忙的革命实践外，还把主要精力用于整理和出版马克思未完成的《资本论》第2、3卷手稿。同时他还孜孜不倦地进行理论研究，出版了《家庭、私有制和国家的起源》和《路德维希·费尔巴哈与德国古典哲学的终结》。还为自己和马克思著作的出版和再版作序，根据客观形势的变化，用新的材料进一步丰富和发展了无产阶级革命和无产阶级专政的理论和策略。1895年8月5日，在伦敦病逝。

主要政治思想：恩格斯在与马克思共同战斗时期，除了与马克思合作著述，共同创立和发展科学社会主义理论之外，还对科学社会主义做出了一系列独立的贡献。其中最主要的有：一、1845年在《英国工人阶级状况》中首次提出了无产阶级的历史使命和无产阶级革命的历史必然性的结论。工人运动必须同科学社会主义相结合的原理，为科学社会主义学说奠定了坚实的基础。1878年写成《反杜林论》，首次系统地阐述了马克思主义的科学体系，特别揭示了三个组成部分的基本原理及其内在联系。二、丰富了马克思主义关于工农联盟的理论和策略，明确提出了工农联盟的可能性和重要性，并且具体分析了农民的各个阶层，探索了农民经济解放的道路问题。三、把被压迫民族的解放运动看作各国民主革命和无产阶级革命的天然同盟，指出压迫其他民族的民族是不能获得解放的。无产阶级要严格区分两种不同性质的民族运动，坚决支持被压迫民族的革命斗争，指明被压迫民族争取民族独立的正确途径。四、恩格斯对军事问题的各个主要方面（战争问题、军队问题、军事指导和战略战术问题等）进行了全面的研究。五、阐发了社会主义运动的理论和策略。他强调国家是一个阶级镇压另一个阶级的机器，无产阶级在获得统治时，必须摧毁旧的国家政权并以新的真正民主的国家政权来代替，强调从事政治斗争是工人阶级获得最终解放的重要途径。恩格斯还透彻地分析了权威的实质和作用。他阐明建立独立的工人阶级政党是无产阶级革命胜利的根本保证，批判各种冒牌的社会主义理论；依据工人运动的经验，全面论述了关于无产阶级经济斗争、政治斗争和思想斗争的作用及其相互关系的原理，发展了群众性工人政党思想建设、政治建设和组织建设的理论。

马克思逝世后，恩格斯对科学社会主义理论的发展进一步做出了重大贡献，主要有：一、预见垄断资本主义必然带来无产阶级社会主义革命条件的新变化。指出，民主共和国这种国家的最高形式正日益成为一种不可避免的必然，资产阶级间接运用财富，直接通过普选制来统治。国家作为阶级压迫的工具，更加成为社会变革和人民利益的巨大祸害。二、预测了未来战争的性质和特征，阐明工人阶级对待战争与和平问题的策略原则。指出，对于欧洲各大国来说，“现在除了世界战争以外已经不可能有任何别的战争了。这会是一场具有空前规模和空前剧烈的世界战争”（《马克思恩格斯选集》第4卷，第267页）。工人政党在战前一定要努力制止战争爆发，最好由工人政党经过革命斗争取得政权，按照民族平等原则解决国家间和民族间的矛盾和争端，消除战争根源。如果战争爆发，工人政党应利用战争造成的有利时机，发动革命并尽早使人民摆脱战争。工人政党应当把争取世界和平和争取社会主义的斗争结合起来，广泛发动群众，开展反战运动，迫使本国政府执行裁军政策。三、捍卫和发展无产阶级革命和无产阶级专政的理论和策略。指出无产阶级不通过暴力革命就不可能取得政治统治。他同时指出，也不排斥革命和平发展的可能性，强调无产阶级的革命形式应当随着斗争条件的变化而改变。普选权是无产阶级准备革命的锐利武器，无产阶级政党应当一方面积极地利用合法斗争的一切可能性，另一方面不放弃非法斗争。他指出以往国家的基本特征是从社会的公仆变成了社会的主人，无产阶级的国家应由社会主人变为社会公仆，成为新的真正民主的国家政权。“共和国是无产阶级将来进行统治的现成的政治形式。”（《马克思恩格斯选集》第4卷，第508页）四、论证了无产阶级政党对待农民问题的政策。指出无产阶级取得政权后，应该采用示范的方法去引导农民自愿地走向社会主义合作化，奠定了工农联盟新的社会主义基础。五、对未来社会主义社会的基本特征及其发展的辩证性质的科学预见。指出未来社会有决定意义的特征是在生产资料公有制的基础上组织生产，强调对未来社会特征的看法是从事实和过程中得出的，未来的社会主义社会是经常变化和改革的社会。他预见，在以生产者自由平等的联合体为基础的、按新方式组织生产的社会里，随着阶级的消失，国家不可避免地要消亡。他还预见，经济不发达的国家可以按照自己的情况，沿着不同于西欧各国的道路，走向社会主义。他指出了研究未来社会发展应当遵循的正确方法，为无产阶级及其政党建设社会主义提供了指导原则。

28 葡萄牙，位于欧洲西南伊比利亚半岛西部。东面和北面与西班牙接壤，西面和南面濒临大西洋，拥有800多公里长的海岸线，是两大海洋之间的中间站。独特的地理位置为葡萄牙发展海外贸易和海上扩张提供了重要条件。就是这个面积不大、资源贫乏的弹丸之地，却以当时不到100万的人口，拉开了人类大航海的序幕，使相互隔绝的人类联系日益紧密，并在几十年间奇迹般崛起成为西欧最富有的国家之一,一度与西班牙瓜分了整个地球。

14—15世纪，资本主义已经在西欧一些国家萌芽，社会生产力和商品货币经济都有了很大发展，东西方的联系也大为加强。15世纪末，西欧各国开始了资本原始积累的过程。得到城市支持日益强大的葡萄牙、西班牙、法国、英国等国中央王权和大小贵族，迫切要求向海外寻找土地和黄金，即寻求财富。当时在西欧广为流传的《马可·波罗游记》，以夸张的笔法描述了中国及其他东方国家的富庶。“黄金梦”成为驱使那些商人、航海家和探险家远航东方的根本动力。当时西欧造船术的进步、地理知识的积累、地圆说的传布以及由中国传入的罗盘的运用，都为欧洲人从事远航提供了条件。

自古以来东西方的商业联系都是比较密切的，“丝绸之路”把东方的商品如丝绸、瓷器、香料、棉、麻、蓝靛、宝石、金、银以及一些稀有药材等输往欧洲，同时也把欧洲的呢绒等商品输往东方。11—13世纪十字军东侵以后，东西方的交往和经济交流有了进一步的发展。15世纪中叶以后，地中海东部的商路，以及经埃及出红海通往印度洋的航路，分别被土耳其人和阿拉伯人所控制，地中海区域的中介贸易受到阻滞。于是西欧各国的商人、航海家和探险家都急于探寻一条不经地中海东部地区而直达东方的航线。

而最早致力于开辟新航路的就是葡萄牙人。葡萄牙的海外扩张史可以追溯到14世纪初的迪尼斯国王（1279—1325年在位）时期，当时他鼓励发展农业，使葡萄牙的粮食有剩余供出口，国王还鼓励工业特别是优质亚麻布的生产，国内市场活跃，并组织商船队到欧洲其他地区进行贸易。他招雇能干的海员，使本国人民学到了最新的航海技术。1415年葡萄牙人占领了非洲西北角的休达城，开始在非洲取得前进的据点。随后，在航海家亨利亲王的倡导和奖励下，葡萄牙人于1432年占领亚速尔群岛，A. 卡达 · 莫斯托于1456年占领佛得角群岛。1462年亨利亲王死后，葡萄牙探险队沿非洲西海岸南下，到达塞拉利昂及赤道附近几内亚一带。1486年迪亚士终于航抵非洲最南端的风暴角（因绕过此处获取印度财富在望，葡王将其改名“好望角”），完成了探航史上的重要历程。1497年达 · 伽马绕过好望角，到达非洲东海岸的莫桑比克等一些地区，后于1498年5月20日抵达印度西海岸，开辟了欧洲至亚洲的航线，促进了欧亚商业关系的发展。1500年葡萄牙航海家P. 卡布拉尔的船队到了巴西，宣布巴西归属葡萄牙。1542年，葡萄牙商人获准在中国宁波定居。1557年葡萄牙在中国澳门建立了殖民地。

由于新大陆的发现和新航路的开辟，葡萄牙逐渐发展成为海上强国和殖民帝国，在非洲、美洲和亚洲建立了许多殖民地，使当地的财富大量流入葡萄牙，葡萄牙帝国达到全盛时期。同时，葡萄牙又是欧洲最早从事奴隶贸易的国家，除将大批黑奴运往美洲以外，亦将不少黑奴运入国内。这对葡萄牙人本身的民族构成也产生了一定的变化。将巴西据为殖民地，对巴西新兴民族的形成产生了巨大影响。

葡萄牙通过百折不挠的精神，开创了西方大航海的历史。但是，这颗种子并未能长成参天大树，它就像一个双管的漏斗，航海活动带来的巨大财富，都源源不断地流入了欧洲，使得资本主义的参天大树，得以在欧洲成长起来。而它自己却极尽奢华，巨额财富只用于消耗却不用于生产，结果非但不能发展自己，反而阻碍了自己的进步，最终耗费了国力。18世纪以后，随着英、法等欧美列强兴起，葡萄牙这个先行者被边缘化了。

葡萄牙航海，意义是非凡的。抛开殖民掠夺的性质不谈（它也是充满血腥事件的近代殖民地掠夺和殖民地瓜分的开始），它拉开了地理大发现的序幕，改变了世界各大陆和各大洋的分割孤立状态，加强了世界范围的联系，为世界市场的开始形成准备了条件。

首先，葡萄牙人的探险和海上贸易丰富了欧洲人的地理知识，促进了测量、造船、航海技术的发展，促进了早期近代世界多边贸易联系的建立。葡萄牙商业帝国的建立使旧大陆原有海上贸易航线发展成联系全球的贸易网络。葡萄牙帝国维系帝国内部贸易中采用的武装贸易、垄断贸易和商业种植园经济对早期近代世界贸易体系的运行产生了重要影响。

虽然葡萄牙帝国由于本土面积小、人口缺乏、军事力量下降、工业生产能力低下、政治制度落后、激烈的国际竞争等诸多原因而迅速衰落，但其在早期近代世界贸易的发展中起到领头羊的先导地位，对早期近代世界贸易体系的发展和转型产生了深远影响。

不仅如此，葡萄牙在建立地跨欧洲、非洲、美洲和亚洲的庞大商业帝国的过程中，与不同文明的人们进行了交流和互动，是人类跨文化交流的重要环节和组成部分，改善了人类的知识结构，加速了人类文明的进程。从中也体现了跨文化交流的某些特点：第一，从葡萄牙民族国家建立和海外扩张开始的历史中我们可以看到，多种因素促使一种文明发展对外联系，而经济驱动力只是其中之一，并且往往同社会政治经济结构和人类主观活动相互作用。第二，在葡萄牙探索新航路的过程中，自然环境的限制是不同文明之间跨文化交流的建立必须克服的屏障。人类通过对自然环境的探索积累知识、发展技术，推动同自然环境的互动，从而打破地理环境的限制，实现不同文明之间的跨文化交流。第三，在葡萄牙帝国编织大西洋贸易网络、闯入印度洋贸易体系和发展澳门多边国际贸易的过程中，我们可以看到，不同文明具有不同的政治、社会和文化传统及观念，这些深刻影响不同文明之间跨文化交流的过程、模式和结果。葡萄牙帝国在同非洲土王、印度商人、穆斯林苏丹和中国政府官员之间的交往都体现了跨文化交往中不同文明思想观念的冲突。在建立跨文化交流的过程中，葡萄牙人在建立贸易联系的过程中，采取了武装贸易和垄断贸易的方式，通过在暴力和冲突中的胜利确立贸易关系。这种并非建立在文明相互理解、认识和尊重条件上的贸易联系是不持久的，在葡萄牙帝国失去军事和技术优势之后，自然会失去建立贸易联系的机会和条件。第四，在葡萄牙帝国对早期近代世界贸易体系所造成的影响中我们就可以发现，不同文明一旦卷入了跨文化交流的进程，就会受到这一进程的客观影响，无论是主动卷入还是被动卷入。这些影响中有些有利于文明发展，有些不利于文明发展；有些是短暂的，有些是意义深远的，共同促进人类历史发展。

人类进入21世纪，社会文明高度发展，海洋文化已成为了世界性的文化现象，并成为时代先进文化的象征，以其博大、开拓和进取精神著称。它是千百年来沿海人民迎狂风、战恶浪、拒艰险、勇于拼搏、敢于冒险精神的结晶。

29 西班牙，位于欧洲西南部伊比利亚半岛，西邻葡萄牙，东北与法国、安道尔接壤，北临比斯开湾，南隔直布罗陀海峡与非洲的摩洛哥相望，东面和东南面濒临地中海，海岸线长约7800公里。境内多山，是欧洲高山国家之一。面积约50.6万平方公里。全国35%的地区海拔1000米以上，平原仅占11%。主要山脉有坎塔布连、比利牛斯等。南部的木拉散峰海拔3478米，为全国最高峰。

西班牙总人口约4600万，其中卡斯蒂利亚人（即西班牙人）占人口总数的70%以上，少数民族有加泰罗尼亚人、加里西亚人和巴斯克人。官方语言和全国通用语言为卡斯蒂利亚语，即西班牙语。96%的居民信奉天主教。首都马德里。

公元前9世纪凯尔特人从中欧迁入。公元前8世纪起，伊比利亚半岛先后遭外族入侵，长期受罗马人、西哥特人和摩尔人的统治。西班牙人为反对外族侵略进行了长期斗争，1492年取得“光复运动”的胜利，建立了欧洲最早的统一中央王权国家。

14—15世纪，造船工业兴起于西班牙最大的工业中心和港口、全国第二大城市——巴塞罗那。这对促进航海事业和海外殖民起过重要作用，而巴塞罗那现仍为全国最大的造船工业中心。

1492年西班牙国王支持意大利航海家克里斯托弗·哥伦布进行第一次西航，发现美洲大陆。自此，西班牙开始向外扩张，逐渐成为海上强国和殖民帝国。随着一系列海外殖民地的建立，西班牙人扩散到世界各地（尤其是拉丁美洲），对几十个新兴民族的形成产生了巨大的影响。1493年9月25日，哥伦布在西班牙国王资助下，从加的斯出发，第二次前往美洲。1496年，哥伦布返回西班牙，其弟巴塞罗缪·哥伦布留在海地岛，另建圣多明各城作为西班牙新的殖民据点。1498年5月30日，哥伦布率领由6艘船只和200人组成的船队，分两组从圣卢卡尔起锚，3只船直驶海地岛，另3只船由哥伦布率领，经佛得角群岛向西航行，于8月1日发现特立尼达岛。8月5日在委内瑞拉帕里亚半岛登陆，第一次踏上南美大陆。1502年5月9日，哥伦布率领4艘船和约150人从加的斯出发，企图在古巴和帕里亚半岛之间的海面上尽快找到通往“印度”的航道。1502年6月15日，发现马提尼克岛，然后沿海地岛南海岸西行，过牙买加向中美洲进发，再沿洪都拉斯南驶，越尼加拉瓜和哥斯达黎加，最后抵巴拿马的达连湾。因无西行航道，只得于1503年6月折回牙买加岛，经圣多明各于1504年11月7日回到西班牙圣卢卡尔。1506年5月20日，在贫病交加中死于巴利亚多利德。直到去世时哥伦布还以为他发现的陆地是印度。

1499年西班牙航海家A.de.奥赫达首次探察了苏里南地区。此外，A.de.奥赫达亦在圭亚那登陆。16世纪初，西班牙人J. 马狄奈在圭亚那停留了10年，自称曾见到黄金王国。1513年西班牙探险家V.N.de. 巴尔沃亚越过巴拿马地峡看到西方他所称为“大南海”的大洋（太平洋）。1515年末至1516年，西班牙航海家J. 迪亚斯·德·索利斯曾进入拉普拉塔河口，并考察了河口北岸。这一切都为后来麦哲伦海峡的发现创造了条件。西班牙航海家R. 洛佩斯·德·维拉洛博斯于1543年到达该地，以西班牙皇太子菲利浦之名命名该群岛为菲律宾。1568年2月，西班牙航海家A.de门达尼亚·德·内拉航至今所罗门群岛中一多山大岛，以其妻伊萨贝尔之名命之。继又命名瓜达尔卡纳尔岛和圣克里斯托巴尔岛。1569年，门达尼亚·德·内拉返秘鲁后，以其所见颇似《旧约》中所载富甲天下之所罗门王国，建议西班牙向该地殖民。

1588年，西班牙国王腓力二世远征英国的一支舰队，由130条战舰和7000名水兵、2.3万名步兵组成。自16世纪中叶起，英国经常在西班牙殖民地进行走私贸易，抢劫西班牙运送金银的船队并袭击西班牙殖民据点。腓力二世建立了这支舰队，伺机进攻英国本岛。1588年5月，无敌舰队在梅迪纳－西多尼亚公爵A. 佩雷斯·德·古斯曼的率领下进入英吉利海峡。在朴次茅斯海面附近，与英国海军上将C. 霍华德及海军中将F. 德雷克率领的英国舰队相遇。英军采用火烧连船的战术，大败无敌舰队。后无敌舰队从英国北海绕过苏格兰和爱尔兰返回西班牙，中途又遇风暴。在这一战役中，无敌舰队损失32艘战舰和1万名士兵。从此，西班牙的海上霸权为英国所取代。

19世纪初叶，拉丁美洲爆发民族解放运动，一系列殖民地脱离西班牙而独立。1898年在美西战争中，西班牙又失去了在美洲和亚洲的最后殖民地古巴、波多黎各、关岛和菲律宾。

为纪念哥伦布对西班牙航海事业的贡献，1888年万国博览会在巴塞罗那建造哥伦布纪念塔。60米高的哥伦布纪念塔位于兰布拉斯大道尽头，塔顶端伫立着意气风发的哥伦布雕像。

此外，1622年遭遇飓风沉没于西班牙玫尔菲希附近海域的西班牙海船“阿托查”号在1995年7月20日被打捞出水的这一天，西班牙政府遂将每年的7月20日定为西班牙的“航海日”。

30 荷兰，面积41528平方公里，位于欧洲西部，东面与德国为邻，南接比利时。西、北濒临北海，地处莱茵河、马斯河和斯凯尔特河三角洲，海岸线长1075公里。境内河流纵横，主要有莱茵河、马斯河。西北濒海处有艾瑟尔湖。其西部沿海为低地，东部是波状平原，中部和东南部为高原。“荷兰”在日耳曼语中叫“尼德兰”，意为“低地之国”，因其国土有一半以上低于或几乎水平于海平面而得名。荷兰的气候属海洋性温带阔叶林气候。由于地低土潮，荷兰人接受了法国高卢人发明的木鞋，并在几百年的历史中赋予其典型的荷兰特色。

荷兰在16世纪前长期处于封建割据状态。16世纪初受西班牙统治。1568年爆发延续80年的反抗西班牙统治的战争。1581年北部七省成立荷兰共和国（正式名称为尼德兰联合共和国）。1648年《威斯特伐利亚和约》的签署使西班牙正式承认荷兰独立。

尼德兰革命后，历史上第一次出现了一个资产阶级掌权的国家——荷兰共和国，此后荷兰的经济迅速发展，踏上了成为海洋霸主之路。

在伦敦崛起之前，阿姆斯特丹曾是欧洲金融的中心。荷兰以东方贸易起家，凭借强大的造船业实力，与葡萄牙争夺东方贸易的主导权。荷兰政府十分重视交通运输工具的更新、新技术的开发和运用，以保持本国航运业的优势。从1605年到1665年，荷兰的造船厂已充分使用机械，造船速度相当快，几乎一天可以造一艘船。当时的荷兰总共拥有上万艘船，按吨位计算占当时欧洲海运总量的3/4。世界各地的贸易货运大多由荷兰商船承担，此时的荷兰被人们称为“海上马车夫”。荷兰的海员总数达到了25万之众。经过60年的商业竞争和武装冲突，荷兰终于在17世纪后半叶打败了葡萄牙，控制了好望角，使其成为东西方贸易的枢纽。对海外殖民地的掠夺，荷兰主要通过它的商业公司进行“商业活动”来进行。这种公司规模庞大、实力雄厚，由政府授予特权，可以拥有军队，代表国家，是一种具有国家职能的特殊机构。其中，最著名的是1602年成立的荷兰东印度公司。这家公司垄断了荷兰在东方殖民地的一切权益，包括强征暴敛、使用奴隶劳动和进行强制性贸易，因此公司的收益极大，有时付给股东的红利竟然超过了股本的金额。在其巅峰时代，荷兰东印度公司拥有15000个分支机构，贸易额占到全世界总贸易额的一半。荷兰在西方殖民地的事务，是由1621年成立的荷兰西印度公司经营的。这家公司获得了与美洲东海岸和非洲西海岸以及太平洋岛屿进行贸易的垄断权，同时还积极从事海上劫掠。悬挂着荷兰三色旗的10000多艘商船游弋在世界的四大洋之上，荷兰成为商业资本主义世界的核心。

荷兰商业经济的迅速发展也有着重要的政治与文化基础。尼德兰革命胜利以后，荷兰的共和政府在新教和天主教斗争激烈的情况下，在宗教方面实行宗教宽容和解政策，用鲜血代价换来的自由使荷兰成为欧洲资产阶级最为自由最为宽容的国家。荷兰政府还允许和鼓励受宗教迫害的外国商人和政治上受迫害的流亡者到荷兰来居住，西属尼德兰各省的富商、工业家及资金雄厚的犹太商人因不满西班牙的政策，大批移居到荷兰来，为荷兰的商业及海外冒险事业提供了雄厚的资金。

商业的发达、金融资本的自由流通，使荷兰一跃成为欧洲最富裕的国度。中产阶层迅速膨胀，新的政治体制也使人民第一次拥有更多的自主权。这一时期，荷兰政治体制开明，在17世纪是欧洲书籍印刷和书籍贸易的中心，雷登和阿姆斯特丹两个城市在17世纪时是以自己的出版物而驰名全欧的。在出版物中，小册子之类的东西曾起了巨大的作用。一切国家的亡命政治家都逃避到荷兰来而从这里攻击他们的政敌。报纸在17世纪的荷兰颇为普及。在这里它们初次名副其实地成了定期出版物，这些出版物一天天地不单是报告经济新闻，而且还讨论政治和社会生活中的各种问题。

发达的商业文明和政治文明催生了文化的繁荣。在这个时代里，荷兰的科学和文化事业取得了辉煌的成就。新的荷兰共和国在很短的时间内建立大学，冲破了教会的许多禁区，允许不用拉丁文而用荷兰文讲课，允许解剖尸体等。最早获得成功的是同荷兰航海事业关系密切的天文学、地理和几何，荷兰建立了欧洲第一个天文台。此后，荷兰的物理学家发明了望远镜和显微镜，发现了光的折射率，而A.van.勒文胡克第一个用显微镜发现了微生物，物理学家C.惠更斯发现了木星的环和卫星。在社会科学方面，哲学家B.斯宾诺莎提出了唯物的概念，虽然他还保留宗教的形式。法学家H.格劳秀斯撰写了《论海上自由》，不仅为荷兰资产阶级的扩张提供了法律依据，而且为资产阶级国际法奠定了基础。在艺术方面，涌现了许多现实主义艺术家，例如画家H.van. R.伦勃朗和诗人J.van. den.冯德尔。日常生活中，由于多数人从商，荷兰人都非常务实，以节俭、朴素和实用为宗教精神和生活原则，即使是大型市政建筑也装饰得朴素大方，资产阶级没有为放置大型雕塑留存空间，主要适用于教堂和宫廷的大幅装饰画在荷兰也没有用武之地，适合于装点民居的小型的、价格低廉的绘画作品成为17世纪荷兰艺术的“宠儿”。他们反对放纵浮华的巴洛克式艺术，而崇尚简单、平和的自然主义作品。

荷兰的经济繁荣是建立在商业贸易而不是工业基础上的。商业贸易中尤以船运业为盛，也就是对外转口贸易。本身无资源的荷兰过多地依赖于对外贸易，经济基础实际上较为脆弱。17世纪后半期，在对英国、法国的几次作战失败后，荷兰的殖民势力便大为衰退，英国打破了荷兰垄断海上贸易的局面，夺取了荷兰的一部分殖民地，使荷兰降到二等强国的地位。这一失败还使荷兰统治阶级内部的矛盾和危机暴露出来，加之银行的放贷在动荡的局势中常收不回来，国外投资损失严重，海外殖民地争夺激烈，军费支付困难等问题，荷兰商业在经历了繁荣的17世纪之后，逐渐开始衰落。而商业的繁荣，使得荷兰人长期仅靠利息就能过上不错的生活，国民精神趋于安于现状，丧失了前辈们的进取精神。自由宽松的国内政治使得地方政权各行其是，同样加速了荷兰的巨大海上帝国走向衰落。

31 英国，位于欧洲西部的岛国。由大不列颠岛（包括英格兰、苏格兰、威尔士）、爱尔兰岛东北部和一些小岛组成。

隔北海、多佛尔海峡、英吉利海峡与欧洲大陆相望。它的陆界与爱尔兰共和国接壤。人口约6020.9万。官方和通用语均为英语。威尔士北部还使用威尔士语，苏格兰西北高地及北爱尔兰部分地区仍使用盖尔语。居民多信奉基督教新教，主要分英格兰教会（亦称英国国教圣公会，其成员约占英成人的60%）和苏格兰教会（亦称长老会，有成年教徒66万）。另有天主教会和佛教、印度教、犹太教及伊斯兰教等较大的宗教社团。首都伦敦。

公元前地中海伊比利亚人、比克人、凯尔特人，先后来到不列颠。1—5世纪大不列颠岛东南部为罗马帝国统治。罗马人撤走后，欧洲北部的盎格鲁人、萨克逊人、朱特人相继入侵并定居。7世纪开始形成封建制度，许多小国并成七个王国，争雄达200年之久，史称“盎格鲁—撒克逊时代”。829年威塞克斯国王爱格伯特统一了英格兰。8世纪末遭丹麦人侵袭，1016—1042年成为丹麦海盗帝国的一部分。其后经英王短期统治，1066年诺曼底公爵渡海征服英格兰，建立诺曼底王朝。1215年约翰王被迫签署大宪章，王权遭抑制。

1338—1453年英法进行“百年战争”，英国先胜后败。1536年英格兰与威尔士合并。1588年击败西班牙“无敌舰队”，树立海上霸权。1640年英国在全球第一个爆发资产阶级革命，成为资产阶级革命的先驱。1649年5月19日宣布成立共和国。1660年王朝复辟，1668年发生“光荣革命”，确定了君主立宪制。1707年英格兰与苏格兰合并，1801年又与爱尔兰合并。18世纪后半叶至19世纪上半叶，成为世界上第一个完成工业革命的国家。

19世纪是大英帝国的全盛时期，1914年占有的殖民地比本土大111倍，是第一殖民大国，自称“日不落帝国”。第一次世界大战后开始衰败。英国于1920年设立北爱兰郡，并于1921—1922年允许爱尔兰南部脱离其统治，南部26郡成立“自由邦”，北部6郡仍归英国。1931年颁布《威斯敏斯特法案》，被迫承认其自治领地在内政、外交上独立自主，大英帝国殖民体系从此动摇。第一次世界大战后英开始衰落，其世界霸权地位逐渐被美国取代。第二次世界大战中经济实力大为削弱，政治地位下降。随着1947年印度和巴基斯坦的相继独立，英国殖民体系开始瓦解，但英国仍是英联邦53个成员国的盟主。目前，英国在海外仍有13块领地。1973年1月加入欧共体。

英国是世界文化大国之一，文化产业发达。全国约有2500家博物馆和展览馆对外开放，其中大英博物馆、国家美术馆等闻名于世。英国皇家芭蕾舞团、伦敦交响乐团等艺术团体具有世界一流水准。每年举行约500多个专业艺术节，其中爱丁堡国际艺术节是世界上最盛大的艺术节之一。当今世界80%的信息以英语传播。

1840年5月6日，世界上第一枚邮票在英国诞生。英国发行了世界上第一批邮票。这批邮票的发明者是英国人罗兰·希尔，邮票的票面是黑色的，上面印着英国维多利亚女王的浮雕像，每枚面值1便士，人们称它为“黑便士邮票”。后来人们把这一天称为邮票诞生日。

博物馆在英国也被视为最重要的教育机构之一。参观博物馆历来是英国中小学教育的一个重要环节。有英国人说，博物馆现在已经取代了教堂在英国社会的地位，是绝大多数人一生中最重要的文化体验。在英国，不是所有的博物馆和公园都免费开放，但英国最好的博物馆——大英博物馆、国家画廊（英国美术馆）、泰特英国与泰特现代美术馆、格林尼治天文台、自然历史博物馆、科学博物馆、维多利亚和阿尔贝特博物馆（世界最大的实用美术与设计博物馆）、帝国战争博物馆、大英图书馆，以及苏格兰、威尔士和北爱尔兰的国立博物馆与美术馆等等，现在都是免费开放的。

大英博物馆建于1753年，是世界上第一个国家博物馆，其宗旨是从世界各地收集不同历史时期的藏品，从而反映不同地区面对人类共同问题时采取的不同解决方法。经过250年的搜集和研究，大英博物馆今天的藏品已非常丰富，从200万年前人类祖先使用的石器到来自世界各地的当代艺术品，应有尽有。

大英图书馆是世界上最大的学术图书馆之一，藏书超过1.5亿本，包括《大宪章》和《林迪斯凡福音书》等珍本。

作为国家图书馆的大英图书馆藏有英国和爱尔兰出版的每一本书。图书摆放在总长约625公里的书架上，这些书架现在仍在以每年12公里的速度加长。

大英图书馆阅览室1857年首次对外开放时，面向全社会，但随后不久改为只对部分读者开放。现在图书馆还收藏有包括乔治·萧伯纳和弗吉尼亚·伍尔夫等名人出入阅览室的登记记录。

英国在世界近代历史上占有非常特殊的地位——它是第一个迈进现代社会的国家，在18世纪和19世纪的时候，它是世界发展的领头羊，可以说彼时是英国人的时代。究其原因，18世纪中叶到19世纪40年代完成的工业革命是英国历史发展的重要里程碑。

15世纪末到16世纪初，随着新航路的发现，世界贸易中心从地中海转移到大西洋沿岸各港，英国成为欧洲海上强国之一，它的对外贸易日益兴旺与扩大。到16世纪末，英国新兴资产阶级尤其是新贵族的经济势力强大后，便利用议会同国王的专制统治展开斗争，到17世纪初这种斗争演变成资产阶级革命。这次革命战胜了王权，确立了君主立宪制。英国资产阶级革命胜利后，新贵族与资产阶级利用国家机器积极发展资本主义，为英国工业革命奠定了基础；从17世纪末到18世纪的100多年间，新贵族和资产阶级通过圈地运动和疯狂殖民掠夺为英国积累了大量的资本，并造成了大批自由劳动力；17世纪上半叶开始，英国的科学运动蓬勃发展起来，出现了一批注重实用的科学家，他们使得科学研究工作更加普及，科学学术活动日益高涨，为工业革命的出现创造了技术条件。

至此，英国已具备了扩大生产的几个重要先决条件，因此工业革命就在英国出现了。

英国工业的发展在世界历史上具有完整的典型意义，它孕育了人类历史上近代大工业的雏形。这次革命始于1733年，从棉纺织业最先使用机器开始，以凯伊发明飞梭为开端。飞梭的发明和使用，大大提高了纺织效率。在这场革命中，机器的发明与使用日新月异。1765年，哈格里夫斯发明了珍妮纺纱机；1769年，阿克莱特发明了水力纺纱机；1779年，克隆普顿发明了“骡机”；1785年，卡特莱特发明了水力自动织布机。继而纺织业里机器的发明促进了采煤业、冶炼、运输业、交通业的飞速发展，生产手工业转变为机械制造业，家庭手工业逐步演进到手工工场并最终产生近代大工业工厂。

工业革命早期丰硕的成果为英国自身积累了巨大的工业优势，但工业带来的变革并不仅仅停留在技术层面，它使得英国古老的生产方式、生活方式、思维方式都发生了巨大变化，比技术革新影响更深刻的是经济社会运行规则的变化。典型的例子是亚当·斯密的“看不见的手”理论，它为英国社会的前进发展缔造了一个新的经济秩序。从19世纪20年代起，英国逐步降低了进口关税和出口限制，到19世纪50年代基本消除了保护关税的残余，按照斯密的理论采用取消贸易限制的办法来扩大国外市场，成了实行自由贸易政策的国家，逐步建立起了自由主义的经济体系。为了实施自由贸易政策，英国还用武力迫使一个又一个国家打开了大门，迅速扩张成为一个"日不落帝国"，居高临下的海外贸易和殖民地的扩张，反过来又极大地推动了英国工业化的进程。

到19世纪中期工业革命完成后，英国的工业中心由原来的以伦敦为核心的东南部地区逐渐向北部地区转移，兰开夏成了棉织工业的主要中心，苏格兰也出现了以格拉斯哥为首的新工业区；农村人口大量向城市迁移，英国全国人口经过100年从1750年到1850年猛增近3倍，达到2750万人；1770—1840年的70年中，英国工人的每个工作日的生产率平均提高了20倍；英国不仅是当时最富有的国家，而且成为世界各国的商品供应者、工业生产资料的主要供应者，世界各国则成为英国的原料供应地，英国成为了名副其实的"世界工厂"。

英国工业的强盛在1870年以后开始显露疲态，"世界工厂"地位逐渐丧失。第一，英国丧失了工业科技的优势。英国虽然是第一次工业革命的先行者和绝对领导者，但据1851年的英国人口调查，农业依然是英国最大的行业，手工业者也依然占有很大的份额。到第二次工业革命时，技术发明和创造的主要国家已不是英国，而是后起的德国和美国。即便是英国发明的先进技术，也因工业界的保守思想而没有产生积极作用。第二，没有及时进行经济结构调整。英国经济以棉纺、煤炭、钢铁和造船为支柱产业，英国在这些产业中的领先地位是保持英国经济优势的关键因素。但到1870年以后这些产业的设备都已陈旧落后，英国没有及时对技术设备进行更新换代。由于惯性力量，造成英国在新兴产业的研发方面落后于美国和德国，因此英国新兴产业占整个工业的比重低，其产值到1903年只占工业总产值的6.5%。

总之，英国工业革命促进了资本主义生产力的飞速发展，提高了生产社会化的程度，使资本主义制度最终战胜封建制度而居于统治地位；它引起了工业资产阶级和工业无产阶级的根本对立，揭开了无产阶级反对资产阶级斗争的序幕；它加速了英国资产阶级内部的分化，提高了工业资产阶级的经济地位，从而使它在国会中取得了部分政权；它产生了新的经济理论——英国资产阶级古典政治经济学；它促进了自然科学技术和文化教育的发展，使大批专业技术学校诞生。这一切使英国成为当时世界上最发达的资本主义国家。

回顾英国工业发展整个过程，我们不难看出，英国从崛起到衰落的历程、从一个岛国变成欧洲强国最终成为世界霸主，凭借的是它所创造出来的一种新的制度文明，而这种文明一直引领着人类进步的潮流，吸引着世界各国争相效仿；1870年以后英国开始衰落，也是因为它文化中的保守因素阻碍其继续创新，因而慢慢落伍，成为二流国家。英国文化保守中蕴含着创新，创新中体现着保守，它是一种兼容并蓄的综合性文化。正如马克思所指出的，18世纪综合了过去历史上一直是零散地、偶然地出现的成果，并且揭示了它们的必然性和它们的内部联系。英国工业文化正是18世纪这种综合性最生动的体现。

32 美国，1776年7月4日建国，位于北美洲中部，北与加拿大接壤，南靠加勒比海和墨西哥湾，东濒大西洋，西濒太平洋。海岸线长22680公里。领土还包括北美洲西北部的阿拉斯加和太平洋中部的夏威夷群岛。面积962.9091万平方公里（其中陆地面积915.8960万平方公里），本土东西长4500公里，南北宽2700公里。

人口3.07亿，其中，白人占75%，拉美裔占12.5%，黑人占12.3%，亚裔占3.6%，华人约243万，占0.9%，多已入美国籍（2009年估算数据）。通用英语。51.3%的居民信奉基督教新教，23.9%信奉天主教，1.7%信奉犹太教，信奉其他宗教的占4%，不属于任何教派的占12%（2007年估算数据）。首都位于华盛顿哥伦比亚特区（Washington D.C.），人口约59万。

美国气候复杂多样，大部分地区属于大陆性气候，南部属亚热带气候，中北部平原温差很大。年平均气温由佛罗里达的29℃至阿拉斯加的－13.3℃不等。年平均降雨量差异很大，从阿肯瑟地区的1831毫米至内华达地区的191毫米。

美国有高度发达的现代市场经济，其国内生产总值和对外贸易额均居世界首位，是世界上第一大进口国和第二大出口国。2001年美国经济在经历长达10年的增长后陷入短暂衰退，之后进入新一轮繁荣期。2007年美国经济下行因素增多，7月次级房贷危机全面爆发。

美国是一个由土著印第安人、多民族的移民及其后裔共同开发、建设起来的国家。她的文化与移民所带来的本民族文化有着千丝万缕的联系，并在其自身的发展与完善中一步步形成了当今多元性的美利坚文化。美国的文化还具有开放性特征，它包容其他国家的优秀文化并不断地丰富自己。今天在美国，不同民族的后裔仍然保持着本民族的风俗，并以不同的方式庆祝本民族的节日。

文化与自然遗产：大沼泽地国家公园（佛罗里达州）、大雾山国家公园（田纳西、北卡罗来纳州）、克卢恩和兰格尔——伊莱亚斯诸公园(加拿大育空、美国阿拉斯加州南部)、马默斯洞穴国家公园(肯塔基州中部)、奥林匹克国家公园(华盛顿州西北部)、霍德伍德公园（加利福尼亚州西北海岸)、黄石国家公园（怀俄明、蒙大拿、爱达荷三州交界处)、独立大厅（宾夕法尼亚州费城市内)、弗德台地国家公园（科罗拉多州西南部)、卡霍基亚墩群遗址（伊利诺伊州)、科罗拉多大峡谷（科罗拉多州中西部)、自由女神像(纽约哈得逊河口的自由岛)、纳塞米蒂国家公园（加利福尼亚州中部)、查科国家历史公园（新墨西哥州西北部)、蒙蒂塞洛和弗吉尼亚大学（弗吉尼亚州，前者为杰弗逊故居)、夏威夷火山国家公园（夏威夷州、夏威夷岛东南)。

教育：美国中、小学教育主要是由各州教育委员会和地方政府管理。学校分为公立和私立两种。多数州实行十年义务教育。各州学制不一，大部分为小学六年、初中三年、高中三年。高等教育有两年制的初级学院和技术学院、四年制的大学本科和二至四年的研究生院。著名高等学府有：哈佛大学、麻省理工学院、哥伦比亚大学、加利福尼亚大学伯克利分校、斯坦福大学、芝加哥大学、乔治·华盛顿大学、耶鲁大学、加州理工学院、约翰斯·霍普金斯大学、普林斯顿大学和杜克大学等。

新闻出版：美国报业系统庞大，2007年是世界第四大报纸发行市场，现日均发行各类报刊约5000万份。2007年进入世界发行量前100名的美国日报有:《今日美国》、《华尔街日报》、《纽约时报》、《洛杉矶时报》、《纽约每日新闻》、《华盛顿邮报》、《纽约邮报》、《芝加哥论坛报》。美国最有影响的三大报纸为《纽约时报》、《洛杉矶时报》和《华盛顿邮报》。美国有普通电视台1791家，数字节目电视台1682家；全国共有调频广播电台9885家，短波广播电台5036家；4994家地方电视台和调频广播电台。最大的两家对外广播机构为美国之音和美国广播电视网，均属官方电台。美国最大的几家全国性广播网是全国广播公司（NBC）、哥伦比亚广播公司（CBS）、美国广播公司（ABC）、有线新闻广播公司（CNN）和福克斯（FOX）等。美国访问量较大的新闻网站有雅虎新闻网站（Yahoo!News）、微软——全国广播公司网站（MSNBC）、有线新闻广播公司网站（CNN）、美国在线新闻网站（AOL News）等。

美联社（Associated Press—AP）是美国最大的通讯社，1848年在芝加哥成立，当时为6家报纸服务，1893年成为联营公司，1900年将总部迁到纽约。该社从第一次世界大战开始到1940年发展迅速，采用其新闻稿的报纸从约100家增至约1400家。1920年前即已开始建立国外分社。为了与合众社及其他通讯社竞争，它从1940年起扩大业务。这一年，它开始向广播电台提供新闻报道。1946年成立美联社国际服务部；1954年成立美联社广播电视部。70年代末该社租用40多万英里的电话线路播发新闻和图片。1998年约有1700家美国的报纸和约6000家广播电台和电视台接受该社的服务，在海外约有112个国家和地区的8500家报纸、电台和电视台接受该社服务。使用6种语言发稿（英语、德语、瑞典语、荷兰语、法语和西班牙语）。每天24小时、每周7天发稿，每天发稿2000万字、1000张照片。

文学艺术：美国文学虽然历史较短，但发展相当快，特别是20世纪以来，在世界文坛的影响越来越大。著名的文学家有：本杰明·富兰克林、欧文、库柏、霍桑、梅尔维尔、斯托夫人、惠特曼、狄金森、马克·吐温、西奥多·德来塞、尤金·奥尼尔、威廉·福克纳、欧内斯特·海明威、约翰·斯坦贝克等。美国主要文学艺术奖有：博林根诗歌奖、欧·亨利奖、普利策奖金、全国图书奖、全国图书奖章、美国桂冠诗人、奥斯卡金像奖等。

科学教育：美国是当今世界上科学技术水平最高的国家，其为科技发展特设的奖项有：美国总统颁发国家科学奖、美国总统颁发国家技术奖、美国国家级科技奖沃特曼奖、美国费姆国家发明者大厅大奖、美国科学促进会奖、美国纽约科学院奖等。

美国创新文化是指基于美国民族开拓进取精神之上的、将创新作为经济社会发展关键动力的文化样式和价值观念。它表现在重视个人价值，鼓励个性张扬，鼓励个人发挥想象力和创造力，鼓励追新求异，鼓励冒险，鼓励尝试新的东西，鼓励争论，宽容不同的理念、意见和生活方式，宽容失败；并且在国家生活中创造有利环境，有利于人们发挥自己的天赋，使创新和努力工作受到高度评价和重视，发明和创造得到巨大的回报、充分的信任和充足的财政支持。

美国的创新文化与美国民族历史文化相关。美国民族精神从殖民地时代就深受欧洲清教主义、自由主义和个人主义理念的影响，他们不仅相信个人权利和自由在人类社会的各个领域都应当得到保障，相信追求个人幸福的正当性，而且生来具有一种神圣的使命感，坚持积极进取、艰苦创业。美国作为一个建立在殖民地基础上的国家，从一开始就面临着创建全新的政治、社会和经济形态的任务。并且，美国是个移民国家，这决定了其文化的包容性，反过来又变成了文化促进创新的重要条件。开放性的移民文化为各种文化观念的撞击创造了条件；人们在竞争、迁徙中形成的实用主义思想观念，导致了更加重视策略、看重实效的行为模式。因此，以市场机制促进科技成果的产业化，探索管理机制的创新，在美国都得到鼓励。

在现代美国创新文化中，创新是和经济增长相联系的。美国经济学家熊彼特的观点代表了美国文化的典型观念，他认为，创新是经济增长的一个关键因素，提高利润和在竞争中立于不败之地的期望，是商业创新的一种主要刺激，而重要的创新，经常引起大规模投资，由此推动经济发展。美国文化强调开拓进取，特别是在经济发展进程中积极拓展新领域、采用新科技、建立新制度。20世纪初，许多技术发明并不是发生在美国，却在美国以最快的速度实现了产业化，如内燃机和电力的普及带动了美国经济迅速发展。美国较早实现了规模化生产和科学管理，高生产率和便宜的商品是美国经济崛起于世界的有力武器。美国企业还较早地将研究开发机构纳入企业，并且成为企业的核心部门，解决了科研和生产的对接问题。

因此，美国人已经把创新作为美国文化的一种核心价值观，认为创新是社会发展的动力，是在自由竞争社会中求生存、发展、繁荣的重要途径。在美国逐渐形成了教育、科研和企业共同发展、相互促进的增长模式。

作为创新文化的基础，美国教育是一套启迪、开发、培育、培养、规范、应用创新价值观的完整体系。在美国的教育体系中，教师的目的不是单纯地教授知识，而更多的是试图激起学生对问题的疑问和重新评估知识的欲望，学校鼓励学生独立思考、积极实践，在创新中实现自身价值。创新不仅使美国的教育充满活力和较强竞争力，而且使最多的诺贝尔奖获得者出自于美国大学。无论是在自然科学方面，还是社会科学，甚至文学领域，美国人在诺贝尔奖领域一直身手不凡，占不到世界人口的5%，却获得了75%的奖项。

长期以来，美国人把创新价值观在他们的教育体制中固定下来，并加以传承、发展、完善，进一步开发、培养社会成员的创新意识和创新能力，并把这种文化理念应用于社会实践，通过发展科学技术增强企业竞争力，提高国家经济实力，推动社会发展，并进而提高人的生活质量，改善生存环境。在美国，“大科学”和开放式研究机构的形成，使科技与经济、政治、社会，特别是由于美国地位变化所带来的价值观的变化，更密切地联系在一起。风险投资不管其源于何处，在美国可得到最快的发展，成功地实现了金融、投资和科技成果、人才的有效结合。“二战”后至今，虽然不断受到其他工业化国家的挑战，但美国在主要高新技术领域的领先地位仍然不可动摇，科技创新始终是美国经济发展的强大动力。

美国创新文化能够逐渐走向稳定和繁荣，也离不开美国政府的不懈努力。这主要体现在美国政府对科研、教育和企业三者结合和发展的大力推动，并形成美国独有的国家创新体系。

美国政府一直注重科技研发的投资与建设，注重科技项目与企业竞争力的关系，这和美国历史、特别是现代经济发展历史关系密切。

19世纪后半期，美国将新兴科技迅速产业化，促进了美国经济在西方世界中崛起，为美国在20世纪的世界地位奠定了基础；从20世纪70年代开始，美国出现贸易赤字，进入80年代后迅速扩大，到1987年已超过1500亿美元。曾经称霸世界市场的美国汽车、钢铁及家用电器等产业已失去了优势。进入80年代后期，代表美国产业最高新技术水平的高技术产品的贸易收支情况也迅速恶化，1986年首次出现赤字。为了化解美国产业竞争力低下的危险趋势，美国政府开始着力调整科技体制和科技政策，以提高美国的竞争能力。成立于1986年的民间的美国“竞争委员会”和成立于1990年的官方的美国“国家关键技术委员会”做了大量的研究工作，提出了一系列的政策建议与措施。针对产业竞争力下降的趋势，美国政府出于竞争力的源泉是科学技术力量的基本认识，采取了一系列政策与措施。如强化政府行政当局在国家科技发展中的作用，将总统科学顾问提升为总统助理，成为总统经济政策委员会和安全保障计划决策机构的成员，并设立了由科技人员和民间代表构成的总统咨询委员会。美国修订和实施了有利于技术创新的法规法令，修改和制定了一系列法规法令，像《税收优惠法》、《技术转移法》、《小企业创新法》、《联合研究法》、《知识产权保护法》等。加强基础研究，增强大学的研究能力，促进大学与企业的合作与联合也是重要的调整目标。70年代以来，美国已陆续投资兴建了一大批科学研究中心、工程研究中心、工业界—大学合作研究中心等新的科学技术组织形式。此外，美国政府还采取各种措施刺激企业的研究与发展活动，鼓励小企业的创新活动，促进军事技术向民用转移，加强产、官、学的合作体制。

实际上，早在“二战”期间，美国政府就开始向科技研发项目提供投资，这种做法后来被制度化，并在政策法规及税收等方面加以配套，逐渐形成了较为完善的国家创新体系。目前全国的研究与发展工作主要由联邦政府实验室、私人公司、大学以及非营利研究组织等来进行。美国国家创新体系主要有以下特征：首先，美国政府科研经费预算高，且逐年平稳递增，尤其重视对国防和应用投产方面的投入，政府科研投资占GNP的比重从1955年的1.5%上升到1986年的2.8%，自1990年以后科研投入比值一直在3%以上；其次，打造了世界上规模最大、水平最高的科研队伍；第三，风险投资的诞生在产、学、研三者间架起了桥梁，标志着美国国家创新体系走向成熟；第四，激烈的市场竞争促使企业高科技投入倾向越来越高，企业是美国科技投入社会化的第一主体；第五，国民积极参与成为技术创新的主体力量和活力源泉；最后，国民素质方面：美国拥有世界上最好的高等教育体制，美国接受高等教育的人口比例也是全世界最高的，全民素质普遍较高。

通过加强对科技自主创新的政府干预，建立健全政府与企业、大学的伙伴关系，强调基础研究、应用研究、试验开发以及成果转移，对中小企业加强政策鼓励，支持跨国研发活动等措施，初创于两次世界大战之间的美国国家创新体系在20世纪90年代逐渐得到调整完善。

33 意大利，地处欧洲南部，包括亚平宁半岛及西西里、萨丁等岛屿，北以阿尔卑斯山为屏障与法国、瑞士、奥地利和斯洛文尼亚接壤，东、南、西三面临海。国土面积约30.1万平方公里。海岸线长约7200多公里。全境4/5为山丘地带。有阿尔卑斯山脉和亚平宁山脉。意、法边境的勃朗峰海拔4810米，居欧洲第二；有著名的维苏威火山和欧洲最大的活火山——埃特纳火山。最大河流是波河。较大的湖泊有加尔达湖、马焦雷湖等。人口6002万，94%的居民为意大利人。少数民族有法兰西人、拉丁人、罗马人、弗留里人等。除西北部与东北部的少数民族讲法语、德语和斯洛文尼亚语外，绝大多数居民讲意大利语。大部分居民信奉天主教。首都罗马。

意大利历史悠久，公元前2000至前1000年，就不断有印欧民族迁入。公元前27—476年为罗马帝国时期。11世纪诺曼人入侵意大利南部并建立王国。12—13世纪分裂成许多王国、公国、自治城市和小封建领地。从16世纪起，先后被法国、西班牙、奥地利占领。1861年3月建立意大利王国。1870年9月王国军队攻克罗马，最终完成统一。

1914年第一次世界大战爆发，意大利先中立，后站在英、法、俄协约国一边对德奥宣战，并取得胜利。此后，意大利同其他欧洲国家进行殖民扩张竞争，曾先后占领了厄立特利亚（1885—1896）、索马里（1889—1905）、利比亚和爱琴群岛（1911—1912），并在中国取得天津一块商业租界（1902）。"一战"时作为盟国一员参战，获得了东北部特伦蒂诺、上阿迪杰、威尼斯·朱利亚和多德卡尼索斯等地区。

1922年10月31日，墨索里尼组成新政府，实行长达20余年的法西斯统治。其间包括入侵埃塞俄比亚（1930—1936），帮助佛朗哥在西班牙打内战和与德国结成罗马—柏林轴心（1938）。1939年第二次世界大战爆发时，意大利起初中立，及至德国在法国取胜，乃于1940年6月加入德国一方向英、法宣战。1943年7月，墨索里尼被推翻，同年9月3日，由国王任命的巴多利奥内阁同协约国签订《停战协定》，意大利无条件投降，10月对德宣战。1946年6月2日，举行公民投票，正式宣告废除君主制，成立意大利共和国。

意大利是发达的工业国家，经济规模居世界第六位。工业主要以加工工业为主，中小企业占企业总数的98%以上，被称为"中小企业王国"。由于专业化程度较高，企业在制革、制鞋、服装、首饰等领域具有较强竞争力。米兰是意大利第二大城市，被誉为世界“时尚之都”。农、林、渔业占国内生产总值约2.4%。由于境内多山和缺乏肥沃土壤，农业可耕地面积仅占全国总面积的10%。意大利地理及气候条件适合葡萄种植，因此它是继法国之后世界第二大葡萄酒生产国。时装、美食、葡萄酒已成为意大利文化的一部分。

意大利是著名的文明古国，历史上曾有煊赫一时的古罗马帝国、1900年前毁于一旦的庞贝古城、闻名于世的比萨斜塔、文艺复兴的发祥地佛罗伦萨、风光旖旎的水城威尼斯、被誉为世界第八大奇迹的古罗马竞技场。公元14—15世纪，意大利文艺空前繁荣，成为欧洲“文艺复兴”运动的发源地，但丁、达·芬奇、米开朗琪罗、拉斐尔、伽利略等文化与科学巨匠对人类文化的进步做出了无可比拟的巨大贡献。如今，在意大利各地都可见到精心保存下来的古罗马时代的宏伟建筑和文艺复兴时代的绘画、雕刻、古迹和文物。意大利丰厚的文化艺术遗产是国家的瑰宝，也是发展旅游业取之不尽、用之不竭的源泉。得天独厚的地理位置和气候条件、四通八达的海陆空交通网、与旅游资源配套的服务设施以及渗透在人民生活各个层面的文化内涵每年都吸引着成千上万的外国游客前往意大利，旅游业因此成为意大利国民经济的支柱。旅游业营业额达150万亿里拉（约合714亿多美元），约占国内生产总值的6%，净收入约53万亿里拉（约合252亿多美元），旅游收入成为弥补国家收支逆差的重要来源。

意大利文艺复兴是指从14世纪末到16世纪，以意大利为中心、波及全欧洲的美术、文艺乃至文化上的革新运动。它反抗立足于中世纪教权主义的加特利克教会及与其勾结的封建诸侯，市民阶级随着城市的兴隆而逐渐抬头，是在“追求自然和人”的地方兴起的运动（布克哈特）。

文艺复兴（Renaissance）一词原意是“再生”或“复兴”，从意大利语 rinascita 而来。当时的文学艺术家认为他们致力于研究以人为中心的新学科，如语法、修辞、诗歌、历史、伦理等，与以神为中心的天主教会神学根本不同。他们的努力背后体现的是新兴资产阶级为反对封建制度，以复兴希腊、罗马古典文化为号召而创造资产阶级新文化，故史称此新文化运动为“文艺复兴”。这一新文化运动以人文主义为特色，其总的趋势乃推崇人道主义及思想革新，以文学艺术形式表达新兴资产阶级的政治理想和社会要求，反对中世纪的封建世界观和其宗教实践中的禁欲主义，促进民族语言文化的发展和民族意识的觉醒。文艺复兴虽以复兴古典文化为口号，实际上却为欧洲基督教文化本身的革新运动，即对其中世纪传统模式的突破与扬弃，从而开始了欧洲社会的近代发展。

文艺复兴的历史前提是资本主义生产的出现。早在14、15世纪，在意大利北部的城市里已经有了资本主义萌芽。意大利是古代文明的中心之一，后来又与文化发达的拜占庭和阿拉伯国家有密切联系。14世纪初，教廷从罗马迁到法国南部的阿维尼翁，成了法国王权的御用工具，威信扫地。其次，意大利是古罗马的直接继承者，古罗马文化是意大利民族文化的先驱，一直滋养着意大利文化。15—16世纪在罗马废墟中发掘出来的古代雕刻，被意大利艺术家奉为典范。1453年土耳其人攻陷君士坦丁堡，消灭了拜占庭帝国，大批希腊古典学者携带书籍逃至意大利避难，并以讲授古典为业，从而促进了意大利对希腊古典的研究。所以，文艺复兴最早在意大利发生。

文艺复兴运动的兴起和繁荣在意大利体现得最为明确和集中，时间范围大致为1420年左右至1560年左右。初期文艺复兴以佛罗伦萨为中心，大约从1420—1500年，在西方被特称为公元15世纪。代表作品是布鲁纳勒斯基的建筑，基伯尔第、多纳泰罗的雕塑，马萨乔的绘画，但丁的《神曲》。

盛期文艺复兴发展到各地，如罗马、米兰、威尼斯，从1500年至1520—1530年，确立了所谓古典样式。代表者为：帕拉曼特、米开朗琪罗、莱奥纳多、拉斐尔、蒂兹阿诺。

后期文艺复兴艺术风格已经显示出巴洛克样式的萌芽，或显示了样式主义风格。文艺复兴14世纪发源于意大利之后不断向北发展，15世纪扩及法国、德国、英国、西班牙和荷兰等国，到16世纪终于达到高潮。

文艺复兴时期的人文主义，为反对中世纪宗教神学、愚昧落后和封建制度做出了重大贡献，在历史上起过巨大的进步作用。它渗透到文艺复兴时期各个学术领域：

首先，在文艺复兴发端的文学领域中，意大利佛罗伦萨伟大诗人和文学家但丁、彼特拉克和薄伽丘成为新文化运动的先驱；他们的作品对宗教禁欲主义和封建社会的黑暗进行了无情的揭露和批判，反映了社会现实的各个方面，开创了现实主义创作方法和语言民族化的道路，为欧洲近代文学奠定了坚实的基础。

在艺术领域中，涌现出佛罗伦萨的达·芬奇、拉斐尔和米开朗琪罗等画家、雕刻家和建筑家，他们的创作充满着现实主义和世俗精神。

在政治学领域中，佛罗伦萨的马基雅弗里分析了君主政体产生的原因，提出建立中央集权的统一民族国家的主张，开始了近代资产阶级政治学的研究。

文艺复兴运动还带来了近代自然科学的诞生，波兰天文学家哥白尼、意大利科学家布鲁诺和伽利略等人，在天文学、数学、物理学、生理学和医学等方面均创立了新的科学体系。

34 雅克布·布克哈特（Jacob Burckhardt，1818—1897），瑞士著名历史学家。

布克哈特的父亲和祖父都曾经在巴塞尔担任新教牧师；布克哈特的母亲来自巴塞尔另外一个名门望族。布克哈特于1818年3月25日生在巴塞尔，并在那里就读中学。1836年，布克哈特在巴塞尔大学学习历史和哲学，后于1837年初改学神学。1839年，布克哈特转学到柏林，并且专心学习历史和语言学。兰克等大师开设的课程引起了布克哈特极大的兴趣。1841年，他去波恩大学旁听一个学期，受到了法学家、德国自由主义的代表人物维尔克的强烈影响。在兰克的建议下，布克哈特撰写了研究马尔泰勒和霍赫斯塔顿的两篇学术论文，并于1843年获得了哲学博士学位。获得博士学位的时候，他已经离开柏林回到了巴塞尔。布克哈特利用此后的几个月时间去巴黎收集资料，并在此基础上，以瑞士反宗教改革的过程为主题对15世纪和16世纪的欧洲历史做了专题研究。凭借这部学术专著，布克哈特于1844年在巴塞尔获得了在大学执教的资格，并于同年回到巴塞尔担任保守的《巴塞尔日报》的编辑。他在这个报纸上发表了大量文章，矛头直指自由主义和政治倾向极其浓厚的天主教。为了专心致志地从事研究工作，布克哈特于1846年放弃了编辑的工作。在此后的三年时间里，他先后两次游历罗马，并且去柏林参加了他的导师库格勒编写的文化史手册的修订工作。

取得在大学执教资格以后，布克哈特于1844年被聘为巴塞尔大学编制外的讲师，因此，这一年可以被看做是他学术生涯的开始。4年以后，布克哈特在同一所大学受聘为不拿薪水的非教席教授。在位于苏黎世的一所综合性技术大学聘他为考古和艺术史拥有教席的教授之前，布克哈特曾在巴塞尔多所中学讲授过历史课。1858年，巴塞尔大学任命布克哈特为历史学教席教授。此后，虽然先后受到多所外地大学的聘请，布克哈特一一拒绝，到生命的终结，一直定居在巴塞尔。

布克哈特一生中几部最重要的专著包括:《君士坦丁大帝时代》(1853)、《向导：意大利艺术品鉴赏导论》(1855)、《意大利文艺复兴时期的文化》(1860)。在布克哈特死后出版的著作中，最为重要的理所当然是《世界历史沉思录》，此外还有三卷本的《希腊文化史》。他的主要兴趣集中于文化史和艺术史,但他的文化史并不是单纯的精神文化史，更接近文明史，即希望通过文化史揭示一个时代的总体面貌。布克哈特的研究范围之广，而且在所涉足领域都有建树,在历史学家中无出其右者。

35 但丁（Dante Alighieri，1265—1321），意大利诗人、作家、思想家、文艺复兴运动的先驱。

1265年5月，但丁生于佛罗伦萨，出身于没落贵族家庭。他父母早亡，少年生活贫困，刻苦自学，对诗歌、伦理学、哲学、神学以及天文、地理、历史、音乐和绘画等均有深刻研究。

早年参加新兴市民阶级反对封建贵族的斗争。1289年6月参加骑兵队。1295年起先后担任过保民官会议成员、选举执政官工作的顾问和百人团会议的成员。1300年6月作为医师与药剂师行会的代表，被任命为任期两个月的佛罗伦萨共和国的六名执政官之一，负责调解归尔甫党内部的黑白党之争。尽管他属于白党，但为了维护佛罗伦萨共和政权，仍谴责黑白党之争，秉公把带头闹事的两党领导人驱逐出境，挫败教皇干涉佛罗伦萨内政的阴谋。1302年1月，代表罗马教廷利益的黑党夺取佛罗伦萨政权，宣布但丁犯有巧取豪夺、非法赢利和反对宗教罪，判处2年流放，剥夺公权终身，后改判终身流放。此后但丁流落意大利各地，以讲学和作诗自慰，断然拒绝以宣誓忏悔为条件换取赦免，重返家园。1315年，佛罗伦萨统治者又缺席判处其死刑。1317年应拉文纳统治者邀请，但丁携子女客居拉文纳，并在这里度过晚年，1321年9月14日在拉文纳逝世。

但丁的创作深刻地揭示了社会现实生活和政治变革。其第一部诗集《新生》（1292—1293）用意大利文写成，歌颂其理想中的恋人贝雅特丽齐，表达了内心对美好生活的向往。代表作《神曲》（1307—1321）分《地狱》、《炼狱》和《天堂》三部，共100章，计14233行。诗中描写但丁在维吉尔引导下遨游地狱和炼狱；又得到青年时的情人贝雅特丽齐的引导，得见天国的美景。作品对现实世界作了描写，对众多的历史人物和当代人物加以褒贬。但丁认为，人世间的幸福可以通过道德和精神的实践而获得，天上的幸福则需要按照基督教的信仰才能获得。诗歌揭露了中世纪后期的意大利从封建关系向资本主义关系过渡中的社会矛盾，对教会的腐败和虚伪进行了抨击和揭露，表现出人文主义的萌芽，其思想性和艺术性均达到时代的最高水平。但丁的作品充满着对中世纪宗教神学束缚的叛逆精神，表现出追求新道德的强烈要求，被恩格斯称为“新时代的最初一位诗人”。其他主要作品有《飨宴》（1304—1307）、《帝制论》（1310—1312）等。在《帝制论》一书中，但丁还设想了一个统管全世界、崇奉上帝的皇帝，与一个统管全世界宗教权力的教皇互相合作的理想世界。

36 达·芬奇（Leonardo Di Ser Piero Da Vinci，1452—1519），意大利文艺复兴时期画家、科学家。

生平：达·芬奇1452年生于意大利佛罗伦萨郊区的芬奇镇，1519年5月2日卒于法国昂布瓦斯附近。其父为律师兼公证人，母为农妇。他15岁时到佛罗伦萨，学艺于A.del. 韦罗基奥的作坊。1472年入画家行会，兼做韦罗基奥的助手。15世纪70年代中期个人风格已趋成熟，创作《受胎告知》、《吉内夫拉·德本奇像》等画。1481年的《博士来拜》虽未完成，却是有划时代意义的名作，表明他的艺术探讨已突破15世纪的水平，显示了盛期文艺复兴美术的特点。1482—1499年间一直工作于米兰，主要为米兰公爵服务，进行了广泛的艺术和科学活动，但完成的绘画作品不多，其中《岩间圣母》和《最后的晚餐》是最著名的代表作。1500年游曼图亚、威尼斯等地，以后直至1506年，主要在故乡活动，创作《圣母子与圣安娜》、《莫娜丽萨》，并在市政厅作壁画。1507—1513年间再至米兰，并为法国宫廷服务。1513—1515年间居留罗马。1516年离意大利赴法国，居昂布瓦斯城堡，直至逝世。

达·芬奇晚年极少作画，潜心科学研究，死后留下大量笔记手稿及草图。他一生完成作品不多，但件件皆属不朽名作。他的作品自始至终具有鲜明的个人风格，并善于使艺术创作和科学探讨结合起来，在世界美术史上堪称独步。他的笔记中涉及科学研究的范围更是广阔，从物理、数学以至生理解剖，几乎无所不包。他的技术发明也遍及民用、军事、工程、机械各方面。因此恩格斯称赞他为“不仅是大画家，而且也是大数学家、力学家和工程师，他在物理学的各种不同部门中都有重要的发现”（《马克思恩格斯选集》第3卷，第

445页）。

学术界通常把达·芬奇一生的创作活动划分为4个时期：一、第一佛罗伦萨时期(1470—1482)；二、第一米兰时期(1482—1499)；三、第二佛罗伦萨时期(1500—1506)；四、第二米兰时期及晚年(1507—1519)。为简明计，他的创作也可概括为两大阶段：早期（上述第一期）和盛期（第二至四期）。

早期创作：达·芬奇在韦罗基奥作坊学习时，便已超过老师而后来居上。在与老师合作的画幅《基督受洗》(约1470)中，他虽只画次要人物——基督身旁最左面的一位天使，却以其神态自然、表情含蓄及色调柔和超过了韦罗基奥所代表的严谨但稍嫌机械的15世纪风格。现存达·芬奇的最早作品《受胎告知》(1472—1473)，是以横幅形式表示天使加百列奉上帝之命通知马利亚受圣灵怀胎的传统题材。构图上虽无创新，而背景山水却已注意到空气氛围的表现。前景器物花草则力求逼真，人物动态强调优雅柔和，表明青年艺术家的他致力于解决写实与典型加工的辩证关系。较后的《吉内夫拉·德本奇像》（约1475—1478），虽为一普遍的妇女肖像画，背景林木的描绘却极为出色，一反15世纪艺术追求线条分明的传统，以逆光夕照的色调渲染出他新倡的“空气透视”效果。在韦罗基奥作坊学习和做助手期间，达·芬奇也开始致力于自然科学研究，与著名数学家P. 托斯卡内利过从甚密。

标志达·芬奇艺术风格成熟的作品是1481年开始创作的《博士来拜》（亦译《三王来拜》）。这幅画为佛罗伦萨城外的圣多纳托·阿·斯科佩托修道院定制，原议两年或两年半完成，但达·芬奇在1481年底或1482年初就动身前往米兰，一去20年不返。因而此画原幅只上了底色，以未完成之作传世。但从这幅画上却可看到达·芬奇对传统题材的彻底改造，他不再从叙事角度简单罗列有关人物，而以激烈对比的构图和形象表现显示艺术上的创新：圣母婴孩耶稣和3位博士形成三角形的稳定构图，周围的群众却以激动的手势环列左右，宛如人群组成的漩涡；背景上按精确的透视法画出的建筑遗迹和奔腾飞跃的马队也形成强烈的对照。在刻画前景人物、特别是围观的群众时，色调幽暗，让形象从阴影中闪出，一反15世纪绘画明晰透露的特点，力求幽微含蓄，在艺术手法上形成他独创的烟雾状色调。因此，这幅画虽未完成，却表明达·芬奇的艺术探讨已大大超越同侪，预示盛期文艺复兴风格的到来。当他离开佛罗伦萨前往米兰工作时，他对自己的艺术和科学成就皆抱极大信心，他在致米兰公爵的自荐信中力陈自己能胜任各项工作，从建桥筑城排水制炮一直到绘画雕刻，并坚定地说“人所能者我即能为”，这也是当时人文主义关于人才全面发展理想的一个典型表白。

盛期创作：达·芬奇至米兰后即着手创作的绘画是《岩间圣母》。此画是应一宗教团体之请而为米兰的圣弗朗切斯科教堂的一间礼拜堂作的祭坛画。现存此画共有两件，一藏巴黎卢佛尔博物馆，一藏伦敦国立美术馆，它们为何产生以及彼此优劣等一直是研究者争论的问题，至今仍未解决。目前一般认为巴黎所藏是达·芬奇在1483年亲手所作，伦敦所藏则是在1504—1508年绘制的，助手协作的成分较多。《岩间圣母》以圣母居图中央，她右手扶婴孩圣约翰，左手下坐婴孩耶稣，一天使居耶稣身后，4人组成三角形构图，并以手势彼此呼应。背景则是一片幽深岩窟，花草点缀其间，洞窟通透露光。这幅画虽属传统题材，人物和背景的描绘却为前所未见。岩窟的幽暗色调和人物形象的微妙刻画，都杰出地运用了达·芬奇偏爱的烟雾状笔法，山岩花草的极其认真的描绘还反映了达·芬奇对地质、植物等科学知识的掌握。圣母和天使的面部表情优雅含蓄，圣母左手前伸的透视缩形表现尤为杰出。这幅画在处理逼真写实和艺术加工的辩证关系方面达到了新的水平，它的艺术手法特点在达·芬奇日后的创作中得到继承和发扬，因此，这幅画是标志他盛期创作开始的作品。

在米兰居留期间，达·芬奇的主要作品是他花了很长时间制作的一尊公爵骑马像(1482—1494)。为此他对骑马姿势几经探讨，做了一系列跃马飞奔姿态的研究，最后确定为传统的骑行姿势。此像原定以青铜塑造，可是只完成了泥塑原型模像，后因技术问题未能铸成，而此泥像后亦被毁，实为世界美术史一大损失。

《最后的晚餐》(1495—1497)是达·芬奇在第一米兰时期最后的一件作品，也是他毕生创作中最负盛名之作。这幅壁画作于米兰圣玛丽亚·德拉格拉齐耶修道院饭厅，但非纯粹的灰面湿壁画，而是掺用了一些油彩。这种新尝试未获成功，因而原画在16世纪时逐渐褪色霉坏，加之后人保存不善，现在已很模糊。目前有关方面正试图以现代科学技术尽可能修复，虽有一些成效，但进展极慢，且只能在很有限意义上恢复原迹。以传说中基督被捕前和门徒最后会餐诀别的题材作画于修道院饭厅，是教会惯例。

文艺复兴美术中同类绘画为数不少，但达·芬奇此画却被公认为空前之作。该画尤以匠心独运、构图卓越、细部写实与典型塑造结合无间为他人所难及。达·芬奇将画面展现于饭厅一端的整块墙面，画中厅堂的透视构图与饭厅建筑结构相联结，令观者觉得画中情景就发生在饭厅那端的另一房间之中。但他也不完全屈就于透视规律，因此画幅虽高于观众眼界，却以俯视角度表现餐桌什物；为突出画幅中央人物，背景的窗户也突破建筑比例，甚为扩大。这种既精于运用规律又不机械屈从的情况，还见于细部什物的写实描绘和人物神态的对比刻画，从而使画幅于逼真之中富于气韵。在构图上则一反传统的人物平列于餐桌的形式，以激烈的手势动作把12个门徒连成4组。基督独立于中央，叛徒犹大也不另居一侧而是置于众人之中。达·芬奇集中表现基督说出“你们中有一人要出卖我”这句话引起的骚动，宛如一石击水，波澜层出。除叛徒外的11人各依其性格而表露惊恐、愤怒、怀疑、剖白等神态，以手势、眼神和倾身而起显示对基督的忠诚与关怀，唯独叛徒犹大颓然后仰，神色慌乱。这些典型性格的描绘与画题主旨密切配合，兹与构图的多样统一效果互为补充，促成了世界美术宝库中最称完美的典范杰作的诞生。

在第二佛罗伦萨时期，因其时佛罗伦萨人民推翻美第奇统治恢复共和，文化空气一度高涨，画坛上也先后出现了米开朗琪罗、拉斐尔等杰出人物。达·芬奇此时作品虽仍不多，却达到了他盛期创作的最高水平。在他回到佛罗伦萨之初(1500)，即向市民展出了他精心构思的一幅《圣母子与圣安娜》的素描草图，表现圣母玛利亚的母亲圣安娜膝上坐着怀抱耶稣的圣母，旁边还有圣约翰，两位成年人和两个婴孩构成了完美的三角形。构图的严密和神态的和谐皆属前所未见，被誉为艺术奇迹，市民群众摩肩接踵前往观看，传为佳话。这幅草图日后虽然失传（有些研究者认为今伦敦国立画廊藏的《圣母子与圣安娜》素描是在它之前的有关习作），他的构图原理和轻柔如烟的笔法对佛罗伦萨艺术界却有极大影响，米开朗琪罗和拉斐尔皆深受其惠。1503年，达·芬奇受聘为佛罗伦萨市政厅在大会议堂以佛罗伦萨历史上得胜的战役为题材作画。达·芬奇选定的是1400年战胜米兰的安吉亚里之战。次年，米开朗琪罗也被请在同一厅堂作画。达·芬奇在1504年完成了草图，翌年夏动手作壁画，但到1506年即因再赴米兰而停笔，仅完成极少部分。后来原画墙面另由G.瓦萨里作画覆盖，草图亦告散失，因此他这幅被当时艺坛赞为“伟大壁画”之作竟无真迹可寻。但《安吉亚里之战》表现双方骑兵激烈厮杀的场面经时人摹写传抄后，对西方绘画仍有深远影响。

从1503年开始，达·芬奇还进行了两幅名画的创作，那就是《蒙娜丽莎》和《圣母子与圣安娜》，达·芬奇对它们倍加珍爱，始终随身携带，晚年赴法国时也不离左右。他在法国逝世后，两幅画遂留于巴黎至今。

《蒙娜丽莎》为肖像画。蒙娜丽莎是佛罗伦萨商人F.del.焦孔多之妻，当时年约24岁。达·芬奇为此画工作数年(1503—1506)，且始终没有交给画主而留在身边，可见他对这画的加工已超过一般肖像画，寄托了他对人像的理想典型的创造。画中人物坐姿优雅、笑容微妙，背景山水幽深苍茫，为达·芬奇烟雾状笔法的极致。对于面容中眼角唇边等表露感情的关键部位，他特别着重掌握精确与含蓄的辩证关系，达到神韵之境，从而使莫娜丽萨的微笑含义无穷；再加以背景山水渺茫宛若梦境，左右两面在透视角度上且有微妙差别，益增画幅灵通幻变的气氛。达·芬奇这种臻于完美的生动人像实为人文主义关于人的崇高理想的最光辉的体现。《圣母子与圣安娜》极受佛罗伦萨市民赞赏，它以完善的三角形构图和背景山水的描绘显示了达·芬奇精益求精的创作意图。此画到1510年才告基本完工（也有人认为它一直没有完成），因此也是达·芬奇最后一件杰作。

素描习作与理论著述：在达·芬奇的艺术遗产中，他的素描习作和笔记插图等也具有重大意义。它们不仅数量上远比正式作品多，在艺术水平上也和正式作品同样达到极高的境地，被誉为素描艺术的典范。达·芬奇素描的特点是观察入微，线条刚柔相济，尤善用浓密程度不同的斜线表现光暗的微妙变化。他对建筑、雕刻和绘画的创作都以大量素描为构思和研究的基础，从构图到每个人物甚至每个手势都准备了充分的素描习作及写生。他的科学研究著述也大多配以素描图，有些研究（例如生理解剖等）甚至主要通过素描，因此他的素描起了相当于甚或超过现代摄影术的作用。达·芬奇的艺术理论既散见于他留传下来的大量笔记(总数达5000余件)，也集中于他未完成的《画论》一书。这些著述被认为是文艺复兴时代艺术理论研究的重大成果之一，其内容包括美学理论、艺术教育和绘画技法等方面。对绘画的性质，绘画与现实、科学及其他艺术之关系，艺术家的培养以及透视、人体解剖、光暗表现等具体技法，都作了精到的论述。贯穿达·芬奇艺术理论的一个中心思想是画家必须以自然为师，但又不能简单抄袭自然，应以理性掌握自然规律，致力于创造美的典型。他认为知识源于感觉，有朴素的唯物倾向。他强调绘画与科学的联系，声称绘画是一门科学，甚至说绘画高于音乐与诗歌，反映了文艺复兴艺术现实主义的时代特点。《画论》手稿及全部笔记在达·芬奇死后由其弟子F.梅尔齐保存，但此人死后即不断散失毁损，现存者分藏于米兰、都灵、伦敦、巴黎、马德里等地。《画论》从16世纪中叶即有部分以抄本形式传世，17世纪时才刊印成书，流传甚广，对西方画论和艺术教育皆有重大影响。

37 米开朗琪罗·博那罗蒂（Michelangelo Buonarroti, 1475—1564），意大利文艺复兴时代雕刻家、画家、建筑师。

1475年3月6日生于阿雷佐附近的卡普雷塞，1564年2月18日卒于罗马。

米开朗琪罗15岁前后即以兼工雕刻绘画受到人们注意。他在画家吉兰达约作坊为徒不足3年，即尽得其师之艺，并作为助手参与D. 吉兰达约主持的圣玛丽亚诺韦拉教堂壁画；后来他在美第奇庭园倾心研究古典雕刻，并与人文主义学者、诗人接近，艺技和文化修养大有提高，少年之作即以突出的古典风格超越同侪。但他的少年创作绝大部分属雕刻，其中最早的《阶梯旁的圣母》(约1492)以圣母怀抱婴孩耶稣侧身坐于梯旁的姿势，表现了当时雕刻中罕见的粗朴壮实的形象，尤以姿态的沉静庄重深得古典风格的真髓。较后的《山陀儿之战》(约1492)，以浮雕表现古希腊神话中拉庇泰人和半人半马的山陀儿拼搏厮杀的情景：人妖混杂，战况空前激烈，开始显示了米开朗琪罗集中一切注意于人体表现，特别是强力运动的人体表现的个人风格。他20岁左右创作的一些古典题材的雕像，就可达到神似之境，甚至被人误认为是真正的古典遗物。《酒神像》(1497) 即其代表作之一，它以完美的裸体表现和略显摇晃的醉态突破了15世纪雕刻的机械平衡构图。因此，这一系列的雕刻创作已表明青年艺术家卓越的才华。当他于24岁完成《哀悼基督》群像时 (1499)，整个罗马艺坛皆难以相信这件无与伦比的杰作是出自他手。于是他不得不在圣母衣带上刻下自己的名字——这是他终生唯一自留题名的作品。《哀悼基督》表现圣母在基督死后抚尸痛哭的情景，但米开朗琪罗一反传统表现圣母哀痛至极的惯例，强调圣母的秀美与沉静，甚至有意把圣母表现得比她死去的儿子还要年轻，用圣母青春常在的形象寄托人文主义关于人性崇高和不朽的理想。此外，群像的三角形构图和极为精致的细部刻画，也与大胆的艺术构思互相配合，相得益彰，使这件雕刻成为米开朗琪罗第一个震惊艺坛的杰作。

16世纪初年居留佛罗伦萨期间，米开朗琪罗创作活跃，绘画雕刻皆获丰收。当时佛罗伦萨恢复了共和政治，L. 达·芬奇也回国效劳，促成佛罗伦萨艺术的最后一个高潮。1501年米开朗琪罗受佛罗伦萨政府委托，制作一尊异常高大的雕像——《大卫》，该像净高4.1米，原准备作大教堂的装饰雕像，但由于创作极为成功，通过大卫形象表现的捍卫祖国、力抗强权的英雄意志极能激励佛罗伦萨人民士气，因此共和政府改变原计划而要求将它置于市政厅大门之前，这个提议经佛罗伦萨著名艺术家集会讨论同意，遂于1504年 4月正式竖立（现为保护原作，已移藏佛罗伦萨美术学院博物馆），成为文艺复兴美术中最具政治意义的巨作。《大卫》完全以裸体表现，题材取自古犹太少年英雄大卫战胜敌酋哥利亚的故事，选定的具体情节是出战之前，大卫左手轻握投石带，充满信心地走向战斗。英雄体态壮伟，有移山倒海之强力和坚如钢铁之意志。1504—1505年间，米开朗琪罗还应佛罗伦萨政府委托，与达·芬奇共同担任了佛罗伦萨市政厅大会议堂壁画的制作，由于艺术风格与专长的歧异，他俩的共事实际上是一场创作竞争，各据大会议堂一面墙壁而展其所长。绘画题材同为佛罗伦萨历史上的战役，米开朗琪罗所画是1364年的卡西纳之战，是役佛罗伦萨军队在河边水浴时遭比萨敌军偷袭但终于获胜，该画即着重表现士兵从河边紧急集合应战的情景。艺术家把它当做展现各种裸体人物姿态的绝妙时机，而在入浴士兵群起应战的激烈动作中也充分体现了卫国保家的昂扬士气。可惜米开朗琪罗仅完成草图，正式壁画只小部分动笔即因艺术家被召往罗马而停工，以后草图与壁画本身也像达·芬奇的作品一样同遭毁失。但此画对当时艺坛影响却不小，使整个佛罗伦萨画派也像他那样集中注意于表现强力的人体。米开朗琪罗在佛罗伦萨终于完工的绘画作品则是《神圣家族》(1503—1505)，此画为应多尼家族之请而作，因而也称《多尼圣母》，是一幅圆形画。米开朗琪罗充分吸收了达·芬奇的构画原理，结合自己着重人体表现的特点，把圣母、耶稣和圣约瑟3人构成为紧密的群体，以玛利亚屈膝扭身侧颈的螺旋形姿态和双手抬举耶稣的强力动作塑造了前所未见的圣母形象，予人以圣洁崇高和肃穆端庄之感。此外，完全舍弃山水描写而仅以一排裸体少年为背景，也充分贯彻了他集中注意于人体表现的特点。

西斯廷礼拜堂壁画：米开朗琪罗在佛罗伦萨的雕刻绘画创作已使他成为当时最负盛名的青年艺术家。是时位居罗马教皇的尤里乌斯二世野心勃勃，有意延揽天下英才为其服务，遂于1505年邀他速赴罗马，委以制作教皇陵墓的浩大工程。按原来设想，这座陵墓应成为世界最宏大的纪念物，装饰雕像数目众多。米开朗琪罗异常兴奋，亲自奔赴卡拉拉采石场选采石料达8个月之久。但后来尤里乌斯二世突然改变主意，要艺术家停止陵墓雕刻的准备工作，甚至拒付采石工资。教皇所以变卦，可能是由于他想彻底改建圣彼得大教堂，而陵墓原拟置教堂中，因而只能让教堂工程先行，但米开朗琪罗认为有人故意刁难，教皇言而无信，遂愤而出走，回到故乡。在教皇压力下，佛罗伦萨政府出面多次劝说，他才复出，用了2年时间为教皇作了一尊青铜像(后被毁)，又于1508年被迫接受了西斯廷礼拜堂屋顶壁画的任务。因此，后来成为他生平最大杰作的这项壁画，最初竟是以无比悲愤的心情从事的。但他很快就把悲愤转化为创作的激情，经过多次斗争，使教皇保证不再干扰。取得充分创作自由之后，他就从被动转为主动，立志要使这项空前浩大的绘画任务结出震惊世界的硕果。他改变了原来只想在屋顶四周画些先知圣徒、中央则以图案装饰的简单设计，而用宏伟的建筑结构作框边，把整个长方形大厅的屋顶划成中央和周围两大部分并以中央为主，全部绘以宗教故事和人物形象。整个屋顶长36.54米，宽13.14米，平面达480平方米，但由于屋顶是券顶结构，画面略呈曲形，实际面积达500平方米左右，实为美术史上最大的壁画之一。米开朗琪罗在中央部分按建筑框边连续画了9幅依次小大相间的宗教画，取材于《圣经》中有关开天辟地直到洪水方舟的故事，分别名为《神分光暗》、《创造日、月、草木》、《神分水陆》、《创造亚当》、《创造夏娃》、《诱惑与逐出乐园》、《诺亚献祭》、《洪水》、《诺亚醉酒》。周围建筑框边的拱间壁面绘以12位男女先知，四角画摩西、大卫等的故事，在建筑构件上面和间隙处还绘有各种青少年形象，壁画气象万千，但始终以人物表现为主，其中形体鲜明的人像共有343个之多，大部分比真人还大，有的甚至大逾2倍。

米开朗琪罗的西斯廷天顶壁画从1508年5月开工，逾4年始完成（1512年10月），他谢绝助手协作，一切亲自动手，工作极为艰苦。由于长期仰面作画，他颈项僵直，书信皆置于头顶仰视。但他的劳作获得最高评价，壁画揭幕后，举世公认为空前绝后之作，对艺坛影响尤大。画中人物气魄宏伟，体态健壮，具有强烈的意志与力量，显示了艺术家在写实基础上非同寻常的理想加工，予同时代人极深刻的启示。《创造亚当》和《亚当和夏娃》中的上帝与亚当的形象尤为杰出，被誉为文艺复兴盛期美术最完美的创造。

在西斯廷屋顶壁画完成34年后，年已60的米开朗琪罗又被教皇保罗三世邀来作这教堂祭坛壁画，他以6年时间画成《最后审判》(1536—1541)。此画宽13.4米，高14.6米，浑然一体，不像屋顶壁画以建筑框边分隔，而以中央的基督、圣母和众圣徒为核心，天堂地狱善灵恶鬼皆入图画，在雄伟壮烈之中另添肃穆恐怖之感，反映了艺术家晚年思想感情的变化。但是，图中大部分人物那种精力充沛、体魄浑宏的形象仍然保持了米开朗琪罗艺术的本色。

雕刻与建筑设计：教皇尤里乌斯二世的陵墓雕刻，计划一改再改，最后不了了之，但它却使艺术家为之劳累近40年，其中已完成或半途而废的一些雕像实际上包括了米开朗琪罗雕刻风格最成熟的作品，尤以《摩西》(约1516)和《垂死的奴隶》(约1513年以前)为著。《摩西》原来是准备作为陵墓四周的众多先知雕像之一，现在则放在1545年最后落成的大为缩小的陵墓正中（墓在今罗马温科利的圣彼得罗教堂）。全像高2.37米，摩西被表现为嫉恶如仇的神态，双眼怒目而视。双臂青筋暴露，无比威严雄伟，跟西斯廷屋顶壁画中的英雄形象有异曲同工之妙，而此像雕工的精细更显示米开朗琪罗非凡的技艺。《垂死的奴隶》则是原拟装饰于陵墓基座的众多雕像之一。以奴仆俘虏形象装饰于纪念碑，是古典雕刻惯用的手法，米开朗琪罗虽袭此陈套，却表现了全新的意图。他的同情完全放在奴隶一边，虽在双目紧闭的“垂死”状态中，奴隶仍显露对解放的渴望，有意挣脱捆在胸前的绑带，奴隶面部似乎由于对胜利的遐想而略含微笑。

米开朗琪罗16世纪20—30年代从事的另一个主要雕刻工程——美第奇家族墓室，也在艺术家不能如愿的情况下结束。此墓室在佛罗伦萨的圣洛伦佐教堂内，1520年动工。在佛罗伦萨起义失败后，复辟的美第奇统治者又强迫他将其完成。因此，曾经积极参加起义的艺术家是在极度悲愤中工作的。虽然在这座墓室基本完成时(1534)，当时的艺术界普遍为它欢呼，认为这是米开朗琪罗雕刻建筑合璧的完美成果，但艺术家却强调沉郁悲壮的气氛，和他固有的雄伟坚毅的风格略有不同。在他设计的墓室建筑结构之上，米开朗琪罗的雕刻主要有两组，各放在一尊美第奇雕像下：一为《昼》与《夜》，一为《旦》和《夕》，它们都由一男一女的象征性人像构成，以一种很不稳定的姿态躺在墓棺的圆弧形石顶之上。雕像的体态虽然逼真壮健，神情却显低沉，正如他为这些雕像写的诗所说的那样，但愿以顽石般的沉睡远离现世的负担与屈辱，从而强烈表示了对反动势力的厌恶与愤懑。

在美第奇墓室及圣洛伦佐教堂图书室的建筑设计上，米开朗琪罗大胆运用古典柱式，开创了一代新风。他善于突出柱式结构的立体感，曲折回合，运转自如，对日后的巴洛克建筑风格很有影响。晚年在罗马期间，他的主要艺术活动已转向建筑，除负责圣彼得大教堂的建筑工程外，还参与了法尔内塞宫、皮亚城门和罗马市议会所在的卡彼托广场建筑的设计。圣彼得大教堂是文艺复兴盛期最浩大的建筑工程，先由D.布拉曼特主持，拉斐尔等继之，到米开朗琪罗接手时已建成大厅墙基。他的贡献主要是设计了覆盖大厅中央部分的大圆顶。这个圆顶的底座墙面以古典风格装饰，成双的柱子列于壁衬之前，檐部屏板雕以花环，给人以坚实富丽之感。圆顶本身的外形曲线则优美而富有生气，因此是米开朗琪罗在建筑领域内体现他固有雄伟有力的艺术风格的典范。它为日后欧美各国的大教堂和政府大厦的圆顶建筑树立了样板。

38 拉斐尔（Raphael Sanzio，1483—1520），意大利杰出

的画家，和达·芬奇、米开朗琪罗并称文艺复兴三杰，也是三杰中最年轻的一位。

生平：拉斐尔的父亲是乌尔比诺公爵的宫廷画师。拉斐尔幼时即从父学画。以后，他转入佩鲁吉诺门下，至1500年底已学成出师，独立承接任务。他在21岁画的《圣母的婚礼》，不仅表明他充分吸收了佩鲁吉诺的艺术精华，而且后来居上，无论构图与形象塑造皆有新创，是15世纪初年最有才华并善于吸收前辈成果的青年艺术家。1504—1508年，他一直在佛罗伦萨学习和工作，这是他艺术成长的具有决定意义的一步。他对佛罗伦萨画派从马萨乔以来各大师皆学习甚般，尤致力于领悟与吸收L.达·芬奇和米开朗琪罗的艺术。佛罗伦萨这时一度恢复共和政治，民主精神和人文主义思想有所发扬，对拉斐尔也有积极影响。在佛罗伦萨期间，他的艺术风格趋于成熟，以和谐明朗的构图和秀美优雅的形象独树一帜，极受时人欢迎。他这时的作品以圣母像为主，代表作有《带金莺的圣母》、《草地上的圣母》等。1508年底或1509年初，他被教皇尤里乌斯二世邀赴罗马作画，以后即居留罗马工作直到逝世。拉斐尔在罗马的创作主要是梵蒂冈教皇宫的一系列壁画，先后作于宫中的签字厅、埃利奥多罗厅、火警厅以及宫中敞廊等，其中以签字厅的壁画最为杰出。1514年拉斐尔被任负责圣彼得大教堂建筑工程，成为新上任的教皇利奥十世最赏识的艺术家，次年又负责罗马文物管理工作，同时担负许多绘画任务，甚为忙碌，以致在37岁时劳累而死。

继签字厅壁画后，他的许多壁画虽因助手协作风格较杂，却都是盛期文艺复兴壁画的完美之作。晚年完成的一些祭坛画、圣母像和肖像画则更为精到，秀美风格发展得更为充分，杰作有《西斯廷圣母》、《卡斯蒂廖内像》等。拉斐尔虽在盛年骤逝，却留下了极丰富的艺术遗产，他的绘画在生动优美之上又有高度的理想加工，奠定了西方近代绘画的典范风格，有“画圣”之称。

早年创作：拉斐尔继承了佩鲁吉诺的宁静柔美的风格，并且深受15世纪末年的学习古典艺术风气的影响，使他青少年之作便能出手不凡，达到静中有动、美而不媚的境地，较其师更胜一筹。这方面的代表作是1504年的《圣母的婚礼》。它在构图上还不脱佩鲁吉诺的窠臼，但均衡与集中的效果皆更为突出，背景上占据画面不小地位的一座十六角形古典风格的礼拜堂建筑的描绘特别引人注目，前景中的圣母玛丽亚和其夫约瑟的形象则端庄文雅，富有清新纯净的气质，为前辈大师作品所罕见。在这样的基础上，他在佛罗伦萨的观摩学习，就无异于为虎添翼，使他古典精神的秀美风格在达·芬奇和米开朗琪罗的启迪下益趋成熟与丰富。据16世纪美术史家G. 瓦萨里所述，拉斐尔把在佛罗伦萨的学习当做自己成为大师之前必上的主课，而他认为达·芬奇的人物形象在所有大师中最为伟大。实际上，不仅人物画法，达·芬奇的构图技法也是拉斐尔最为倾心学习的，现已证实他在这时期的每一作品在构图方面都得益于达·芬奇。另一方面米开朗琪罗的雄强风格和完美的人体表现对拉斐尔也有巨大影响。但他能博采诸家之长而融会贯通、自成一体，从而迅速取得和达·芬奇、米开朗琪罗鼎足而立的巨大成就。

佛罗伦萨时期的主要作品是一系列圣母像，它们奠定了拉斐尔在西方广大阶层中最受欢迎的地位。他笔下的圣母和中世纪的圣像画完全不同，以母性的温情和青春健美而完美地体现了人文主义的理想，被誉为世俗理想战胜宗教理想的最突出的艺术表现。其中最著名之作是3幅构图相近的圣母像：

《带金莺的圣母》(约1505，佛罗伦萨乌菲齐美术馆)、《草地上的圣母》(约1505，维也纳美术史博物馆)和《花园中的圣母》(1507，巴黎卢佛尔博物馆)。它们皆以圣母和婴孩耶稣、圣约翰组成的三角形为构图中心，背景展现一片田园风光。母亲与幼童的神态与位置皆具亲密呼应与均衡和谐的关系，是运用达·芬奇构图原则的佳作，但在灵通简朴方面又有过之。此外，《大公爵的圣母》(1505)以更为简明的构图（仅表现怀抱幼子的圣母半身像)突出了庄重肃穆的纯朴之感，体形的健壮有力则显示了米开朗琪罗艺术的启发。拉斐尔在佛罗伦萨制作的祭坛画《基督下葬图》(1507)则更明显地仿效米开朗琪罗的雄强风格，着重壮实的人体表现。然而，综观他此时所作，却无不以其自成一格的秀美和谐引人注目，构图的均衡与情致的优雅，即使在佛罗伦萨艺坛也称独步。因此，在他25岁之际，即以一流大师的声誉受聘赴罗马为教皇宫作画。

壁画创作：拉斐尔在罗马创作的壁画历来被认为是上乘典范之作。罗马当时聚集的米开朗琪罗、D.布拉曼特等艺术家和大批人文主义学者、诗人，文化上的力追古典、雄视当代的志气，有助于艺术家创造宏伟优雅的纪念性作品。1508—1511年，拉斐尔首先绘制了梵蒂冈教皇宫签字厅壁画。这是一个方形房间，教皇在此签署诏令，壁画包括屋顶及 四壁，拉斐尔把屋顶按传统的图案框格装饰，主要精力集中于墙面的4幅图画，分别代表人类精神活动的 4个方面：神学、哲学、诗学与法学。《教义的争论》画面以云层分为两半，上半表现基督及诸圣徒，下半表现教会 4大神学家及其他领袖;《雅典学派》则集古今著名哲学家于一堂，以雅典学者为主，背景衬以宏伟的古典大厅。这些壁画除了发挥拉斐尔特有的构图和谐、形象秀美的风格外，还注意到绘画表现与建筑装饰的充分调和，取得非常突出的效果，给人以庄重鲜明、丰富多彩之感。其中《雅典学派》在刻画人物和背景构图上尤为杰出，被誉为古今壁画艺术的登峰造极之作。

签字厅壁画完成后，教皇非常满意，罗马艺坛也备致赞扬，拉斐尔遂被请继续绘制其他房间的壁画：1512—1514年完成了埃利奥多罗厅壁画，1514—1517年制作了火警厅壁画，1516年为教皇宫的挂毯绘制大幅底图，同时在宫中敞廊绘制一系列装饰壁画。这大量工作需要助手协作，有些壁画的风格和水平受到一定影响，但出自拉斐尔亲笔的部分仍属上乘，其中最著名的有埃利奥多罗厅的《埃利奥多罗被逐出神殿》和《波尔申纳的弥撒》，火警厅的《波尔戈的火警》，挂毯画稿《获鱼的奇迹》等。这些壁画制作之时，米开朗琪罗的西斯廷礼拜堂屋顶壁画已完工揭幕，拉斐尔深受感动，加强了自己作品中的人体描绘和运动感，达到百尺竿头更进一步的新境界。此外，拉斐尔多次应教廷大臣A.基吉之请而绘制的法尔内西纳别墅壁画，也是他的代表作之一，其中《加拉泰亚的凯旋》（1511—1513）以古典神话的题材，表现海上仙女加拉泰亚欢庆游行之景。仙女形象俊逸秀美，塑造得非常成功。他在致友人书中谈到加拉泰亚形象的创造时说，为达到如此完美的造型，必须既精于选择最佳模特儿，也得求助于理想中的最美形象，表明他的艺术创作在现实之上予以理想加工的原则。

圣母像及肖像画：除壁画而外，拉斐尔在罗马的十余年间还创作了不少圣母像、祭坛画和肖像画，皆充分体现了他的秀美风格，1512—1513年间绘成的《西斯廷圣母》在同类作品中具有特殊地位。它是一长达2.65米、宽近2米的布面油画，画中人物和真人大小相仿，是类似祭坛画的圣母像。画面以帷幕初揭形式展开，圣母怀抱婴孩耶稣从云端走向幕前，幕边跪男女两圣徒，图底画两天使做顾盼状。圣母、圣徒组成的三角形庄重均衡，圣母和耶稣的体态皆在健美之中充满力量，既表现了母亲的幸福，也表现了母爱的伟大，因为圣母自天而降的神情有献出爱子救世济民之意。这幅圣母像无论在内容和形式上都很成功地体现了文艺复兴时代的特色，同时也是拉斐尔典范风格的完美代表，对日后的古典派和学院派影响极大。另一幅更为高大的祭坛画形式的圣母像——《福利尼奥的圣母》则表现圣母坐于云端，圣徒和施主环立下方，地面远景为福利尼奥田野风光。画中圣母子的姿态既有三角形构图又有富于气韵的侧转，表明艺术家善于融汇达·芬奇和米开朗琪罗的成果于自己的创作之中。罗马时期的另外两幅著名圣母像则为圆形画，即《椅中圣母》和《阿尔巴圣母》。前者人物安排紧凑，坐着的圣母和婴孩耶稣占满大半画幅，圣母双目凝视观众，专注的神情饱含深思，服饰椅座的描绘则令人感到平易亲切，加以和谐的构图及温暖的色调，遂使此画成为拉斐尔最受人欢迎的作品。《阿尔巴圣母》则在圆形画中以圣母、耶稣和圣约翰的三角形构图配上宁静优美的风景，堪称完美无缺。

拉斐尔在肖像画方面也有极高成就。在佛罗伦萨时期他即有这方面的佳作，到罗马后由于阅历增多，更能做到形神兼备，气韵盎然。他袭用了达·芬奇在《蒙娜丽莎》一画中奠定的微侧半身的姿势，但将背景隐去，唯以人物自然亲切的神态展现于画幅，其中著名代表作有《卡斯蒂廖内像》(1516)和《披纱女子像》(1514)。前者是拉斐尔的好友，也是一位著名的人文主义学者的肖像，对其优雅风度和深厚学识皆表现得淋漓尽致；后者则是一佚名的美貌女郎，可能是艺术家的情人，她的容貌和拉斐尔笔下的一些圣母形象相近，但却借其青春健壮的体态和绚丽典雅的服饰，恰如其分地描绘了一位生活中的女性。

1520年春，拉斐尔在病中犹为《基督变容》一画执笔，最后终于劳累而死。此画只成一半，后由其弟子续完。但这幅画中出自其手的人物形象仍光辉照人，气势磅礴，说明艺术家在短暂生涯中为人类艺术宝库增添的财富，是无与伦比的。

39 尼可罗·马基雅维利（Niccolò Machiavelli，1469—1527），意大利文艺复兴时期政治家和政治思想家，近代西方政治学的奠基人。1469年5月3日生于佛罗伦萨一个没落贵族家庭，青年时代曾接受古典文学的训练并受到人文主义的影响。1495年后在佛罗伦萨共和国政府任职。1498年7月被任命为共和国最高领导机构“十人委员会”秘书，负责改革军制，协理外交，并多次出使外国。从政生涯使他深刻洞察了国内、国际的政治斗争，对他后来思想发展有重要影响。1512年美第奇家族复辟，次年马基雅维利一度被捕。同年3月获释后贫居乡间，著书立说。1527年6月23日卒于佛罗伦萨。其主要著作有《君主论》(1513)、《论提图斯·李维乌斯的前十卷》(1513)、《佛罗伦萨史》(1525)等。

基本政治思想：马基雅维利抛弃了中世纪经院哲学和教条式的推理方法，不再从《圣经》和上帝出发，而是从人性出发，以历史事实和个人经验为依据来研究社会政治问题。他把政治学当做一门实践学科，将政治和伦理区分开，把国家看作纯粹的权力组织。

马基雅维利的国家学说以性恶论为基础，认为人是自私的，追求权力、名誉、财富是人的本性。由于人性贪求无厌，反复无常，忘恩负义，人与人之间经常发生激烈斗争，为防止人类无休止的争斗，国家应运而生，颁布刑律，约束邪恶，建立秩序。国家是人性邪恶的产物。

马基雅维利赞美共和政体，认为共和政体有助于促进社会福利，发展个人才能，培养公民美德。但他认为，当时处于人性堕落、国家分裂、社会动乱状况的意大利，实现国家统一社会安宁的唯一出路只能是建立强有力的君主专制制度。

马基雅维利向君主献策，阐述了一套统治权术思想：①军队和法律是权力的基础。一切国家的主要基础是良好的法律和良好的军队，良好的军队乃是良好法律的支柱，没有良好的军队，良好的法律便是一纸空文；②君主应当大权独揽，注重实力，精通军事。不能单纯依赖外国援军，应废除雇佣军，建立一支由臣民、市民和属民组成的忠实军队，“君主除了战争、军事制度和训练之外，不应该有其他目标”。对阻碍其实现政治目的的贵族，应坚决镇压；③君主不应受任何道德准则的束缚，只需考虑效果是否有利，不必考虑手段是否有害，既可外示仁慈、内怀奸诈，亦可效法狐狸与狮子，诡诈残忍均可兼施；④君主可以和贵族为敌，但不能与人民为敌。不能侵夺人民的财产和玷辱妇女。在剥夺一个人生命时应有适当的辩解和理由。君主可以使人民畏惧，但不应使人民憎恨。与人民为敌，虽有要塞，亦将无济于事；⑤君主应当不图虚名，注重实际。残酷与仁慈、吝啬与慷慨，都要从实际出发。仁慈虽好，坐视暴乱发生而不严加镇压，必将殃及国家。慷慨虽美，但君主常因过度赏赐而增加人民负担。吝啬虽恶，君主却能因节约而使国库充裕和国家兴旺。因此明智之君宁蒙吝啬之讥而不求慷慨之誉。

马基雅维利从历史经验和个人经验出发谈论应该做什么和应该怎样做，不重理论形式而重实际行动，这对近现代西方政治家和政治思想家产生了积极影响。他所主张的政治权术思想被后人称为马基雅维利主义。

40 法国，地处欧洲西端，东北和东部与比利时、卢森堡、德国、瑞士、意大利相邻，东南与摩纳哥接壤，西南与西班牙、安道尔毗邻，北部与英国隔海相望，西濒大西洋，南临地中海。面积63.3万平方公里。人口6545万，是欧洲第二人口大国。移民人口达到490万，占全国总人口的8.1%。通用语为法语。居民中64%的人信奉天主教，27%自称无宗教信仰。首都巴黎。

公元前高卢人在此定居。公元前1世纪，罗马的高卢人总督恺撒占领了全部高卢，从此受罗马统治达500年之久。公元5世纪法兰克人征服高卢，建立法兰克王国。10世纪后，封建社会迅速发展。1337年英王觊觎法国王位，爆发“百年战争”。初期，法大片土地被英侵占，法王被俘，后法国人民进行反侵略战争，于1453年结束百年战争。15世纪末到16世纪初形成中央集权国家。17世纪中叶，君主专制制度达到顶峰。随着资产阶级力量的发展，1789年法国爆发大革命，废除君主制，并于1792年9月22日建立第一共和国。1799年11月9日（雾月18日），拿破仑·波拿巴夺取政权，1804年称帝，建立第一帝国。1848年2月爆发革命，建立第二共和国。1851年路易·波拿巴总统发动政变，翌年12月建立第二帝国。1870年在普法战争中战败后，于1871年9月成立第三共和国直到1940年6月法国贝当政府投降德国，至此第三共和国覆灭。1871年3月18日，巴黎人民举行武装起义，成立巴黎公社。

同年5月底，被法国军队残酷镇压。第一次、第二次世界大战期间法国遭德国侵略。1944年6月宣布成立临时政府，戴高乐担任首脑，1946年通过宪法，成立第四共和国。1958年9月通过新宪法，第五共和国成立，同年12月戴高乐当选总统。

17世纪开始，法国的古典文学迎来了自己的辉煌时期，相继出现了莫里哀、司汤达、巴尔扎克、大仲马、维克多·雨果、福楼拜、小仲马、左拉、居伊·德·莫泊桑、罗曼·罗兰等文学巨匠。他们的许多作品成为世界文学的瑰宝。其中的《巴黎圣母院》、《红与黑》、《高老头》、《基督山伯爵》、《悲惨世界》和《约翰·克利斯朵夫》等，已被翻译成世界文学作品，在世界范围广为流传。侦探小说方面有莫里斯·勒布朗的侠盗亚森罗平和乔治·西姆农的梅格雷探长。近现代，法国的艺术在继承传统的基础上颇有创新，不但出现了罗丹这样的雕塑艺术大师，也出现了像莫奈和马蒂斯等印象派、野兽派的代表人物。从17世纪开始，法国在工业设计、艺术设计领域的世界领先地位早已有目共睹。有关实用美术、建筑、时装设计、工业设计专业的学校也早已凭借其“法国制造”的商业硕果而闻名海外。

法国思想启蒙运动是指18世纪以法国为中心的、西方资产阶级继文艺复兴之后所进行的第二次反对教会神权和封建专制的文化运动，它追求政治和学术思想上的自由，提倡科学技术，把理性推崇为思想和行为的基础。“启蒙”一词，法语为Si è cle des Lumi è res，英语为Enlightenment，意为启迪，在启蒙运动中引申为用近代哲学和文艺的文化知识的光辉照亮被教会和贵族专制的迷信与欺骗所造成的愚昧落后的社会，恢复理性的权威。启蒙运动不仅在文化部门展开，同时也涉及经济、政治、法律、科学、哲学乃至社会制度和社会风尚等各个方面。

启蒙运动发生在法国路易十四逝世之后，法国资产阶级大革命之前。这时文艺复兴虽然已将反对教会和封建统治的斗争进行了三四百年，但是基督教会和封建贵族在欧洲的统治仍然根深蒂固；当时工商业还没有大规模地发展，资产阶级力量薄弱，而西欧各国社会发展也很不平衡。17世纪的法国是路易十四的“伟大世纪”，也正是封建贵族和教会高级僧侣联合专制势力最盛的世纪，资产阶级和平民合称的“第三等级”还处于无权地位。文化和教育完全掌握在天主教的耶稣会僧侣手里，独尊《圣经》和少数拉丁古典著作，一般民众处于相当愚昧的状态。在这种形势下，一批先进的思想家勇敢地高举理性的旗帜，批判封建社会制度和政治制度，抨击中世纪神学教条，清扫封建社会的传统和愚昧，幻想建立一个合乎理性的社会和国家。同时，随着近代科学技术和理论的发展，特别是英国科学家牛顿对万有引力的发现，使人们认识到，自然科学领域的研究方法同样可以应用到对人类社会的历史和现状的研究中来。这成为启蒙运动产生的历史背景。

18世纪法国还处在封建专制主义的黑暗统治下。法国的思想家们考察了荷兰和英国的社会和政治制度，同英、荷学者切磋交流，把启蒙运动推向高峰。

法国启蒙运动的先驱者培尔于1697年编纂的《历史与批判辞典》，以全面怀疑的态度批判封建宗教，无情地驳斥正统的基督教信仰。启蒙思想家伏尔泰曾到英国考察，十分赞赏英国自由的社会政治制度。他在《哲学书简》、《牛顿哲学原理》、《形而上学》等著作中，介绍牛顿和洛克的哲学，猛烈抨击天主教和基督教，提倡“君主和哲学家的联盟”，拥护开明专制制度，主张建立自由、平等、幸福的王国，反映了上层资产阶级的利益。但伏尔泰并不是无神论者，他把变革现实的希望寄托在开明君主身上。法国另一位著名启蒙思想家孟德斯鸠于1721年发表《波斯人信札》，猛烈抨击专制制度，认为专制主义统治下的法国是极不合理、极不公平的社会。他所著《罗马盛衰原因论》，指出罗马共和国的盛衰不是神的意志，而是取决于统治者的贤明或腐朽，矛头直指路易十五统治下的法国，而他最有名的著作《论法的精神》被伏尔泰誉为"理性和自由的法典"。孟德斯鸠提出立法、行政和司法三权分立学说，认为最理想的政治制度是英国的君主立宪制。经济学家杜尔哥于1766年所著的《关于财富的形成和分配的考察》指出，人类社会的历史就是人类理性进步的历史。启蒙哲学家孔多塞著《人类精神进步史梗概》，把历史看作理性对无知和偏见进行斗争的历史，主张人类要不断前进，消灭阶级间的和民族间的不平等。

法国启蒙运动最著名的代表是以百科全书派为中心的一批唯物主义思想家，他们既是唯物论者，又是战斗的无神论者。拉梅特里于1747年发表《人是机器》一书，发挥了唯物论和无神论的精神。霍尔巴赫为法国《百科全书》撰写376个条目，他的《自然体系》一书对宗教进行了无情的讽刺，《基督教真相》一书则指责基督教违反理性和自然。爱尔维修于1758年发表《论精神》，攻击一切以宗教为基础的道德。法国《百科全书》主编狄德罗终生为自由、真理和社会进步而奋斗，写了一系列唯物主义哲学著作。1746年他发表《哲学思想录》，谴责暴君，对基督教进行了无情的抨击。当然，百科全书派的唯物主义也有其局限性，他们解释社会问题时没有摆脱时代眼光的局限。

法国启蒙运动资产阶级民主派的代表人物是卢梭。他在

《论人类不平等的起源和基础》一书中指出人类不平等的根源是私有制，但他并不主张废除私有制，只想建立一个没有贫富之分的社会。他的名著《社会契约论》的基本思想是天赋人权、主权在民、自由平等，认为人民有起义反抗压迫者的权利。在政治上他拥护共和国，其政治思想对18世纪末法国大革命有重大影响。社会主义的最初代表摩莱里和马布利也属于启蒙者之列。摩莱里在《自然法典》一书中指出私有制是一切不平等和暴君的根源，幻想建立一个没有私有制、人人都有劳动权的理想社会。马布里的代表作是《论法制和法的原理》，反对私有制下的贫富分化，认为只有恢复公有制才能消灭一切不良现象。

启蒙运动先从法国开始，但它的活动和影响并不局限于法国。许多国家受到它的影响。德国所受影响特别显著。启蒙运动被视为德国“狂飙突进”（德国浪漫运动的开始）的前奏。俄国18、19世纪的民主革命文学也是在法国启蒙运动影响下的产物，叶卡捷琳娜二世在狄德罗的影响下接受了启蒙运动思想，使俄国学习法国蔚然成风，为俄国民主革命起了思想准备的作用。

启蒙运动的思想家们勇于为真理和正义而斗争，不惜遭受种种苦难，给“天国”的神灵和世上的王权以沉重打击。他们的著述描绘了未来“理想王国”的蓝图，启发并培养了一代革命者，为摧毁腐朽的封建制度、确立资本主义制度做了思想上和理论上的准备。启蒙思想家所宣传的自由、平等、民主和法制的思想，对1775年北美独立战争、1789年法国大革命，以及19世纪欧洲爆发的一系列资产阶级革命都产生了极大的影响。

41 日本，位于太平洋西岸，是一个由东北向西南延伸的弧形岛国。西隔东海、黄海、朝鲜海峡、日本海与中国、朝鲜、韩国和俄罗斯相望。领土由北海道、本州、四国、九州4个大岛和其他6800多个小岛屿组成，陆地面积约37.79万平方公里。

日本地处温带，气候温和、四季分明。樱花是日本的国花，每到春季，青山绿水间樱花烂漫，蔚为壮观。日本境内多山，山地约占总面积的70%，大多数山为火山，其中著名的活火山富士山海拔3776米，是日本最高的山，也是日本的象征。

日本现有人口1.27亿，主要民族为大和族，主要宗教为神道教和佛教，信仰人口分别占宗教人口的49.6%和44.8%。

日本成为一个统一国家始于公元4世纪末。公元645年“大化革新”后，日本建立了以天皇为绝对君主的中央集权制国家。12世纪末，日本进入由武士阶层掌管实权的“幕府时代”。从19世纪中期起，英、美、俄、德等西方国家先后掀起了一系列的改革浪潮，并取得了不同程度的胜利，进一步巩固了资本主义的统治地位，世界越来越成为一个整体。西方的改革浪潮必然冲击着东方世界。而此时，日本的国内形势发生着急剧变化，随着资本主义生产关系的发展，日本一些上层贵族，特别是西南诸藩的大名通过经营工场手工业，逐渐转变为资产阶级化的新贵族。他们与一些经济实力雄厚的商人、新式地主以及资产阶级化的中下级武士结成联盟，共同组成了推动国家振兴的新生力量。由于德川幕府对内阻碍资本主义的发展，对外向西方侵略者卑躬屈膝，因此，推翻幕府统治就成为改变国家命运的关键。最后，倒幕势力通过“王政复古”政变和戊辰战争，推翻了德川幕府，建立了以明治天皇为首的地主资产阶级的联合专政，首先在政治上完成了由幕府制向天皇制的转变。从1868年开始，明治政府提出了“富国强兵”、“文明开化”、“殖产兴业”等口号，倡导向西方学习，推行一系列发展资本主义的措施，创办一大批新式企业，并设立内阁，颁布宪法，召开国会，从经济、政治、军事、文化教育等多方面开展现代化，为日本向一个崭新社会制度过渡创造了条件。

以明治维新为肇始，资产阶级革命的胜利为日本现代化的启动提供了适宜的发展条件。资产阶级革命胜利后，日本面临着独立和富强两大历史任务，二者是紧密相连的。围绕这两个历史任务，明治政府颁布了一系列的改革措施。其次是资产阶级改革的思想明确。明治政府公布的《五条誓约》是改革的总纲，“富国强兵”、“殖产兴业”、“文明开化”三大政策是改革的总方针。再次，改革的内容亦为广泛，涉及政治、经济、军事、文化等许多社会领域。主要内容包括：废藩置县，消灭封建制度，加强中央集权；改革封建等级制度，取消武士特权；实行地税改革，允许土地自由买卖，加紧原始资本积累；大力扶植资本主义工商业，推行工业革命；改革教育制度，适应现代化建设之需要；大搞“文明开化”，废除旧观念、旧思想；改革旧军制，推行义务兵役制，在“国民皆兵”的口号下，建立近代常备军等等。另外，改革措施的力度甚为彻底。如“废藩置县”和“地税改革”从根本上摧毁了封建领主制；再如教育改革方面，1872年明治政府颁布的《学制》规定6周岁的儿童都必须入小学。虽然日本政府日后把近代教育纳入军国主义教育之中，但通过近代教育的改革，为日本培养了各种层次的现代化人才。

明治政府“殖产兴业”政策的推行，自上而下地建立了一批“模范工厂”，带动了日本工业化的起步。值得注意的是，在改革内政的同时，明治政府还积极开展外交活动，力争修改和废除不平等条约，收回国家主权。自开国以来，日本先后与美、英、俄、荷、法等十几个西方资本主义国家签订了一系列不平等条约，使日本面临着沦为西方现代经济附庸的危险。明治政府领导集团认为：“外国军队驻扎日本，外国人在日本享有治外法权乃是日本的耻辱，必须废除，必须保持民族独立。”而“日本在学习和运用西方外交手段与法律方面表现充分的主动和能力”。在19世纪70年代就促使外国军队撤出其领土，并先后收回了租借地及铁路修筑权、采矿权、居留地、警察权等部分主权。到90年代，随着国力的增强和列强在远东矛盾的加剧，日本成功地修改了不平等条约，收回了大部分国家主权，获得了与欧美各国基本上平等的地位。1894年7月16日，《日英通商航海条约》（亦即《日英新约》）的签订，使日本“30年来之耻辱一扫而空，一跃而跻国际团体之行列”。通过内政的改革和外交的成功，日本基本上完成了独立和富强两大历史任务，为资本主义现代化的启动奠定了物质基础。

日本现代化顺利启动后，伴随工业革命的开展，日本社会亦发生了翻天覆地的变化，以非凡的速度使日本现代化壮观地起飞。

日本社会的变化，首先最突出地表现为经济重心由农业向现代工业转变。工业革命以后，日本经济结构发生了亘古未有的巨变。经济结构的重大变化，表明日本真正开始了从农业社会向现代工业社会的过渡。

其次，人口向城市流动，经济中心向城市倾斜，加速了城市化发展。工业革命后，日本“开始了从农业的和农村的生活方式转变为工业的和城市的生活方式的一个持续的过渡时期”。工业生产力的发达不仅造就了城市的相对富裕，而且使城市愈益成为新动力、新工具、新的组织形式以及现代文明的发源地。

第三，日本国民进入了“文明开化”之域。明治政府积极引导日本社会趋向“文明开化”，除了在经济、政治、教育、思想领域的努力之外，对生活方式、风俗习惯等社会改革也给予了极大关注。通过“文明开化”运动，建立了一个适合世界潮流和日本国情的现代社会文明体系。

第四，工业化的发展打破了统治阶级的固定化，引起社会阶级结构的变化。工业革命造就了一大批“新型公民”——资产阶级，他们投身于工业革命的热潮中，其经济实力迅速增强，并“开始为更多的政治权力进行斗争”。早在自由民权运动时期，他们就提出了开设国会、制定宪法、地方自治等一系列政治要求。

第五，加强了日本与国际社会的经济联系。日本对外贸易具有双重依赖性，粮食及其他日用必需品、工业原料需要进口，为获取资金而出口工业品。随着日本对外贸易的不断扩大，日本与国际社会经济联系随之加强。

第六，日本现代化在军国主义引导下，伴随侵略战争迅速起飞。日本把现代化套在军国主义车轮上，屡次发动大规模的侵略战争，侵略周边国家，掠夺商品倾销市场、原料供应地和资本输出场所。日本把“殖产兴业”与殖民扩张挂钩，以邻国为其侵略目标，贪得无厌，用侵略战争来加速现代化进程，这在世界上还是绝无仅有的。日本通过开展工业革命和发动侵略战争，仅用半个世纪就以“急行军”的速度走完了西方国家几乎用200年时间才完成的现代化路程，成为亚洲唯一的资本主义现代化强国。

日本独特的地理条件和悠久的历史，孕育了别具一格的日本文化。樱花、和服、俳句与武士、清酒、神道教构成了传统日本的两个方面——菊与剑。在日本有著名的“三道”，即日本民间的茶道、花道、书道。

日本是一个非常重视教育的国家，每年的科研经费约占GDP的3.1%，位居发达国家榜首。如2008年度教育预算为5兆3122亿日元，占当年预算总额的11.2%。大学有国立大学、公立大学和私立大学。著名的国立综合大学有东京大学、京都大学等，著名的私立大学有早稻田大学、庆应义塾大学等。日本还重视社会教育，函授、夜校、广播、电视教育等较普遍。

19世纪下半叶，工业化和现代化在欧洲核心地区取得了巨大的成就，逐步向周围地区扩散，并越出欧洲向异质文化地区传播，使“西化”或“欧化”成为历史发展的潮流。面对西方的巨大冲击，日本以明治维新为发端，走上了通过工业化的方式探索现代化之路。到19世纪末，日本从一个封建落后的农业社会转变为一个经济较为发达的工业社会，基本上实现了现代化。

42 撒切尔夫人（Mrs. Margaret Hilda Thatcher，1925 —　），英国前首相、保守党领袖。原名玛格丽特·希尔达·罗伯茨。1925年10月13日生于英格兰林肯郡格兰瑟姆，先后获得牛津大学理学士、文科硕士学位，毕业后曾当过化学师、律师等。1975年2月当选保守党领袖。1979—1989年任英国首相。任期内对阿根廷发动马岛战争，加入欧共体。1984年与中国政府签订《中英关于香港问题的联合声明》。作风果断，被誉为

"铁娘子"。

撒切尔夫人是英国和欧洲第一位女首相。任首相期内，推行以货币主义为主的经济政策，对内采取紧缩货币供应量，减少公共开支和财政赤字等措施，控制通货膨胀；削减个人所得税；鼓励企业自由竞争，加速实行国有企业私有化；改革福利制度；限制工会权力；加强法律，对群众运动采取强硬政策。对外增加军费预算，加强防务，确保独立的核威慑力量，主张加强同欧洲经济共同体各国的合作；协调欧美关系，加强大西洋联盟；巩固同英联邦国家的联系；重视同第三世界国家发展经济合作关系；开展东西方对话。主张发展同中国的经济合作和进行文化、科学的交流。1977年第一次访华。1982年9月再次访华，同意就香港问题同中国政府谈判。1984年12月第三次访华，同中国政府签订《中英关于香港问题的联合声明》。

撒切尔夫人连任首相11年之久，是英国160余年来唯一赢得三连任的内阁首相，也是20世纪英国连续执政时间最长的首相。她的政府因决定从1990年4月1日起征收人头税，在下层居民中激起强烈不满。这一政策要求人人纳税，大家都一视同仁缴同等税款，貌似公允，实际上却是最不公允的保护富人的政策，因而引起全国规模的抗议骚乱，保守党声望下降。保守党政府内部在对待欧共体一体化问题上亦存在分歧，加上对其领导作风的不满，导致矛盾公开化，撒切尔夫人地位受到动摇。1990年11月27日，撒切尔夫人因前国防大臣赫塞尔廷对其保守党领袖地位挑战，并在第一轮竞选投票中未获足够的多数票而辞职，同年12月7日荣获英国女王颁发的功绩勋章。1992年6月5日被封为终身贵族。

43 哈佛大学（Harvard University），美国最早的私立大学

之一，以培养研究生和从事科学研究为主的综合性大学。其前身为哈佛学院。1636年10月28日马萨诸塞海湾殖民地议会通过决议，决定筹建一所像英国剑桥大学那样的高等学府。1638年这所学校在马萨诸塞的剑桥正式开学，第一届学生共4名。1638年9月14日，美国牧师兼伊曼纽尔学院院长的J.哈佛病逝，他把一部分遗产和400余册图书捐赠给这所学校。1639年3月13日，马萨诸塞海湾殖民地议会通过决议，把这所学校命名为哈佛学院。

哈佛学院在建校的最初一个半世纪中，学校体制主要仿照欧洲大学。1721年正式设立神学教授职位，1727年设立数学和自然科学教授职位，1780年设立医学教授职位。同年，扩建成哈佛大学。1816年成立神学院，1817年成立法学院，19世纪各学院相继成立。教育学院成立于1920年；1936年又成立了政治学院（1966年命名为J.F.肯尼迪政治学院）。

1966年以来，哈佛大学共设10个研究生院，即文理、商业管理、设计、牙科医学、神学、教育、法学、医学、公共卫生和肯尼迪政治学院；2个招收大学本科生的学院，即哈佛学院和拉德克利夫学院；并设继续教育办公室，专门负责暑期学校、附设课程和终身学习中心。牙科医学、医学、公共卫生3个研究生院设立在波士顿，其余各学院均集中于剑桥。各学院具有相对的独立性。根据1981年的统计，哈佛大学共有97个图书馆，藏书1000多万册，7个植物园和植物研究所，2个天文台，50多个有关科学、工程和医学等实验室，9个有关自然历史、医学、艺术和考古等博物馆。

哈佛大学的学生来自美国各地以及全世界100多个国家。至1980年，毕业生已达21.5万多人，其中15万多人获得各种学位。毕业的校友中有6人先后当选为美国总统，还有很多人成为杰出的文学家和科学家。

44 耶鲁大学（Yale University），美国历史最悠久的私立高等学校之一。位于康涅狄格州纽黑文。初名联合学校。1701年创办，无固定校舍。1716年定现址。1745年为纪念向学校捐资的英国慈善家耶鲁，改名为耶鲁学院。1887年改现名。它与哈佛大学、普林斯顿大学齐名，历年来共同角逐美国大学和研究生院前三名的位置。该校教授阵容、学术创新、课程设置和场馆设施等方面堪称一流。校园建筑以哥特式和乔治王朝式风格的建筑为主，多数建筑有百年以上的历史。

19世纪20年代，美国许多高等学校掀起更新古典学科、设立实用学科的课程改革浪潮。1828年发表的《耶鲁报告书》，为学习传统的古典学科辩护，减缓了美国高等学校引进实用课程的进度。随着美国工业化和开发西部的进展，19世纪中叶，学校出现了拓宽课程设置、开展科学研究的趋向。1846年开设研究生教育。1847年建立谢菲尔德理学院。1860年创设美国第一个博士学位计划，翌年在美国首次授予哲学博士学位。1872年设立哲学和艺术研究生部。

耶鲁大学设有本科生学院（耶鲁学院）、研究生院和神学、法学、医学、建筑、艺术、戏剧、林学与环境研究、音乐、护理、组织与管理等十余所专门学院。图书馆藏书882万册。

耶鲁大学将本科教育视为大学的核心。这种重视在美国同类大学中实属少见。耶鲁学院（Yale College，即耶鲁大学本科部）70个专业主要着力于通识教育，仅有极少的几个本科院系着眼于专业性的准备，甚至于耶鲁大学工程系也鼓励并且要求学生探索和学习工程学科以外的领域。耶鲁学院

斯泰、契诃夫、高尔基、肖洛霍夫、法捷耶夫等世界闻名的大文豪和作家。俄罗斯的美术源远流长，绘画有着悠久的历史，著名的艺术大师有列维坦列宾、苏里柯夫、克拉姆斯科伊等。

俄罗斯的宗教音乐和民间音乐有着深远的历史传统，歌剧、交响乐和室内音乐具有鲜明的民族气质，奔放豪迈。俄罗斯的戏剧艺术体裁和形式多样，最早出现在宫廷里，19世纪进入繁荣时期，同时涌现出了许多杰出的艺术大师。亚·尼·奥斯特罗夫斯基是19世纪50年代以后俄罗斯文坛众多的戏剧作家中最杰出的代表，被称为“俄罗斯戏剧之父”。俄罗斯的马戏团在俄罗斯也很受人们的欢迎，马戏团团员训练有素，技艺精湛。俄罗斯人有卓越的民间艺术。实用装饰艺术有金属、兽骨和石头的艺术加工，有木雕、木雕壁画、刺绣、带花纹的纺织品、花边编织等。最有名的工艺品有木制套娃、木刻勺、木盒、木盘等木制品。

始于1959年的莫斯科国际电影节是苏联和俄罗斯最大的国际电影节，1972年定级为世界A类电影节，是全球12个A类国际电影节之一，2000年起从每两年一届改为每年一届。其悠久的历史仅次于威尼斯电影节。

47 费孝通（1910—2005），中国当代社会学家、人类学家和民族学家。江苏省吴江县人。早年学医，因受当时革命思想的影响，转学到燕京大学攻读社会学，于1933年毕业。后又考入清华大学，在社会学及人类学系当研究生。1936年底入英国伦敦经济政治学院，在人类学家B.K. 马利诺夫斯基教授指导下学习社会人类学，并根据农村调查的资料写了题为《江村经济》的论文。此文是第一次将人类学的方法用于研究现代农村的著作，1939年出版后，在国际上深受好评，曾被国外许多大学的人类学系列为必读参考书。1938年费孝通获伦敦大学博士学位。

1938年夏费孝通回国，在云南大学社会学系任教，并主持云南大学和燕京大学协作的社会学研究室。1945年参加中国民主同盟，投身爱国民主运动。以后任清华大学教授，直到中华人民共和国成立。这时期他的主要著作有:《生育制度》、《乡土中国》、《乡土重建》等。

中华人民共和国成立后，费孝通积极从事民族工作，曾率领中央访问团在贵州和广西少数民族地区进行访问、调查。1952年任中央民族学院副院长。1955年到贵州进行民族识别。1956年参加全国人民代表大会民族委员会组织的少数民族社会历史调查，深入云南民族地区。1957年以后主要从事翻译和边界问题研究。1979年当选为社会学研究会会长。1980年被任命为中国社会科学院社会学研究所所长。他还历任国务院专家局副局长、国家民族事务委员会副主任、国家民族事务委员会顾问、中国社会学会会长、中国社会科学院社会学研究所名誉所长、中国民主同盟中央委员会副主席。1983年6月，当选为中国人民政治协商会议全国委员会副主席。

费孝通毕生致力于社会学、人类学和民族学的教学和研究工作，坚持深入实际从事社会调查。成书出版的有:《民族与社会》、《从事社会学五十年》、《社会学的探索》、《小城镇大问题》等，并主持编写了《社会学概论》一书。为表彰他在人类学研究中做出的杰出贡献，1980年3月，国际应用人类学会授予他该年度马利诺夫斯基名誉奖。1981年11月，英国皇家人类学会向他颁发1981年度赫胥黎奖章，成为第一位接受这项荣誉的中国学者。1982年12月，英国伦敦大学伦敦经济政治学院荣誉院士推选委员会推举他为该校荣誉院士。

48 柏拉图（Plato，前427—前347），古希腊唯心主义哲学家、政治思想家。生于雅典贵族奴隶主家庭。早年学习音乐、诗、绘画和哲学，是唯心主义哲学家苏格拉底的学生，亚里士多德的老师。

在苏格拉底因反对雅典民主政体而被处死后，柏拉图逃离雅典，周游各地。他曾先后到过雅典附近的迈加拉和埃及、意大利等地，造访过几何学家欧几里得、毕达哥拉斯派的意大利学者们。他曾应叙拉古城邦的僭主狄奥尼西奥斯一世的邀请，协助其管理城邦，结果遭到失败。约公元前387年返回雅典，设立学园从事讲学。传说他于公元前367年和公元前361年两次重访叙拉古（今西西里岛东岸古城），希望实现他的理想国，但都没有成功。

柏拉图的著作大都是以对话体裁写成的。关于它们的真伪问题、写作的先后问题，研究家们的意见历来不甚一致。比较公认的说法是大约二十几篇是真品，其中经常为人们所引用的，主要有:《辩诉篇》、《克利托篇》、《普罗塔戈拉篇》、《高吉亚篇》、《曼诺篇》、《共和国篇》(即《理想国》)、《菲多篇》、《宴话篇》、《菲德罗篇》、《智者篇》、《法律篇》等。

在哲学上，他主张以“理念”为核心的客观唯心主义，他是先验论的最早的鼓吹者之一，他的灵魂轮回说将他的哲学引向了宗教；在政治、法律思想方面，他从单纯主张“贤人政治”，发展到同时重视法律。他认为合乎“正义”的理想国应建立在奴隶制和自由民中壁垒森严的等级制基础上；在文艺、美学等方面，柏拉图也有成套的理论主张，他认为文艺不过是对事物的模仿，而事物又是对其理念的模仿，因此一切文艺家的作品，归根结底是在“仿制别人的仿制品”。

公元前347年，柏拉图以80岁卒其天年。柏拉图死后，他所创立的学园由门徒主持代代相传，历经变迁继续存在了数世纪之久，衍生出一些新的学派，特别是由普罗提诺开创的新柏拉图学派和教父圣奥古斯丁将哲学和神学结合起来的“神国论”。柏拉图在西方哲学史上，是第一个使唯心论哲学体系化的人。这个唯心论体系，以及由此体系产生的各流派，不仅在中古欧洲成为基督教神学的重要支柱；直到近代，形形色色的唯心论、先验论和伴随着天才论的英雄史观，都可以从这一神秘驳杂的体系中，汲取到他们认为有用的灵感。

49 卢梭（Jean–Jacques Rousseau，1712—1778），法国启蒙思想家、哲学家、激进民主主义者、古典自然法学派代表之一。出身于瑞士日内瓦钟表工人家庭，长期生活贫困，曾从事学徒、仆役等当时被认为低微的职业。1750年因发表一篇关于科学与艺术的应征论文而闻名。曾和百科全书派D. 狄德罗（1713—1784）等人交往甚密，并曾为百科全书撰稿，后因观点不同而分离。1762年因发表《社会契约论》和《爱弥儿》（又名《论教育》）揭露和抨击法国的封建专制制度，遭法国当局追捕，被迫先后逃亡瑞士、普鲁士，辗转流浪多年后于1770年重返巴黎，生活贫困，以替人抄乐谱为生，1778年在贫困和孤独中逝世。

卢梭饱受欺凌侮辱和饥寒交迫的生活遭遇使他同情人民群众的苦难，痛恨封建专制制度的压迫，并提出了一整套激进的资产阶级民主主义思想，成为18世纪法国启蒙运动的思想先驱。他的主要著作有:《论人类不平等的起源和基础》（1755）、《社会契约论》（1762）和《爱弥儿》（1762）等。

卢梭思想的中心内容是关于人类不平等的起源和克服不平等的方法问题。他认为，在社会状态中，文明每前进一步，社会对抗和不平等就加深一步，先是社会契约的订立确立贫富差别，继而是权力机构的设置确立强者和弱者的区别，最后是暴君专制的出现确立主人和奴隶的区别。卢梭根据他的社会契约理论，提出了人民主权思想。他认为，主权就是“公意”的表现，而公意是由人民的共同意志决定的，它体现了人民的共同利益。由此，他得出结论：主权应该属于人民，政府的职责仅仅是执行“公意”；如果政府一旦篡夺了人民的主权，破坏了社会契约，损害了人民的利益，人民便有权推翻它。

在哲学思想上，卢梭是一个自然神论者，他不否认上帝的存在，但他认为上帝并不干预人的行为领域，人的意志是自由的。卢梭的这些思想在理论和实践两方面都产生过很大影响。法国大革命中雅各宾派的领袖许多都是卢梭学说的信徒。《人权宣言》许多条文几乎直接照搬《社会契约论》的原文。他由意志自由推出上帝存在和灵魂不朽的思想，对康德的伦理观乃至其整个体系的结构都有相当大的影响。

在教育思想方面，卢梭认为，孩子生下来是完美的，教育者的任务在于促进儿童的自然发展，保证儿童的自由和独立性，尊重他的个性，研究他的特点，创造必要的条件引导儿童思考和行动。

在文学和音乐方面，卢梭是法国资产阶级民主文学的创始人之一。他反对脱离人民的那种庸俗化和内容空洞的封建文化和腐朽艺术，主张描写平民的朴素和真实的生活，提倡民主化。

50 托克维尔（Alexis de Tocqueville, 1805—1859），法国政治

理论家、社会学家和历史学家。出身于保皇的贵族家庭。1827年就任凡尔赛法官，开始踏上仕途。1831年，他奉派赴美国考察司法制度，回来写了题为《美国的惩戒制度》的报告，对美国的亲身了解也成了他的名著《美国民主政治》(1925)的源起。1837年他被选为国会议员。路易·波拿巴政变后，他拒绝合作，从此结束政治生涯。此后，他继续从事研究工作，但一直打算写的关于革命和帝国历史的著作，却并没有完成，只完成了关于革命的18世纪背景的研究，于1856年出版了《旧制度与大革命》。

托克维尔的两部杰作不仅仅是他学术研究的结果，而更重要的是他为理解现实、反思历史而做出的努力。他认为17世纪的英国革命是自由派贵族的胜利，而法国革命则是民主派的胜利。在两者之间，他认为还存在着第三条道路，即美国式的道路。他考察美国民主政治，正是为了研究这第三条道路，而同时又是为了更好地理解法国大革命。对他说来，美国民主即是一个无贵族、无等级的英国社会的重新开始，认为美国给世界文明提供了一种可能的发展程式。而同美国模式正相反的便是具有长期的封建历史、沉重的专制传统的法国。在君权集中的过程中，法国君主政体实际上倡导了一种平等的意识形态。从这一论点出发，摧毁了贵族特权的法国革命无非是将早已孕育的平等逻辑付诸实现。托克维尔强调应把革命放到历史过程中考察，用以阐明革命的必然性。同时他又指出革命与旧时代的继承关系，指出革命不仅是旧制度的结束，而且也是旧制度的延续。

托克维尔在法国史学史上的地位是不容忽视的，这不仅由于他独树一帜的历史见解，而主要在于他在方法和理论上的贡献。作为历史学家，他在运用史料上一丝不苟，档案、诉讼文书、吊唁记录等也都认真研究，他没有陷入他的时代流行一时的浪漫主义的治史风气，以想象代替历史。同时，他又不是一个史料崇拜狂。他是较早运用社会学手段来研究历史的，企图从史实中寻找出社会运行的独特规律。布罗代尔曾经说："社会学与历史学，在托克维尔那里是唯一的也是同样的观察社会的方法。"这一评语应该说是公允的。

51 孟德斯鸠（Charles Louis de Secondat Montesquieu，1689—1755），18世纪法国启蒙运动时期的思想家、法学家和哲学家，资产阶级国家和法理论的奠基者，古典自然法学派代表人物之一。1689年1月18日生于法国吉伦特省波尔多附近拉布雷德城堡的一个贵族家庭。1705年入波尔多大学攻读法律，1714年任波尔多郡议会议员，1716年继承其伯父"孟德斯鸠"男爵的爵位和波尔多郡议会（一译法院）议长职位。1726年，他卖掉议长职位，从事学术研究。1728年被选为法国科学院院士，随即游历欧洲各国进行社会考察。在英国居住两年，进行学术活动。1731年回到法国，从事著述活动。1746年，被选为柏林皇家科学院院士。1755年2月10日在巴黎病逝。他的著作主要有《波斯人信札》（1721）、《罗马盛衰原因论》（1734）、《论法的精神》（1748）。

孟德斯鸠反对人治、主张法治的思想贯穿其学说的始终。他认为政治自由不仅要解决资产阶级统治权的问题，还应解决公民个人权利不受侵犯的问题，为此必须采取以法治国的方针。孟德斯鸠提出并论证了自己关于君主立宪和三权分立的著名学说。他认为政体可分三种：共和（其中包括民主政治和贵族政治）、君主和专制。共和政体的性质是人民全体或一部分人握有最高权力，其原则是品德；君主政体的性质是君主握有最高权力，但他根据既定的法律行使这一权力，其原则是荣誉；专制政体的性质是一个单独的个人依据自己的意志和反复无常的爱好治国，其原则是恐怖。他认为，专制政体和法律不相容，“胆怯、愚昧、沮丧的人民是不需要许多法律的”。他还指出，一切有权力的人都容易滥用权力，因此，要防止滥用权力，保障人民的自由，就必须以权力约束权力，即立法、行政和司法三种权力相互分立。孟德斯鸠还提出许多有关刑法、民法、诉讼法以及国际法的近代学说。

孟德斯鸠是一个封建主义的反叛者。他在许多著作中，以斗士的姿态，用辛辣、幽默的笔调，尖锐地抨击了法国的封建专制统治；对天主教持反对态度，主张改革宗教；反对灵魂不灭，提倡以科学反对神学，但他并不是一个无神论者和唯物主义者，而是一个自然神论者；提倡资产阶级的自由和平等，主张言论自由、出版自由和信仰自由，消除财产的极端不平等，保证公民得到生活资料。同时又强调，自由的实现要受法律的制约，政治自由并不是愿意做什么就做什么。

孟德斯鸠的学说为法国新兴资产阶级摆脱神学思想的束缚，反对封建专制主义，建立资本主义国家政治制度，提供了思想武器。他的分权与法治学说，受到了资产阶级的推崇，成为资产阶级宪政学的重要组成部分。孟德斯鸠的分权理论及君主立宪制思想也影响了18世纪末中国资产阶级的改良派和激进派，对中华民国时期的宪法与法制产生了影响。

52 智利，位于南美洲西南部，安第斯山脉西麓。东邻玻利维亚和阿根廷，北界秘鲁，西濒太平洋，南与南极洲隔海相望。海岸线总长约1万公里。是世界上最狭长的国家，南北长4352公里，东西宽96.8公里。境内多火山，地震频繁。

人口1676万（2008），其中城市人口占86.9%。印欧混血种人占75%，白人20%，印第安人4.6%。官方语言为西班牙语。在印第安人聚居区使用马普切语。15岁以上人口中信仰天主教的占70.0%，信仰福音教的占15%。首都圣地亚哥，人口674.57万（2008）。

智利气候的地区差异很大，北部是常年无雨的热带沙漠气候；中部是冬季多雨、夏季干燥的亚热带地中海式气候；南部为多雨的温带阔叶林和寒带草原气候。年均最低和最高气温分别为8.6℃和21.8℃。

智利内阁为政府行政机构，总统为政府首脑（同时也是国家元首），总统和总统任命的内阁共同享有行政权。内阁负责监督政府重要部门的运行、协助行使行政职能。总统任期为4年，不可连任。现任国家元首为塞瓦斯蒂安·皮涅拉·埃切尼克（Sebast í an Pi. era Echenique）总统，2010年3月11日就职。智利议会称国民议会，实行参、众两院制，享有立法权。根据宪法，议会由直接选举的120名众议员、38名参议员、9名指定参议员和1名终身参议员组成。参议员任期8年，每4年改选一半；众议员任期4年。

智利属于中等发展水平国家。矿业、林业、渔业和农业是国民经济四大支柱。20世纪80年代后，智利开放市场，加强宏观调控，调整产业结构，经济取得较大增长，被世界银行和西方国家誉为拉美经济的样板。特别是2003年以来，智利政府实行稳健的财政政策和货币政策，得益于铜、三文鱼、纸浆等出口支柱产品价格持续走高，经济稳步增长。但2008年下半年以来受国际金融危机蔓延影响，智利实体经济逐步受到冲击，经济增长放缓。2009年下半年以来，智利经济企稳回升。2010年“2·27”地震造成智利基础设施损毁严重，经济损失达300亿美元，约占智利国内生产总值的17%。

到智利来访者会强烈感受到这个国家的“欧洲性”，西班牙传统明显可见（85%的居民信仰天主教），与德国和英国的联系很强。他们的文化价值主要是西班牙的。智利人外向、易动感情、人道、有洞察力、受人尊敬、健谈、个性化、有尊严、敏感性强。智利人谈话善辩、听话认真。他们处处都表现出民族的自豪，但也尊重其他国家、特别是欧洲国家的历史及成就。

教育：智利是拉丁美洲文化教育事业比较发达的国家之一，实行12年义务基础教育。中等学校分为两种：一是科学—人文学校，即普通中学，学生毕业后绝大部分报考大学；另一种为技术—职业学校，分工业、商业、技术和农业等门类。从这类学校毕业的学生既可参加工作，也可升大学。

文化艺术：与其他拉美国家一样，智利的文化与其经济、政治和社会发展紧密结合在一起，这种特性在智利的文学和艺术中得到充分地反映，具有其独特的拉美风情。

智利是拉美文化艺术水准较高的国家之一。全国有图书馆1999家，总藏书量为1790.7万册。有电影院260家。首都圣地亚哥是全国文化活动中心，有25个美术馆。诗人加夫列拉·米斯特拉尔获1945年诺贝尔文学奖，成为第一个获此奖的南美洲作家。诗人巴勃罗·聂鲁达获1971年诺贝尔文学奖。

53 罗素（Bertrand Arthur WilliamRussell，1872—1970），英国著名哲学家和数学家，社会思想家和社会活动家，分析哲学的创始人之一，当代西方思想界影响最大的人物之一。1872年5月18日生于英格兰蒙茅斯郡特里莱赫的一个英国自由党贵族的家庭。1908年当选为英国皇家学会会员，曾先后在英、美大学任教，1950年获诺贝尔文学奖。曾访问过俄国，著有《布尔什维主义的实践和理论》。20世纪20年代初曾来中国讲学，著有《中国问题》。

罗素11岁开始学习欧几里得几何学。18岁入英国剑桥大学三一学院学习。他从研究数学和哲学开始，通过了1893年剑桥大学荣誉学位考试，于1894年毕业。1895年以《论几何基础》一文在剑桥三一学院获得了研究员的职位。1901年他发现了著名的罗素悖论，这曾对20世纪初的数学奠基的争论产生过极大的影响。他与A.N.怀特海于1913年合作完成了名著《数学原理》。在书中提出了所谓逻辑主义的主张：把全部数学归结成逻辑。他在相当长的时期都一直坚持这一观念，从而成为逻辑主义的主要代表人物。但由于在推导过程中还必须用到两条非逻辑公理：选择公理和无穷公理，因而从逻辑推出全部数学是不可能的，也从未实现过。罗素在晚年承认了逻辑主义的主张是不可行的。

罗素还是一位蜚声国际的哲学家、政论作家和社会活动家。他的文字清新流利，受到各阶层的广泛欢迎。他是三一学院的终身研究员、英国皇家学会的终身研究员和荣誉勋章获得者。1911年被选为亚里士多德学会会长。1918年曾因反对第一次世界大战而被监禁。1920年应邀来中国讲学一年，他盛赞中国的传统文明，高度评价蔡元培先生在北京大学的办学方针，并希望中国能创造一种极好的新文化，以弥补西洋文化的不足。1964年，他建立了罗素和平基金会。1967年，他建立了国际战犯法庭，成员中包括法国著名哲学家让·保尔·萨特。该法庭甚至想传讯美国总统约翰逊，因为罗素认为，美国政府在越南南方的行动，是对世界和平的最大危险。

54《诗经》，我国现存最早的一部诗歌总集。初称《诗》或《诗三百篇》，后世儒家将其尊为经典，被称为《诗经》。现存305篇，分为“风”、“雅”、“颂”三大类，这种划分，主要是根据其音乐特点，因为这些诗当初都是乐歌，可以配乐歌唱。“风”即《国风》，指当时诸侯国所辖各地域的乐曲，实际上是相对于当时周天子京都而言的各地方土乐，犹如今天所谓地方小调。《国风》作品共160篇，大多是民歌，分属十五国风，即周南、召南、邶风、鄘风、卫风、王风、郑风、齐风、魏风、唐风、秦风、陈风、桧风、曹风、豳风。其中有的是当时诸侯国名，有的是地域名。“雅”大体上是周王畿乐歌。“雅”是正的意思，“雅乐”即正乐，是相对于地方音乐而言的。周人称王畿为夏，“雅”和“夏”古代亦可通用。《诗经》的雅诗多数是贵族文人作品，小部分是民歌，共105篇，其中《大雅》31篇,《小雅》74篇。这种区别与其产生时代有关,《小雅》比《大雅》稍晚，风格比较接近《国风》，音乐上可能受到“风诗”的影响而有所变化，不同于旧的雅乐，故有“大”、“小”之分。“颂”是宗庙乐歌，即祭神祭祖时用的歌舞曲，用以颂扬祖先王的功德，颂乐调较风、雅和缓。共计40篇，其中《周颂》31篇、《鲁颂》4篇、《商颂》5篇。此外,《小雅》尚附录6篇有目无诗者。后人称为“笙诗”，可能属于过门曲之类。

《诗经》的写作年代难以确指，大体上说，约产生于西周初期（公元前11世纪）到春秋中期（公元前7世纪）这500年间。其中《周颂》最早，约在西周初年;《大雅》大部分作于西周初，小部分在西周后期;《小雅》和《国风》大部分产生于西周末年和春秋时期，小部分作于西周初期,《鲁颂》写于平王东迁以后,《商颂》一般认为产生于春秋时期的宋国，也有人认为是商代晚期之作。

《诗经》的作者绝大部分已不可考，只有少数作品（如《小雅·节南山》、《大雅·嵩高》等）留下了作者的名字。个别作品因有其他记载，作者可以确认，如《鄘风·载驰》应是许穆夫人所作。汉人解诗，往往把某些王公后妃附会为某些篇的作者，多出于臆测，不足为据。据说古代有"采诗"制度，朝廷定期派人到民间采集歌谣，经乐官配乐，供朝会、祭祀、宴赏、征伐等礼仪场合演奏，从而保存了大量的民歌。还有"献诗"制度，可能是颂诗和贵族文人所作政治讽刺诗的来源，将这些诗篇删削编辑成书，汉人说是孔子所作，后世多疑其不可靠，因为在孔子以前，《诗三百篇》即已定型。可能是春秋中期的几代乐官集体完成的。孔子曾将此书作为教授弟子的课本，并进行校订，整理加工，其贡献亦不可没。

《诗经》的艺术成就很高。其表现手法，主要有"赋"、"比"、"兴"三种。赋是直接铺陈；比是譬喻和比拟；兴是先言他物，以引起所咏之词。大抵《国风》多用"比"和"兴"，《大雅》多用赋。这些诗风格朴素、自然，具有浓厚的乡土气息和生活真实感。诗的句式以四言为主，也杂有少量的三言、五言、六言、七言句。用韵以隔句相押为多，也有其他韵式，并不拘泥，自然和谐而又富于变化。在篇章结构上，多采用重章叠句往复回旋形式，以加强抒情成分，增加诗歌的音乐性、节奏感和感染力。诗的语汇丰富，用词精练生动，工于描绘，如《葛蕈》之写景，《硕人》之写人，《无羊》写羊群的形态，《东山》写亲切的想象，《氓》叙事之生动，《伯兮》抒情之婉转，《大东》的比拟和暗示，《采葛》的夸张，《君子于役》的氛围烘托，技巧都很成熟。

对《诗经》的研究，后世成为专门的学问。而孔子关于

“诗教”的理论，孟子、荀子说诗的原则和方法，奠定了《诗经》研究的理论基础。关于《诗经》的考释、阐发，成为历代经学的一个重要组成部分。汉代传《诗经》的，有齐、鲁、韩、毛四家。齐诗、鲁诗亡佚于西晋以前，韩诗亡佚于南宋，而毛诗则流传至今，以至“毛诗”成为《诗经》的代名词。

《诗经》的读本及研究著作可谓汗牛充栋，其中较有影响的，有汉代郑玄《毛诗传笺》(即所谓“郑笺”)，唐代孔颖达等《毛诗正义》，宋代朱熹《诗集传》，清代陈奂《诗毛氏传疏》、魏源《诗古微》、方玉润《诗经原始》、王先谦《诗三家义集疏》、姚际恒《诗经通论》等。

55《楚辞》，为一部诗歌总集。“楚辞”是战国时代楚国屈原创造的新诗体。宋玉、贾谊等用这种诗体进行过创作，前汉刘向集屈原的全部作品及后人受屈原影响用屈原诗体创作的诗歌，名之为《楚辞》，是这种诗体被称为“楚辞”的开始。刘向所辑《楚辞》，包括屈原的《离骚》、《九歌》、《天问》、《九章》、《远游》、《卜居》、《渔夫》，宋玉的《九辩》、《招魂》，景差的《大招》，贾谊的《惜誓》，淮南小山的《招隐士》，东方朔的《七谏》，庄忌的《哀时命》，王褒的《九怀》及刘向自己所作《九叹》共十六种作品，分为十六卷。其中《招魂》，司马迁认为是屈原所作，王逸认为是宋玉所作。《渔夫》，王逸认为“楚人思念屈原，因叙其辞以相传焉”，一般认为不宜算在屈原作品之内。《远游》、《卜居》及《九章》中的《惜往昔》、《悲回风》等也有人疑为后人伪托屈原之作，现在没有确考。汉代称“楚辞”为“辞赋”，实际上很不恰当，因为“楚辞”是诗歌，而“辞赋”是有韵的散文。后人因《离骚》为楚辞的代表作而称楚辞为“骚”，如同以《风》代称《诗经》一样。

“风骚”即是对《楚辞》和《诗经》的并称。

楚辞的产生有很多因素。春秋以来，楚国长期独立发展，形成了独特的楚地文化，其宗教、艺术、风俗等都有自己的特点，使得《楚辞》有自己独特的地方色彩。同时由于楚地与北方的频繁交往，也吸收了中原文化。在形式上，民歌给楚辞以重要影响。《诗经》中的《汉广》、《江有汜》等产生于楚国境内，如《子文歌》、《楚人歌》、《沧浪歌》等都是楚国较早的民间文学。有的歌辞每隔一句末尾用“兮”字作语助词，后来便成了《楚辞》的主要语言形式。但《楚辞》的直接来源，应该算是楚国民间巫歌。楚国巫风盛行，民间祭祀必“作歌乐鼓舞以乐诸神”。《九歌》，其前身就是当时楚地民间祭祀的歌曲。《离骚》的巫咸诸神，《招魂》的巫阳下招，以及《楚辞》中运用的许多神话故事都可说明《楚辞》是带有巫音色彩的诗歌。《楚辞》中运用了很多地方方言，如“羌”、“侘傺”等，可见方言对“楚辞”的影响。《楚辞》中许多篇章中都有的“乱”辞，以及一些“倡”和“少歌”都是乐曲的组成部分，也可见音乐对《楚辞》的影响。

《楚辞》最重要的作家屈原，名平，字原，在《离骚》中自称名正则，字灵均。约生于周显王二十九年（前340），卒于周赧王三十八年（前277）。战时楚国人。他出身楚国贵族，官至左徒，曾是楚国重臣。他熟悉政治，善为外交辞令，得楚怀王信任。“入则与王图议国事，以出号令，出则接遇宾客，应对诸侯。”他主张联齐抗秦，与上官大夫靳尚等人有分歧，后为靳尚谗诬，为怀王疏远，后又被东迁之于陵阳。顷襄王继位，屈原又遭流放于夏浦，后自沉汨罗而死。其代表作《离骚》同时也是《楚辞》的代表作。它是中国古代最长的抒情诗。全诗分两部分，前一部分回溯诗人历史，后一部分描写诗人对未来的探索。内容贯穿着对个人身世的悲叹和对国家命运的忧虑。作品想象驰骋，语言瑰丽，回旋于天与地、现实与幻想之间，充满了神话色彩。司马迁《史记·屈原贾生列传》里说："屈平疾王听之不聪也，谗谄之蔽明也，邪曲之害公也，方正之不容也，故忧愁幽思而作《离骚》。"《九章》包括九篇诗歌，反映了诗人两次被逐的经历和悲苦心境。《天问》是一篇奇文，作者对自然现象与古往今来的社会事物提出了170多个问题。《九歌》共11篇。"九歌"本是楚地民间的祀神乐歌，"九"并非代表数量。前十篇每篇各主祀一神，后一篇"礼魂"是送神之曲。

宋玉，战国时楚国人，是继屈原后最优秀的"楚辞"作家。其代表作《九辩》是公认的悲秋诗之祖。

《楚辞》给后代文学以深刻的影响，它开辟了中国浪漫主义的创作道路，它和开辟现实主义创作道路的《诗经》一起，给予一代又一代的作家以有益的滋养。淮南王安说："国风好色而不淫，小雅怨诽而不乱，若离骚者，可谓兼之矣。"又说："蝉脱于浊秽以浮游尘埃之外，不获世之滋垢，皭然泥而不滓，推此志也，虽与日月争光可也。"宋景文公说："离骚者，辞赋之祖，后人为之，如至方不能加矩，至圆不能过规。"

刘向辑《楚辞》以后，《楚辞》注本很多，有王逸《楚辞章句》、洪兴祖《楚辞补注》、朱熹《楚辞集注》、王夫之《楚辞通释》、蒋骥《山带阁注楚辞》、戴震《屈原赋注》等。近现代有闻一多《楚辞校补》、游国恩《离骚纂义》、姜亮夫《楚辞通议》等。

56 汉赋，最早是指与"比"、"兴"并列的我国古典文学的一种表现方法，含有"铺陈其事"之意。"赋"这种文体萌芽于战国末年（如荀子的《赋篇》），而兴盛于汉代，且踞汉代文坛霸主地位，故有“汉赋”之称。

汉初至武帝约七八十年间，是汉赋的形成时期；武帝、宣帝、元帝、成帝之世，是汉赋的鼎盛时期；东汉顺帝至汉末，是汉赋的转变时期。汉初的赋继承了荀赋的体制，但因主要由楚辞演变而来，故又称“骚体赋”。骚体赋唯一优秀的作家是汉代第一个辞赋家贾谊，其代表作有《吊屈原赋》、《鹏鸟赋》，并显示了由骚体赋向新体赋的转变。景帝时，枚乘的《七发》是标志着新体赋——汉赋正式形成的第一篇作品，它确定了汉赋主客问答的体制和铺张的写法。汉武帝非常喜欢和提倡新体赋，因而“诸生竞利，作者鼎沸”，故一时赋作纷呈，形成创作高潮，使汉赋发展到了极盛时期。司马相如不仅是这个时期最著名的赋家，而且是“雍容揄扬”的大赋奠基人之一，他的《子虚赋》、《上林赋》代表了汉赋的最高成就。这两篇赋，标志着汉赋体的基本定型，也影响了两汉赋坛，使之成为后来大赋写作的样板。司马相如以后，汉赋一直很兴盛，著名的作家作品有扬雄的《羽猎赋》、《长杨赋》，班固的《两都赋》，张衡的《二京赋》，左思的《三都赋》等。

汉赋是汉代最流行的文学体裁，是当时文学发展的主流。从篇幅的长短和结构的大小来看，汉赋有大赋与小赋之分。大赋以精于“体物”为标志，是汉代赋体文学的主流，它以闳衍富丽、夸奇炫博著称，被看做辞赋的“正宗”。其内容基本上是描写帝王的宫殿、苑林、游猎、饮宴等宫廷生活，基本手法是铺陈夸张。它不但篇幅大、口气大、场面大、画面大，而且结构也大，是比较典型的宫廷文学。如枚乘的《七发》，由七件事组织排列而成，即音乐、饮食、车马、宫女、游猎、观涛、说理。这种宏大的体制、壮伟的气魄，在汉赋之前的作品中很少见。

汉代的小赋以长于抒情为特点，故多为抒情性的作品。它闪耀着现实主义的光环，是汉赋中的精华，是我国古代文学宝库中的珍品。汉代第一个辞赋家贾谊，他的《吊屈原赋》，借咏屈原，抒发了自己受压抑受排挤的积愤，从而抨击了小人当道、贤者失意、是非颠倒、黑白不分的黑暗现实。这篇赋继承了屈赋重在抒情的传统，是《楚辞》演化为汉赋的过渡作品。

张衡是使汉赋赋风转变的开端人物。他除了写大赋之外，还首创了抒情小赋。他的《归田赋》用清新的语言描写了春日的美景和归田后的恬淡心情，表现了作者在宦官专权、朝政日非的情况下，宁肯退隐田园寄情山水而不愿同流合污的精神。它同汉大赋相比，由长篇变为短篇，由华丽变为清新，由描写帝王生活而变为抒发个人情怀，开辟了赋体文学新的发展方向。抒情小赋的代表作有蔡邕的《述行赋》，赵壹的《刺世疾邪赋》，扬雄的《解嘲赋》、《逐贫赋》，司马相如的《吊二世赋》，祢衡的《鹦鹉赋》，孔臧的《谏格虎赋》，东方朔的《答客难赋》等等。

从体裁上看，汉赋除诗体赋（如《逐贫赋》）和骚体赋（如《吊屈原赋》）外，还有韵散文汉体赋和韵文汉体赋。韵散文汉体赋如《七发》、《子虚》等，其特点是韵散结合，兼有诗歌与散文的性质，把诗歌的音韵美与散文的自由灵活有机地糅合在一起。通常是叙事和说理时用散文，描写和抒情时用韵文，比普通的诗有更大的容量和自由，又比一般的散文富有形象性和音乐性，虽属诗和散文的中间样式，但总体上韵文更重要，诗的意味较多，仍可划入诗的范畴。韵文汉体赋如《归田赋》、《鹦鹉赋》等则通篇用韵，以四六言为主要句式，不用或极少用“兮”字。从赋体发展史上看，这两种汉体赋是汉赋的独创，前者更适于铺叙事物，后者更宜于抒写情志，前者篇幅长于后者，但后者篇数超过前者的几倍。

从题材、主题和风格方面看，汉赋也比先秦辞赋有长足的进步，扩大了描写领域，丰富了表现方法和语汇，从单一走向繁复。作者群也扩大了，作品开始形成了风格的多样性。汉赋充分发挥了赋的特长，范围广，容量大，知识性和文献性强，既有风格壮丽宏衍的美学价值，又有内容繁富充盈的认识价值，还有增强民族自信心和自豪感的教育价值。

汉赋作家还充分发挥汉语文字的特性，把对称规律运用到创作中，赋予汉赋以对称美、韵律美的艺术特征。如枚乘的《七发》，许多对句似无意得之，却颇工整。而司马相如作《子虚赋》、《上林赋》，其句型、音调和内容的对称已趋整饬和细腻。汉赋这种对称美、韵律美的艺术特征，不仅为六朝人在理论上总结文学语言的规律提供了大量的实践依据，也为后世的骈文、律赋、律诗以至词曲的产生准备了必要的条件。

57 唐诗，唐代是中国古代诗歌史上最繁荣最辉煌的时期。据《全唐诗》及其有关补遗所载，现存诗52000余首，作家2300多人。数量之多，作者之众，内容之广，风格流派之繁，体裁样式之全，均堪称空前。

从题材内容看，唐诗几乎深入到唐人生活的各个领域，特别值得注意的是唐诗在反映现实的广阔性和深刻性方面大大超过了前代。它们从许多方面接触到当时社会的重大问题，有的甚至把矛头指向最高统治者。同时他们对农夫织妇所受的种种压迫与剥削充满了深切的同情，描写下层人民的生活已成为诗歌创作的一大内容。它们还提出了妇女问题、商人问题及其他社会问题。凡此种种都是前代诗人没有或很少写到的。

从风格流派看，更是百花齐放。仅就盛唐而言，“李翰林之飘逸，杜工部之沉郁，孟襄阳之清雅，王右丞之精致，储光羲之真率，王昌龄之声俊，高适、岑参之悲壮，李颀、常建之超凡，此盛唐之盛也”（高棅《唐诗品汇总序》）。其中，孟襄阳（孟浩然）、王右丞（王维）、高适、岑参等人还被后人奉为田园诗派和边塞诗派的代表作家。在盛唐之前，还出现过以华丽壮美著称的“初唐四杰”体和以精工纤巧著称的沈宋体；在盛唐之后，还出现过以清丽精雅著称的十才子体，以平易通俗著称的元白诗派（亦称长庆体），以奇警峭劲著称的韩孟诗派，以精深婉丽著称的温李诗派等。具体而论，唐诗派别虽多，但总体而论，唐诗却有一个共同的特点：即能把充实的内容与饱满的感情，高度的写作技巧与纯熟的表现方式完美地结合起来。

就体裁形式看，中国古典诗歌的各种体裁，包括“三、四、五言，六、七杂言，乐府、歌行、近体、绝句，靡弗备矣”（《诗薮·外编》卷三）。唐人发展了汉魏以来的五七言古体诗，既保有其古朴淳美的固有本色，又增加其生动流畅的新貌，特别是能吸收唐以来近体诗的优点，使其声情更加婉转优美，摇曳多姿。七言歌行体在六朝时尚属初起阶段，至唐亦蔚为大观。即使是从南北朝起即已失去其音乐性的乐府诗，在唐代也有长足的发展和进步。李白尚喜借旧题写时事；至杜甫则发展为“即事名篇，无复依傍”（元稹《乐府古题序》），专写新题乐府，从本质上继承了汉乐府“感于哀乐，缘事而发”的写实传统；至白居易，更团结元稹、张籍、王建等人发起了新乐府运动，使乐府诗发展到一个新阶段。

唐人在诗歌体裁上的最大创新还在于律诗。这是中国古典诗歌中最富有民族特色的诗体。所谓律诗即要求按一定的格律程式来写诗。唐人吸取了六朝永明体诗四声八病说和骈文骈赋崇尚骈偶对仗的合理内核，将其进一步规则化，产生了新体的律诗。律诗多以八句四联为篇，四联又可分别称首联、颔联、颈联、尾联，其中第二、三两联应是严格的对仗句式，一、四两联则可对可不对。与此相关，由六朝四句小诗发展而来的五七言绝句体也逐渐律化，称为律绝，而其声律及对仗的规律可符合律诗中的前两联、后两联、中两联，或首尾两联中的任何一种。由于律诗和律绝有鲜明和谐的节奏及抑扬有序的声调，所以读起来愈发朗朗上口，充满音乐美。

唐诗的特点又随着时代的不同而有所发展变化，人们已公认明人高棅对唐诗“初、盛、中、晚”的四期划分说。

初唐是唐诗的因袭变革期，其代表人物是唐初“四杰”：王勃、杨炯、卢照邻、骆宾王及陈子昂。他们自觉地批判六朝文风，有意识地拓展诗歌内容，开创新的风格。四杰批判“上官体”为“骨气都尽，刚健不闻”，并倡导“革其弊”（杨炯《王勃集序》）。陈子昂批评当时的文风为“采丽竞繁，而兴寄都绝”，并倡导“汉魏风骨”（《修竹篇序》）。陈子昂（661—702）的《感遇诗》三十八首、《蓟丘览古》七首、《登幽州台歌》等，反映现实，抨击时弊，风格雄浑高古，寄托遥深，确有汉魏风骨，对廓清六朝余风起到了巨大的冲击作用，为盛唐诗歌的繁荣开辟了道路。

盛唐是唐诗的繁荣昌盛期。经过近百年的探索和准备，盛唐诗坛出现了百花齐放、美不胜收的繁盛局面。盛唐时期最值得骄傲的是出现了李白、杜甫两位杰出的大诗人。

李白的诗歌充分反映了大唐空前繁荣强盛又潜伏着各种社会危机的时代特征，艺术上达到了浪漫主义精神和浪漫主义手法的高度统一。代表作《蜀道难》、《将进酒》、《梦游天姥吟留别》，感情炽热，个性鲜明，大胆的夸张，神奇的想象，笔势变化莫测，跌宕跳跃，语言清新自然，风格豪放飘逸，抒情状物达到了出神入化的艺术境界。

杜甫的诗不仅具有丰富的社会内容，强烈的政治倾向，而且充溢着热爱祖国、热爱人民，不惜自我牺牲的崇高精神。代表作“三吏”、“三别”、《春望》、《赴奉先咏怀五百字》、《茅屋为秋风所破歌》，高度典型化的艺术概括和精雕细琢的细节刻画，生动、全面地反映了“安史之乱”前后唐王朝由盛而衰，风雨飘摇的时代，被公认为“诗史”。杜甫诗在形式上无体不备，无体不精。尤其是近体诗，格律谨严，精益求精，锤字炼句，一丝不苟。在现实主义精神和现实主义创作方法完美的结合上，达到了炉火纯青的地步。

中唐是唐诗的繁衍期。此时的风格流派比盛唐更多：刘长卿、韦应物的山水诗，李益、卢纶的边塞诗，都在一定程度上继承了盛唐诗风；韩愈、孟郊有意发展杜诗雄奇的一面，形成了以横放杰出、排奡瘦硬为特点的韩孟诗派；李贺更融合楚辞、乐府和李白的浪漫色彩，独树诡丽瑰奇之一帜；刘禹锡、柳宗元或发思古之幽情，或借山水以抒幽愤，亦有独到的浑成清峻的特色。值得注意的是他们之中有些人在语言上刻意推敲，如韩愈、孟郊；有些人在意境上着意刻画，如李贺、柳宗元；有些人尤喜以议论或散文入诗，如韩愈，这都不但进一步丰富了“唐音”，而且也在一定程度上开启了“宋调”。

中唐诗歌影响最大的流派，要推以白居易为首的，有李绅、元稹、张籍、王建等人广泛参加的新乐府运动。此外，白居易和韩愈、李贺、孟郊、贾岛诸人开创的“险怪派”，柳宗元、刘禹锡等人开创的“剑峭派”也都表现出诗人探索创新的精神。另外，白居易“感伤诗”中的两篇叙事抒情诗《长恨歌》与《琵琶行》亦是传世的不朽名篇。他和元稹等人的创作形成了一个“坦易诗派”。白居易的两大抒情长诗《琵琶行》、《长恨歌》，鲜明的人物形象，流利的辞句，浓厚的抒情气氛，富于音乐性的语言，更是脍炙人口，有口皆碑。

晚唐是唐诗的逐渐衰落期。最初尚有李商隐、杜牧两位著名诗人，时称“小李杜”。他们的长篇五古《行次西郊作一百韵》、《感怀诗》，题材重大，颇能继承老杜的同类作品，成为唐诗灿烂的晚霞。尤其是几首表现爱情的《无题诗》，给人一种别开生面的美感。杜牧的七绝以清新俊逸，流走明快，语浅意深见长，在王昌龄、李白等绝句大师之后犹能自成一家。李商隐、杜牧之后，不曾再出现有重大影响的诗人。

58 宋词，宋代最有特色的文艺形式是词，它兼有文学与音乐两方面的特点，或者说词本是一种依照一定曲调配乐演唱的诗。每首词都有一个调名，叫做“词牌”，依调填词叫“倚声”。词在宋代的别称有“曲”、“杂曲”、“曲子词”、“乐府”、“琴趣”、“乐章”等，均与音乐有关。另一个后世比较通行的别名“长短句”，从表面上看着眼点是文字表现上与传统五七齐言的诗不同，其实词句子的长短参差，还是因为曲调节拍的需要。词依音乐体段和节奏的不同，有“令”、“引”、“近”、“慢”等分别。令，也叫“小令”。慢词，古人从字数着眼，也称为“长调”。词的分段叫“分片”，除单调外，一首词多由上、下两片组成，慢词有多至三四片者。

词在唐五代即由文人在民间创作的基础上引进教坊和诗坛，但所作仍以小令为主，齐言、杂言并存。慢词的大量出现，则是北宋中期的创造。从此宋词曲调大盛，兼备众体，蔚为中国诗歌史上与唐诗并峙的另一个高峰。

两宋词坛的勃兴是在北宋建国七八十年之后的宋仁宗赵祯时期，代表作家有晏殊（991—1055）、欧阳修、张先（990—1078）、柳永等人。五代时，由于君主的提倡，南唐词坛特盛，晏殊、欧阳修等出自江南旧地的江西词人，沿袭南唐余绪，以风流自命，致力于创作短章小令、轻丽之词。柳永开始大量创作慢词长调，为此后宋词的发展开辟了广阔的道路。传世的柳永《乐章集》200余首，慢词就占100多。著名的长调如《望海潮》（东南形胜）、《八声甘州》（对潇潇暮雨洒江天），以赋体的手法铺写都市生活和送别的场面，洋洋百余言，充分体现了慢词篇幅宏大、适于铺陈的特点，使宋词在唐代近体诗长于比兴的特点之外别树一帜。柳词的另一个贡献是在一定程度上开拓了宋词的题材，把词的描写范围由士大夫的小庭深院引向市中都会；同时普及了词的歌唱，使之成为雅俗共赏、“天下咏之”的文艺形式。

柳永词多为歌妓所作，故始终未脱“词为艳科”的传统束缚，这一缺点他与晏殊、欧阳修相同，另一位与柳永同时而齐名的张先，也不能免。其后以异军突起而主盟词坛的苏轼，在柳永开创的慢词长调的基础上，进一步“以诗入词”，完全突破了词的传统题材和传统风格，扩大了词的境界，提高了词的品格，使之成为一种可以表现多方面内容的新诗体，因而为宋词的发展开辟了一个积极向上的新方向。

苏轼作词，以意为主，常常突破词律的束缚。这一点曾引起恪守传统词法的后起作家如李清照等人的不满。在当时，他的门人、著名词家秦观（1049—1100）也没有走他所开辟的道路。从秦观到李清照，一般被认为是婉约派词风的正宗。秦观有《淮海词》传世，代表作如《踏莎行》（雾失楼台）、《鹊桥仙》（纤云弄巧），声情并茂，语工而美，继承了柳永赠妓之作的遗风，而词品比他要高。李清照曾撰《词论》，力主词“别是一家”之说。传世的《醉花阴》（薄雾浓云愁永昼）、《如梦令》（昨夜雨疏风骤），写深闺中的寂寞和年轻女子惜春的心情，具有反对封建礼教束缚的社会意义；晚年避乱江南所作的《声声慢》（寻寻觅觅），通过个人流离生活的描写，反映当时的民族灾难，以传统词风抒写深沉的爱国情怀，均是婉约词中思想价值较高的佳作。

北宋后期的重要词人还有周邦彦（1056—1121）。周邦彦精通词律，能自度曲，宋徽宗时曾主持过中央音乐机关大晟府，是两宋注重音律一派词人承先启后的主要代表。著有《清真集》，以“本色”、“当行”盛行于世。

南宋前期主盟词坛的代表人物是著名爱国词人辛弃疾。作为时代的歌手，辛弃疾一生写了大量的词，有《稼轩长短句》620多首，著名的如《破陈子·为陈同父赋壮词以寄之》、《鹧鸪天》（壮岁旌旗拥万夫）、《水龙吟·登建康赏心亭》、《永遇乐·京口北固亭怀古》等，表现了当时重大的抗战、爱国主题，抒写了在把持朝政的投降派的排斥下，壮士报国无门的忧愤心情。从艺术上讲，稼轩词继承了苏轼开创的豪放词风，将“以诗为词”进一步发展到“以文为词”，使宋词的思想和艺术都取得了空前的杰出成就。后世以“苏、辛”并称，但辛弃疾又自成特色，一时仿效或倾慕者如张孝祥、韩元吉、陆游、陈亮及稍后的刘过、刘克庄等，世称辛派词人。

南宋后期于辛词外别立一宗的是姜夔（1155？—

1221？）。姜夔上承周邦彦，下开格律词派。著有《白石道人歌曲》六卷，多自度曲，如《扬州慢》等自度曲17首，均旁注音谱，是现存宋人词集中仅见的完整的词曲谱。其时及稍后词坛较有影响者如吴文英、史达祖、王沂孙、周密、张炎等人，均远承周邦彦，近师姜夔，以音律之讲究、辞句之精美为权舆，重形式而轻内容，与辛派词人走了相反的道路。倒是宋末爱国诗人文天祥以及刘辰翁（1232—1297）的一些词作，成为辛弃疾、陆游等爱国词的嗣响。

到元代，士民对文艺的兴趣转向另一种兼有表演性质的新形式，宋词在文学史上的重要地位也就被新起的元曲所替代。

宋人词籍除各人专集及历代词选外，近人唐圭璋编有《全宋词》，搜罗比较全面。

59《史记》，是一部纪传体通史。130篇。司马迁撰。成书年代大致在西汉武帝征和二年（前91）。

司马迁（约前145或前135—？），字子长。左冯翊夏阳（今陕西韩城南）人。司马迁出身于世代官宦之家，其父司马谈是汉武帝时的太史令。汉武帝太初元年（前104），司马迁遵父遗命，开始写《史记》。天汉二年（前99），李陵与匈奴作战，兵败投降。司马迁为之辩护，触怒龙颜，获罪下狱，翌年被处以宫刑。他决定忍辱负重以待来日。他在自序中说："草创未就，适会此祸，惜其不成，是以就极刑而无愠色。"（《史记·报任安书》）太始元年（前96）被释，任中书令。他发愤著书，直到临死才完成这部闻名中外的史学名著。司马迁被认为是我国古代杰出的史学家和文学家。

《史记》的编写体例不同于以往的编年史或国别史。司马迁创造了一种新的体例——纪传体。纪传体有五种不同的体例，包括表、纪、书、世家、列传，以纪和列传为主体，故称纪传体。

《史记》记载了上自传说中的黄帝，下至汉武帝近3000年的历史。全书分为十二本纪、十表、八书、三十世家、七十列传，共130篇。

本纪有：《五帝本纪》、《夏本纪》、《殷本纪》、《周本纪》、《秦本纪》、《秦始皇本纪》、《项羽本纪》、《汉高祖本纪》、《吕后本纪》、《孝文本纪》、《孝景本纪》、《孝武本纪》。十二本纪叙述了以帝王为中心的各时期的历史大事。如《秦始皇本纪》对秦始皇一生的作为，作了颇为详尽的记述，是了解秦始皇其人及秦一代历史的第一手史料。司马迁对秦始皇的功过是非作了公允的评价："始皇既立，并兼六国，销锋铸锯，维偃干革"，但是秦始皇"尊重帝号，矜武任力"。《汉高祖本纪》、《项羽本纪》等也类似《秦始皇本纪》，虽以帝王为中心，但从本纪中不仅可以了解到各朝帝王的事迹，还可了解各时期历史的全貌。项羽虽未曾为帝，也列入本纪，此因秦汉之际四五年时间"政由羽出"，与皇帝无二。本纪用编年的形式记载各朝和帝王的大事，是全书的总纲，等于"经"。《秦本纪》以前按朝代记载，如夏以前的传说中的几个帝王，都写入《五帝本纪》中；夏、商、周每个朝代写一个本纪。《秦始皇本纪》之后按帝王记载，由于近世材料多，远世材料少，采取了远略近详的记法。

十表包括《三代世表》、《十二诸侯年表》、《六国年表》、《秦楚之际月表》、《汉诸侯王年表》、《高祖功臣侯者年表》、《惠景间侯者年表》、《建元以来侯者年表》、《王子侯者年表》、《汉兴以来将相名臣年表》，记录了从黄帝开始，夏、殷、西周到共和行政为止的帝王属系。其中较重要的《十二诸侯年表》排列了从共和有纪年开始（前841）周、鲁、齐、晋、秦、楚、宋、卫、陈、蔡、曹、郑、燕、吴等诸侯国的年代始末。《六国年表》把周、秦、魏、韩、赵、楚、燕、齐等国排列成表，各国之间的纵横关系显而易见。汉兴以来的几个功臣表列述了西汉初年同姓诸王、异姓诸王、各诸侯国的继统以及功臣将相的事迹，便于了解汉初的政治情况。

书有《礼书》、《乐书》、《律书》、《历书》、《天官书》、《封禅书》、《河渠书》、《平准书》。这八书是关于天文历法、典章制度、经济管理、水利兴修等各方面的专门、系统的记载。其中很重要的《河渠书》记叙了西汉时期水利兴修的情况。书是一种系统记叙典章制度的体裁，也可说是分类史。它以事类为纲，将同类性质的重要史事及沿革记录下来。

世家，专记世袭封国的诸侯。但有些重要的人物也被列于世家之列，如孔子不是侯，却得列世家，是因司马迁景仰孔子。陈胜是农民领袖，亦被列于世家；列传，记汉武帝以前重要的历史人物，少数民族事迹的。有单传、合传、类传。一人一传是单传，二人和几人相合者是合传，同类人物和少数民族传为类传。列传是全书的“纬”。

《史记》的体裁以帝王为纲，便于记载人物的活动和各类典章制度的源流。本纪、表、书、世家、列传各有侧重，又紧密联系，详于此则略于彼，形成不可分割之整体。《史记》在每篇末均附有“太史公曰”，以示作者对事件或人物的评价。后来修史者承继这种形式。从此，它便成为纪传体史书特有的一种形式。

《史记》全面记载了上古时期的政治、经济、军事、天文、历法、文化科学、社会风貌，反映了夏、商、周、先秦、西汉社会的全貌，被列为“正史”之首，是史书之典范。

《史记》的注本有三家：刘宋裴骃的《史记集解》80卷，唐司马贞的《史记索引》30卷；唐张守节的《史记正义》30卷。裴注博采儒家经典古籍和各种文书，着重释义；司马注采取各家旧说，既注音又释义；张注更进一步，集各家注《史记》之大成，补校《史记》，是最为详备的《史记》注。原来各本单行，到宋代将三家注合刻为一书，列于正文之下，三家注仍分别单行。到明代监本时，三家注合一，附刻于正文之下，附刻的注文多有删削，旧注逐渐失去，形成缺漏，不太可靠，殿本也是以此为底本的。日本人泷川资言（龟太郎）撰《史记会注考证》一书，取清文字18种，合注而成，搜罗广，功夫深，国内有重印本。梁玉绳的《史记考疑》，崔适的《史记探源》，今人陈直《史记新证》都是专门之作，可供参阅。

现存最早的版本是南宋绍熙年间黄善夫的刻本，经商务印书馆影印收入《百衲本》二十四史。明清以来，刻本排印本、石印本、影印本不下几十种，其中比较重要的有明嘉靖万历年间南北监刻的《二十一史》本；明崇祯至清顺治毛晋刻的汲古阁《十七史》本；清乾隆年间武英殿刻的《二十四史》本；清同治年间金陵书局刊行的《史记集解索引正义合刻》本。在上述版本中，武英殿本最流行，而金陵局本最完善，这个本子汇刻了三家注，是经张文虎根据钱泰吉的校本和他自己得到的各种旧刻古本、时本，加以考订，择善而从。校刊相当精审，是清后期的善本。1963年中华书局的标点本就是以金陵局本为底本的。中华书局本经过精心校刊，颇便阅读，是最流行的本子。

60《春秋》，我国最早的编年体史书。18000多字。相传为孔子编撰。大致成书于春秋末期。

关于《春秋》的作者，《左传》、《公羊传》都说是孔子所修。《孟子·滕文公篇》说："世衰道微，邪说暴行又作，臣杀其君者有之，子杀其父者有之，孔子惧，作春秋。"但在《公羊传》和《谷梁传》中都记载了孔子的出生年月，如"襄公二十一年十一月"载"庚子，孔子生"；《左传》于"哀公十六年"载"夏四月乙丑，孔丘卒"，孔子不可能记载自己的生卒年月。从笔法上考证，其前后笔法不一致，不是出自一人之手。如在僖公以前，《春秋》多称某国君为某人，"隐公十年"："翚（公子翚，鲁卿大夫）帅师会齐人、郑人伐宋。"从传文看，经文所谓"齐人"就是指齐僖公："郑人"实指郑庄公。到僖公以后，齐、郑等国国君写成了"齐侯"、"郑伯"，只有秦、楚两国之君有时称"秦人"、"楚人"。宣公五年后，秦、楚两国国君也称为"秦伯"、"楚子"了。因此有人认为："《春秋》者，鲁史之旧文也。《春秋》总十二公之事，历240年之久，秉笔而书者必更数十人。此数十人者，家自为师，人自为学，则其书法，岂能尽同？"（石韫玉《独学初稿·春秋论》）由于时间的推移，记事太史各有师承，因而前后笔法不一致。前人认为此乃所谓的"春秋笔法"，说孔子删修《春秋》，意在"寓褒贬，别善恶"；还说，孔子要做到"微而显"，"志如晦"，"婉而成章"，因而后世学者便从字里行间寻找微言大义，可认为是推测之词。《春秋》本是鲁国官书，孔子可能以之传授弟子，由此传到民间，再由某弟子传述下来，为纪念孔子，在书中加上了孔子的生年和卒年。

《春秋》记载了自鲁隐公元年（前722）到鲁哀公十四年（前481）间共242年的史事，按鲁国国君隐、桓、庄、闵、僖、文、宣、成、襄、昭、定、哀等十二公的顺序写成了编年史，它是我国第一部编年断代史。

《春秋》虽是鲁国官修史书，但它记载的不仅仅是鲁国一国之事，而是将春秋时期的重大历史事件的演变及发展作了全面记载。其中记载最多的是具有重大政治意义的政治活动，战争也是本书的重点。此外还记载了会盟、朝聘、婚丧、祭祀以及经济政策的变化等大事，并加以简单的评论。如“隐公元年”载，周平王向鲁惠公之妾仲子赠赗，作者认为这是为君的不守君道，不成体统。又如《春秋·宣公十五年》载有“初税亩”，即在这一年开始实行履亩而税，取代了传统的“藉田以力”的徭役租，导致了领主经济走向崩溃，为地主经济的兴起开辟了道路。这一记载反映了春秋末期赋税和土地制度的重大变革。《春秋》还记载了日月食、星变、虫灾、地震、山崩、雨霜、雹、水旱等自然情况的变异。如隐公八年，有“螟”的记载，由此可知这一年发生了螟虫灾害，可惜记事过于简单。《春秋》对经济、文化的记载比较少。

《春秋》采用了编年体，初步将人物、地点、时间、事件四个因素结合起来叙述历史。它具有明确的时间顺序，将事件系统地按年代先后加以编排，上下连贯，从中可以看出历史发展的过程。《春秋》提出了一整套历史编纂方法，创立了编年体史书的雏形，为以后编年体史书体例的更进一步完善奠定了基础。

《春秋》是春秋时期各国史书中仅存的一部，其余的“百国春秋”都已亡佚了。在春秋以前的夏、商、周也都没有史书流传下来，《尚书》仅能反映古史的某些片断。后来晋朝初年出土的《竹书纪年》，也只是一个拼凑起来的残本。因此《春秋》具有很高的史学价值，几千年来一直受到重视。

《春秋》原有单行本，后来和各种传文按年合并，先经后传，即《春秋公羊传》、《春秋谷梁传》和《春秋左氏传》。三种《传》的《春秋经》文字基本相同，也有一些差异。

唐代曾将《春秋》刻成石经。五代后唐长兴三年（632）国子监根据唐石经刻印九经。宋太宗淳化年间国子监刻印了《春秋左传正义》。此后明代有许多翻刻本，如南宋讲习堂翻印的《春秋》和《左传》合刻本，非常精致；还有明刻相台本；明嘉靖年间官刻《十三经注疏》合刻《春秋》、《左传》30卷，明万历年间翻刻。清嘉庆年间阮元重刻《十三经注疏》。

61《资治通鉴》，简称《通鉴》。编年体通史。全书294卷，目录30卷，考异30卷。北宋司马光等撰。书成于宋元丰七年（1084）。

《资治通鉴》是我国古代杰出的史学名著。它是集体合作，并由个人负责编集成书的。此书作者都是当时第一流的史学人才。据司马光元丰七年十一月《进通鉴表》中所载：检阅文字是司马光之子司马康，同修有三人，即刘攽、刘恕和范祖禹。

在编撰《资治通鉴》前，司马光曾独自撰修了一部编年史书，内容是自战国至秦，共有8卷，名为《通志》。呈进给宋英宗后，于治平三年四月，英宗命他继续编撰，并特命他自选助手，设立修书局于崇文院，并允许他借阅龙图阁、天章阁、三馆秘书阁图书。但当时尚无“通鉴”之名，只称做《历代君臣事迹》。次年十月，宋神宗继位，认为此书“鉴于往事，有资于治道”，因赐名为《资治通鉴》，并亲自为此书写了序文。熙宁初，他因反对王安石变法而被迫离开朝廷，以端明殿学士出知永兴军（今西安）。熙宁三年，改判西京御史台（在洛阳）。从此，他在洛阳居住了15年，把全部精力都投注在修撰《资治通鉴》上。三位同修编出长编后，至于对材料的取舍及有关的议论，都是由司马光自任其劳。此书虽为集体合作，但最终却成于司马光一人之手。直到宋神宗元丰七年，全书修成，总共费时达19年。

《资治通鉴》是一部编年体通史，记载了上自周威烈王二十三年（前403），下至后周世宗显德六年（959），共1300余年的史事，也是我国编年体史书中包容时间最长的一部巨著。其所依据的材料非常宏富。除了前代的17部正史以外，凡唐以来稗官野史、百家谱录、正集、别集、墓志、碑碣、行状、别传以及笔记小说中的有关史料，都囊括殆尽。据后人统计，《资治通鉴》正文之中，除直接引用17部正史中的史料外，还征引了至少300余种史籍中的史料。而这些史籍，现今绝大多数都已失传散亡了，幸赖《资治通鉴》保存了其中重要的史料。从总体上讲，秦汉以前，史料缺乏，于正史未有重大补充；魏晋以下，新增史事渐多，尤以隋唐五代史事非常宏富。而且经司马光严格而审慎地考求和辩证，以至《资治通鉴》中的这部分内容比有关正史更为准确可靠。因此，《通鉴》一书，不仅是史料的宝库，而且在考辨史事真伪时，也多以之为重要的依据。

《资治通鉴》是以编年为体，年经事纬，时间概念极为清楚。同时，此书虽属编年体，但却吸收了纪传体的一些优点。如每遇有重大历史事件时，必交代其前因后果，使同一史事的材料，不再分见于多处。从而避免了前代编年体史书材料零散和不相连接的弊病。全书共有294卷，按王朝正统的顺序，分为《周纪》5卷、《秦纪》3卷、《汉纪》60卷、《魏纪》10卷、《晋纪》40卷、《宋纪》16卷、《齐纪》10卷、《梁纪》22卷、《陈纪》10卷、《隋纪》8卷、《唐纪》81卷、《后梁纪》6卷、《后唐纪》8卷、

《后晋纪》6卷、《后汉纪》4卷、《后周纪》5卷。在十六大部分中，没有《蜀纪》、《吴纪》、《后魏纪》、《北齐纪》、《北周纪》和《十国纪》等名目。

《资治通鉴》有史论186篇。大致可分为两类：一类是以“臣光曰”三字发端的。这是他自己的议论，共有102篇；另一类是历来史家原有的论赞，经他移来而作为《资治通鉴》中的史论。这样的史论，共有84篇。司马光有所论述之处，多是有关治乱之机，即所谓为君之道与事君之道的论述。司马光采用的这种体例，同样是为了“有资于治道”这一宗旨。

《资治通鉴》版本众多，其主要的有如下几种：最早的是宋元祐初年，宋政府下令由国子监刻板，今已不存。现存最早的刻本是南宋绍兴二年（1132），两浙东路茶盐监司公使库刻本。它是根据北宋本重刻的。此本原为清内府所藏，溥仪从宫中携出，归潘复收藏，抗战胜利前，故宫出价收回，1959年，移交北京图书馆（今国家图书馆）收藏。其次是傅增湘收藏的，由七个宋刻残本拼凑的“宋百衲本”。此本是南宋两浙东路茶盐司公使库本及六种不同的建阳坊建本。后来商务印书馆影印的《百衲本资治通鉴》，即是此本。

元刊《通鉴》胡注本，今已不易得。清嘉庆二十一年（1816），鄱阳胡克家复刊胡注元刊本。此本校刻精良，后来翻刻《通鉴》的大都翻这个本子。此本一般称为“胡刻原板《资治通鉴》”，是《通鉴》胡注本的最好版本。

清光绪年间，长沙胡元常又刻有《通鉴全书》。此本除包括《资治通鉴》正文及胡注之外，还包括《通鉴目录》、《通鉴考异》、《通鉴释例》、《通鉴问疑》、《通鉴释文》、《通鉴辨识》和《叙录》7种。1956年，中华书局出版了点校本《资治通鉴》。此本是吸收了前人研究成果，校点、分段，并于每年之下加注公元纪年，是目前最好的通行本。

《资治通鉴目录》30卷，与《资治通鉴》相辅而行。有宋绍兴两浙东路茶盐司公使库刻本。明赵府居敬堂刻本，陈仁锡刻本，江苏书局刻本，胡元常刻本，《四部丛刊》本，《四部备要》本。

《资治通鉴考异》30卷，原与《通鉴》别行，胡三省作注时，将它散入各文之下。但依然有单行本。有宋刻本，有明嘉靖年间孔夫胤刻本，光绪间胡元常刻本，《四部丛刊》本，《四部备要》本。

62《红楼梦》，原名《石头记》。长篇小说。清曹雪芹撰。据乾隆十九年（1754）脂砚斋重评《石头记》中称："十年辛苦不寻常"，"披阅十载，增删五次"，可推断曹雪芹于乾隆九年（1744）前后始作《石头记》，到他逝世时止，基本完成了前80回。开始只在为数很少的朋友中传阅，继之则以手抄本的形式流传开去。而80回以后的一些片断手稿，未及整理已散佚。直到乾隆五十六年（1791），程伟元、高鹗第一次以活字版排印出版，已是120回。书名则由《石头记》改为《红楼梦》。现在通行本《红楼梦》120回，其后40回，一般认为是高鹗补续的。续书约作于曹雪芹死后28年的乾隆五十六年（1791）之前。后40回续书，追踪原书情节，完成了宝黛爱情的悲剧结局，使小说成为一部结构完整、故事首尾齐全的文学巨著，从而广泛地流传于社会，产生了巨大的影响。续作中有些段落和情节写得相当成功，如贾府被抄、黛玉之死、宝玉出家、袭人改嫁等。但总的说来，思想和艺术水平远逊于前八十回，尤其是把全书结局写成宝玉中举、贾家"延世泽"、"家道复初，兰桂齐芳"等情节，严重地违背了原作的精神。尽管如此，高鹗续书的成就仍不可低估。

曹雪芹，名霑，字梦阮，号雪芹、芹圃、芹溪。生于康熙末年（1715）或雍正二年（1724），卒于乾隆二十七年壬午（1763）除夕或乾隆二十八年癸未（1764）除夕。江宁（属江苏）人。曹雪芹少年时代曾在南京过了一段“锦衣纨绔”、“饫甘餍肥”的生活，13岁时迁居北京，他多才多艺，工诗善画，性情高傲，嗜酒健谈，喜欢与知心朋友饮酒唱和。晚年生活贫困，往往“举家食粥”，经常向亲友告贷。“蓬牖茅椽，绳床瓦灶”，困顿已极。唯以著书自遣，作《石头记》于“悼红轩”中。最后因幼子夭折，感伤成疾，于贫病交加中搁笔长逝，终年未及五十岁。

高鹗，字兰墅，一字兰史，别号红楼外史。生卒年不详。汉军镶黄旗人。乾隆六十年（1795）进士，曾任内阁中书、擢侍读、刑科给事中等官。

从总体看，小说是以贾、史、王、薛四大家族为背景，以宝、钗、黛爱情为主要线索，通过对荣、宁二府由盛而衰，男女爱情遂成幻梦的描写，来反映世态之炎凉，社会之没路，人生之无常。

《红楼梦》无论其思想还是艺术上均达古典小说之极。思想颇为丰富、深刻，并初具民主意识。艺术上，其结构安排、形象描绘、措词遣句等等，皆属上乘。其创作方法具有很大的创新性，极大地影响了中国传统小说观念。

全书综合运用诗词曲赋、骈文、骚体等韵文形式。作者对贵族家庭的饮食起居、生活方式都有真切的描写，对建筑、服饰、烹调、医药、戏曲、绘画等各种文化艺术都有丰富的知识和独到的见解。《红楼梦》是一部百科全书式的长篇小说，它的博大精深在世界文学史上也是罕见的。

《红楼梦》问世以后吸引着广大读者，其艺术魅力经久不衰，“几于家置一集”，“家家喜阅，处处争购”。然而也曾多次遭朝廷明令禁毁。但屡禁不绝，影响越来越大。续作和拟作也超过以往的任何一部小说。诸如，《后红楼梦》、《续红楼梦》、《绮楼重梦》、《红楼复梦》、《红楼圆梦》、《红楼梦补》、《补红楼梦》、《红楼幻梦》、《红楼梦影》等等。

对这部书的评论和研究从《脂砚斋重评石头记》就开始了。在抄本上批语的人还有畸笏叟、棠村、梅溪、松斋等。脂批以后，评论和研究《红楼梦》的人越来越多，世称“红学”。五四运动以前，影响较大的有评点派和索隐派。五四运动以后，以胡适的《红楼梦考证》和俞平伯的《红楼梦辨》为代表的新红学派崛起，认为《红楼梦》是曹雪芹的自传。

《红楼梦》的版本很多。大致可分为80回本系统和120回本系统。（一）80回本系统有：早期流传抄本《脂砚斋重评石头记》80回，但现存版本完整的很少。“脂砚斋甲戌本”（1754）存16回；“己卯本”（1759）存43回又两个半回；“庚辰本”（1760）存78回。另有甲辰本（1784）、己酉本（1789）和1912年有正书局石印的“戚蓼生序本”，此系经过整理加工的“脂评本”，共80回。此外尚有“舒元炜序本”、“梦觉主人序本”、蒙古王府藏抄本。（二）120回本系统有：《乾隆抄本百二十回红楼梦稿》，前80回据“脂评本”抄集校改。乾隆五十六年（1791）有程伟元、高鹗的活字排印本，为“程甲本”；第二年修订“程甲本”重新排印为“程乙本”，合称“程高本”。此后还有许多版本出现，但都与程本相近。现在通行的两种本子，一种是1955年文学古籍刊行社影印的《脂砚斋重评石头记》（主要根据“脂砚斋庚辰本”）。另一种是1957年人民文学出版社根据“程乙本”出版的《红楼梦》。又有杨宪益等译成的英文《红楼梦》，戴敦邦插图，外文出版社出版。

63《老子》，又名《道德经》，因分《道经》和《德经》两篇，故名。又全书共计五千余言，故亦称《老子五千文》。阐述哲理思想的著作。旧题春秋末期老子所作。现在对其作者和成书年代颇多争议，多数学者认为成书于孔子、墨翟之后，不晚于庄子，可能在战国中前期，其书不是老子本人亲著，但基本上保存了老子的学说，其中也间杂有后人的文句。

通行本（王弼注本、河上公本）《老子》中《道经》在前，分37章，《德经》在后，分44章，共81章。各章都从不同角度围绕着"道"这个核心展开论述。文句长短不一，但多有对偶句，以古音读之，大致合韵。

《老子》中的哲学思想是围绕"道"这个核心范畴而展开的。《老子》中的"道"有多重规定性。首先，"道"是一种处在精神和物质没有明确区分混沌状态下的东西，是"有"和"无"的统一。其次，"道"是天地万物的始基。《老子》第一章中说："道可道，非常道；名可名，非常名。无名，天地之始，有名，万物之母。""道"不仅仅是"先天地而生"，而且天地万物还是它所创生的。最后，"道"是宇宙普遍法则，它效法自然，无为而无不为。天地万物虽由"道"而生，但"道"生出万物却非出于有意。关于"道"的论述集中体现了《老子》的宇宙观。这种宇宙观把恍惚不清而又真实存在的"道"作为天地万物本源，且认为"道"生万物是自然而然的。这种思想有着重要的哲学意义。

《老子》书中还包含有极丰富的辩证法思想。认为天地间万事万物存在着相互矛盾的两个对立面。书中提出了大量的矛盾概念，诸如有无、轻重、曲全、智愚、贵贱、生死、主客、静躁、刚柔、盈虚等等。认为矛盾双方既是对立的，又是相互依存的。同时，该书提出了许多关于矛盾转化的命题："曲则全，枉则直，洼则盈，敝则新，少则得，多则惑。"（二十二章）"甚爱必大费，多藏必厚亡。"（四十四章）"祸兮，福之所倚；福兮，祸之所伏。"（五十八章）等等。在观察描述了大量的矛盾转化现象后，《老子》提出了"反者道之动"（四十章）这一矛盾运动普遍性法则。把事物向自己反面转化视作合乎规律的运动。"六十四章"说："合抱之木，生于毫木；九层之台，起于累土；千里之行，始于足下。"这就生动地说明了事物向对立面转化，有一个由小到大，由低到高，由近及远，由弱变强，由柔转刚的变化发展过程。而进一步，则又循环为"物壮则老"（五十五章），故"坚强者死之徒，柔弱者生之徒"（七十六章）。但《老子》把"柔弱胜刚强"原则抽象化和绝对化，从而主张"守柔"，主张在任何时候都要谦卑处下，"去甚、去奢、去泰"（二十九章）。

在认识论上，《老子》把"道"作为认识的对象。它把对"道"的认识活动视作"为道"，把对具体事物的认识活动看作"为学"。"为道"与"为学"是相对立的。"为学"有损于对"道"的认识，"为道"就得抛弃知识。因此，《老子》从求"道"的角度出发，反对启迪民智，要人们抛弃聪明智巧，以合于"道"的无为精神。因而，在理政上公开主张实行愚民政策，认为"古之善为道者，非以明民，将以愚之。民之难治，以其智多"（六十五章）。以为感性认识只会扰乱人的心智，由此而提出"涤除玄览"（十章）要求人澄清心灵，不受任何外来干扰，心如明镜，没有瑕疵。这样，万物自然会呈现于眼前，从而就可以从万物始于"道"又复归于"道"的循环往复中把握住永恒不变的"道"。

《老子》把世间争乱的根源归之于人为和物质生活的进步。认为世间利器越多，国家越陷于昏乱；人们的技巧越多，邪恶之事越加频繁；法令越森严，盗贼越是增加。《老子》第八十章述其理想社会为："小国寡民，使有什佰之器而不用；使民重死而不远徙；虽有舟舆，无所乘之；虽有甲兵，无所陈之。使人复结绳而用之。甘其食，美其服，安其居，乐其俗。邻国相望，鸡犬之声相闻，民至老死不相往来。"表现出《老子》作者复古到结绳而用的原始时代的企图。

《老子》一书的伦理思想也很有特色。在道德观上，提出"道常无为"、"上德不德"等观点，以无为原则批评儒家仁义礼智道德。并把无为道德建立在民性素朴这种人性论基础之上。在品德论上，《老子》推崇"贵柔"、"知足"、"不争"、"不敢为天下先"这些品质。这种处世哲学的实质是保存自己，以不争而达到天下莫能与之争。在道德修养方法上，主张"少私寡欲"、"为道日损"、"涤除玄览"，提倡内心体验的修养方法。

《老子》最先把"道"作为天地万物存在的本质，又树立了一个朴素辩证法体系，对历代思想家产生过深刻的影响，如对韩非、王充、王安石、王夫之及魏晋玄学、黄老学派和整个道教的影响。同时，对中国文学、政治、军事等方面也都产生过巨大影响。

《老子》的传本很多。现存的最早版本是1973年长沙马王堆汉墓出土的帛书《老子》。注释《老子》的书极多，重要的有：三国魏王弼《老子注》，《二十二子》本和《诸子集成》本。河上公《老子章句》，《四部丛刊》本。唐傅奕《老子古本篇》，《道藏》本，《经训堂丛书》本。明焦竑《老子翼》，有清刻本、排印本。清魏源《老子本义》，《诸子集成》等本。清毕沅《老子道德经考异》，《经训堂丛书》本。近人罗振玉《老子道德经考异》，上虞罗氏刊本。近人马叙伦《老子校诂》，中华书局刊本。近人杨树达《老子古义》，中华书局刊本。高亨《老子正诂》，中华书局刊本。朱谦之《老子校释》，中华书局刊本。等等。

64《庄子》，又称《南华经》，中国古代道家的主要经典之一。庄周及其后学著。现在通行的注释本有晋郭象《庄子注》、清末郭庆藩《庄子集释》、清末王先谦《庄子集解》，以郭象本较通行。近人马叙伦《庄子义证》、王叔岷《庄子校释》，都对《庄子》的文字做了校勘和考订，陈鼓应《庄子今注今译》也有特点。庄周（约前369— 前286），中国战国时期哲学家。宋国蒙（今河南商丘县东北）人。家境贫穷，但轻视高官厚禄，说："宁戏于污渎之中，无为有国者所羁，终身不仕，以快吾志焉。"（《史记 · 老子韩非列传》）

本书仅存33篇，其中内篇7篇，一般认为系庄周著；外篇15篇，杂篇11篇，有些可能为庄周后学和后来道家的作品。有的学者认为外篇、杂篇中有些文章反映了庄周的思想，也有学者据《史记 · 老子韩非列传》凡"剽剥儒墨"，"明老子之术"的观点，通观《庄子》全书，认为外、杂篇反映的是庄周的思想。内篇中的《齐物论》、《逍遥游》、《大宗师》，外篇中的《秋水》，杂篇中的《寓言》、《天下》，是《庄子》最有代表性的篇章，集中体现了庄周的思想。本书在自然观方面：继承和发展了老子"道法自然"的观点，强调事物的自生自化。"泰初有无（道），无有无名；一之所起，有一而未形。物得以生，谓之德；未形者有分，且然无间，谓之命；留动而生物，物成生理，谓之形；形体保神，各有仪则，谓之性。"（《天地》）否认主宰世界的是上帝鬼神或精神实体。在认识论上：它肯定符合天均的相对真理，反对人为的绝对真理。“昔者尧舜让而帝，之哙让而绝，汤武争而王，白公争而灭。由此观之，争让之礼，尧桀之行，贵贱有时，未可以为常也。”(《秋水》)“无动而不变，无时而不移”，具有朴素的辩证法因素。但认为“道”是“先天地生”的，并忽视事物的质的稳定性和差别性，从而幻想实现“天地与我并生，万物与我为一”的精神境界，悲观厌世，对现实采取虚无主义态度。

学术界对庄子哲学思想评价不一，褒者认为反映了唯物主义思想，贬者言其是主观唯心主义和相对主义。在历史观方面，肯定了人物自然本性，主张人类社会倒退到原始蒙昧状态，反对人的社会属性，要求帝王淡漠无为地治理天下，摈弃所谓圣人提倡的统治工具仁义礼智，“及至圣人，蹩躠为仁，踶跂为义，而天下始疑矣;澶漫为乐，摘僻为礼，而天下始分矣。故纯朴不残，孰为牺尊？白玉不毁，孰为珪璋？道德不废，安取仁义？”(《马蹄》)本书至魏晋时与《周易》、《老子》并称“三玄”。唐天宝元年（727），诏号为《南华真经》。它的哲学思想，以其深蕴的内涵对后世哲学界产生了很大影响，它浓郁的浪漫主义精神，丰富的想象力，挥洒自如、行云流水般的文笔，对中国文学的发展也产生了深远影响。

65《论语》，孔子与弟子的语录结集。儒家经典之一。结集工作是由孔子门人及再传弟子所做的。孔子（前551—前479），春秋后期鲁国昌平乡陬邑（今山东曲阜）人。姓孔名丘字仲尼。是中国古代思想家和教育家，《史记·孔子世家》记载其行事。《论语》名称的来由，班固《汉书·艺文志》说：“《论语》者，孔子应答弟子，时人及弟子相与言而接闻于夫子之语也。当时弟子各有所记。夫子既卒，门人相与辑而论纂，故谓之《论语》。”这一说法，大体可信。原始记录杂出于众手，最后编定当在战国初期，以曾参门人为主。

现在通行的《论语》20篇，内容以伦理、教育为主。它虽非文学著作，但由于历来为士人诵习，对文学的影响极为深远。《论语》多三言两语为章，言简意赅，发人深省。如论为政，说“足食，足兵，民信之矣”(《颜渊》);论教育，说“学而不厌，诲人不倦”，“三人行，必有我师焉”(《述而》)，“学而不思则罔，思而不学则殆”(《为政》)；论为人，说“毋意，毋必，毋固，毋我”(《子罕》)，“当仁不让于师”(《卫灵公》)，“三军可夺帅也，匹夫不可夺志也”(《子罕》)，等等。比起《尚书》来，《论语》语言流畅通达，活泼生动，大量运用语气词、多叠句、排比、对偶，感情色彩颇浓。如孔子知冉求为季氏聚敛，就说:“非吾徒也，小子鸣鼓而攻之可也！”(《先进》)表现出激愤深恶之情。又如:“子在川上曰：逝者如斯夫，不舍昼夜！”(《子罕》)说得雍容和雅，表现出孔子自强不息的精神。子路听到孔子说为政“必也正名乎”之后，率而便说:“有是哉，子之迂也，奚其正！”写出了子路的直率；孔子被围于匡，颜渊后到，“子曰：‘吾以女（汝）为死矣。’曰：‘子在，回何敢死！’”可见颜渊的敬顺老师。这些都表现了人物的个性。言语之外，《论语》中还有不少关于神情态度的描写，《乡党》中的孔子，《微子》中的隐者，都形象具体。“季氏将伐颛臾”章(《季氏》)、“子路等侍坐”章(《先进》)等，略具情节，可以视作魏晋轶事小说的滥觞。

历代注解和研究《论语》的书籍很多，现存的主要著作除三国何晏的《论语集解》外，梁朝皇侃曾集魏晋以来儒者之说为何晏的集解作疏，成《论语集解义疏》10卷。南宋朱熹所著《论语集注》，是宋儒注释《论语》的代表作。赵顺孙又为朱熹的集注作疏，成《论语纂疏》。清代刘宝楠撰《论语正义》24卷，是一部兼宗汉、宋、清儒之说为何晏集解作的新疏。近人程树德汇集古今训释解说《论语》的书籍200余种，编撰《论语集释》40卷，今注本有杨伯峻《论语译注》。

66《孟子》，孟轲及其门人所著散文集。儒家经典之一。孟轲（前372—前289），战国时期思想家、教育家。邹（今山东邹城）人，是孔子之孙孔伋的再传弟子。

《孟子》在后世被列为儒家经典。孟子把孔子侧重于道德修养的“仁”，发展为他的政治论“仁政”，主张行王道，制定民产，省刑薄赋，申孝悌之义。他又提出“性善”论，认为人的本性是善的，人皆有不忍人之心。“以不忍人之心，行不忍人之政”（《公孙丑上》），就是仁政。他提出了民贵君轻思想，这是十分可贵的。他常以救民于水火的姿态，奔走呼号。书中揭露了“庖有肥肉，厩有肥马；民有饥色，野有饿莩”（《滕文公下》）的悲惨现实，发出对暴君的声讨：“残贼之人，谓之一夫，闻诛一夫纣矣，未闻弑君也。”（《梁惠王下》）他以孔子学说的继承者与捍卫者自居，故后世常“孔孟”并称，元文宗时封他为“亚圣”。

《孟子》发展了《论语》的语录体。《论语》中单人的语录占总条数的三分之二以上，对话体不到三分之一；而《孟子》则基本上是对话体。《孟子》文章向以雄辩著称。好辩、善辩为战国诸子所同。孟子说：“予岂好辩哉，予不得已也！”（《滕文公下》）说明时势使然。读孟子文，令人感到气势磅礴，感情激越，锐不可当。出于对当时执政者贪婪残暴行径的愤慨，对挣扎在苦难中人民的同情，对别家学说的敌视，对贯彻自己主张的强烈愿望，以及那种“如欲平治天下，当今之世，舍我其谁也”（《公孙丑下》）的救世责任感，使孟子的文章激切、刚厉、理直气壮。他又善于运用各种驱诱论敌就范的手法，使辩难对方往往坠入他所设的陷阱之中。加上文辞铺张扬厉，时露尖刻，喜用一连串的排偶句式，所以笔锋咄咄逼人。

孟子以“言近而指远”为“善言”（《尽心下》）。他的文章浅近如话，明白晓畅，而又寓意深远，真正实践了自己的主张。如“专心致志”、“与人为善”、“舍己为人”、“明察秋毫”等，都成了很有生命力的成语。寓言也是孟子常用的手法之一。“揠苗助长”（《公孙丑上》）、“日攘其邻之鸡者”（《滕文公下》）、“五十步笑百步”（《梁惠王上》）、“学弈”（《告子上》）、“齐人有一妻一妾”（《离娄下》）等，都是人们所熟悉的。它们既不似完全虚构，也非历史传说，大概是采自民间故事，具有通俗、诙谐的特点。

《孟子》一书对后代散文的发展影响深远，如贾谊、韩愈、苏洵等著名散文家，他们说理的痛切，感情的激烈，气势的奔放，词锋的锐利，都可看出吸取了《孟子》的长处。

《孟子》注本最早是东汉赵岐的《孟子章句》，以笺释文句为主，为后代注家所本。南宋朱熹《孟子集注》，大多阐发宋儒理学的观点，后代颇为流行。清焦循《孟子正义》，则以赵注为基础，集清代学者考订训释之大成，较为详备。新注有杨伯峻《孟子译注》，便于初学。

67《孙子》，孙武所著兵书。亦称《孙子兵法》、《吴孙子兵法》、《孙武兵法》，共13篇。孙武，军事家，春秋时人，齐国田完的后代，生卒年代不详。《史记·孙子吴起列传》载吴王阖闾对孙武说：“子之十三篇，吾尽观之矣。”可见活动时期与吴王阖闾同时。宋代以后，有人认为13篇是伪托，又有人怀疑孙武并无其人，或将《孙子》与《孙膑兵法》混为一谈。但1972年山东临沂银雀山汉墓出土竹简中，同时有《孙子》与《孙膑兵法》，证明司马迁之说确凿可信。

《孙子》13篇为《始计》、《作战》、《谋攻》、《军形》、《兵势》、《虚实》、《军争》、《九变》、《行军》、《地形》、《九地》、《火攻》、《用间》。每篇篇名就是该篇文章集中论述的主题，篇首皆按“孙子曰”三字，文句多有叠句、排对和押韵。

《孙子》是我国兵法著作的始祖，有着极其丰富而精辟的军事思想，同时也反映出孙武的朴素唯物主义思想和深刻的军事辩证法思想。

《孙子》认为，战争是一门科学，具有一定的客观规律，这些规律是可以认识的，因而战争的胜负也是可以预知的。在他看来，战争并不是孤立的事物，它与社会中许多其他事物相联系，决定战争胜负的基本条件和观察战争的立足点就在这些事物中反映出来。《孙子》还特别强调“知彼知己”原则。认为要谋取战争胜利，必须对战争的矛盾双方有较全面的认识。

《孙子》的军事思想中充满了辩证法智慧。首先，它把用兵之事放在一个广阔的背景中来考虑，把战争与政治、经济、自然条件等方面紧密联系起来，而没有陷入单纯军事观点，体现出从事物普遍联系中看问题的辩证思想。其次，《孙子》认识到自然现象和社会现象不是静止的，而是处在不断转化之中，矛盾双方不是凝固的，而是相互转化的。因此，要根据具体情况灵活运用战术。

《孙子》一书虽非文学作品，但在中国文学发展史上值得注意。它大约与《论语》同时成书，而且按专题分篇论说，有中心，有层次，篇章比较完整。它的逻辑性强，语言简练，文风质朴。如《谋攻篇》："知彼知己者，百战不殆"，"不战而屈人之兵，善之善者也"，说得明白朴实而意义深刻。它大量运用排比句式，比喻手法也很熟练，如写军队的行动："其疾如风，其徐如林，侵掠如火，不动如山，难知如阴，动如雷震"（《军争篇》）；写用兵："常山之蛇也，击其首则尾至，击其尾则首至，击其中则首尾俱至"（《九地篇》），都含义贴切，形象生动，音韵铿锵，颇有气势。所以刘勰称"孙武兵经，辞如珠玉"（《文心雕龙·程器》）。

《孙子》有曹操等11家注本和今人郭化若的《孙子今译》。

68 屈原（约前339—约前278），名平，字原，战国时期的楚国诗人、政治家，"楚辞"的创立者和代表作者。

屈原"博闻强志，明于治乱，娴于辞令"，被楚怀王任命为左徒（地位仅次于令尹，即宰相），是楚国内政外交方面的重臣。他力主变法图强，联齐抗秦，曾两度出使齐国，为楚怀王所倚重。后佞臣上官大夫争宠进谗，屈原被罢免左徒之职，转任三闾大夫（远离权力中心）。出于"忠君爱国"之心，屈原依旧发表自己的政见，结果被楚怀王放逐到汉北。后楚怀王入秦被扣，顷襄王继位，由于屈原坚决反对顷襄王的亲秦政策，又被放逐到沅、湘一带。当秦军攻破楚国郢都以后，屈原悲愤交加，在绝望之中，投汨罗江自杀。

屈原其志不伸，屡遭谗陷，流放凡十余年，忧愁幽思内结，发而为文章。《汉书·艺文志》录"屈原赋二十五篇"，汉人以之与宋玉、唐勒、景差等人作品并称"楚辞"。今本《楚辞》为刘向、刘歆父子编定，计《离骚》1篇，《九歌》11篇，《天问》1篇，《九章》9篇，《远游》、《卜居》、《渔父》各1篇，恰符25篇之数。此25篇是否皆屈原所作，《九歌》何以为11篇等问题，近世学者多有考证而颇难论定。

《离骚》是屈原以自己的理想、遭遇、痛苦、热情以至整个生命所熔铸而成的宏伟诗篇，其中闪耀着鲜明的个性光辉，是屈原全部创作的重点。《九歌》是楚国祀神乐曲，经屈原加工、润色而成，在人物感情的抒发和环境气氛的描述上，充满浓厚的生活气息，然而并非作者自我抒情，它更多的是代人或代神表述，显示了南楚文学传统的痕迹。《离骚》一组，《九歌》一组，构成了屈原作品的基本风格。

屈原的作品从内容到形式都较之前诗歌有巨大的创造性。内容与神话有密切关系但又关注现实，反映现实社会中的种种矛盾，尤以揭露楚国的黑暗政治最为深刻；风格艳丽，情思馥郁，气势奔放；句法参差错落，灵活多变。自屈原而后，"诗"、"骚"遂同为我国古诗渊源，而骚体又兼为赋体之先河。

69 宋玉，战国后期楚国辞赋作家。其生平，据《史记·屈原贾生列传》载："屈原既死之后，楚有宋玉、唐勒、景差之徒者，皆好辞而以赋见称。然皆祖屈原之从容辞令，终莫敢直谏。"记述极为简略。《韩诗外传》有"宋玉因其友而见楚相"之言。刘向《新序》则作"宋玉因其友以见楚襄王"，"事楚襄王而不见察"，同时又有"楚威王（襄王的祖父）问于宋玉"的话。王逸在《楚辞章句》中则说他是屈原的弟子。晋代习凿齿《襄阳耆旧传》又说："宋玉者，楚之鄢人也，故宜城有宋玉冢，始事屈原，原既放逐，求事楚友景差。"总之，关于宋玉的生平，众说纷纭，至难分晓。大体上说，宋玉当生在屈原之后，且出身寒微，在仕途上颇不得志。

宋玉的作品，最早据《汉书·艺文志》载，有16篇。现今相传为他所作的，《九辩》、《招魂》2篇，见于王逸《楚辞章句》；《风赋》、《高唐赋》、《神女赋》、《登徒子好色赋》、《对楚王问》5篇，见于萧统《文选》；《笛赋》、《大言赋》、《小言赋》、《讽赋》、《钓赋》、《舞赋》6篇，见于章樵《古文苑》；《高唐对》、《微咏赋》、《郢中对》3篇，见于明代刘节《广文选》。但这些作品，真伪相杂，可信而无异议的只有《九辩》一篇。

《九辩》是一首长篇抒情诗，借悲秋来抒写“贫士失职”的“不平”，并在一定程度上揭露了现实的黑暗。诗人的感情是真挚的，但不像屈原那样激烈和执著，情调相对有些低沉。诗中悲秋主题与借景抒情之法，与《高唐赋》、《神女赋》、《登徒子好色赋》等篇以铺陈之笔描绘女性神情体貌，在文学史上产生过较大影响。

宋玉的成就虽然难与屈原相比，但他是屈原诗歌艺术的直接继承者。在他的作品中，物象的描绘趋于细腻工致，抒情与写景结合得自然贴切，在楚辞与汉赋之间，起着承前启后的作用。后人多以屈宋并称，可见宋玉在文学史上的地位。

70 司马光（1019—1086），宋代史学家、散文家。字君实，陕州夏县（今属山西省）人。家居涑水乡，人称涑水先生。晚年自号迂叟。卒谥文正，追封温国公，世称司马温公。仁宗宝元二年（1039）进士，嘉祐六年（1061）迁起居舍人同知谏院，宋神宗即位，诏为翰林学士，以不善骈文坚辞不就，乃任御史中丞。熙宁三年（1070），神宗和王安石开始变法，司马光因政见不合，自请判西京御史台。居洛阳15年，绝口不论政事，致力于编写《资治通鉴》。哲宗元祐元年（1086），起任尚书左仆射兼门下侍郎，主持“元祐更化”，尽废新法。当政八月而卒。

司马光强调史学为现实政治服务，发挥史学的龟鉴作用，让人从史这面镜子中辨别是非善恶，明察利害得失，规范自己的言行。他虽然力倡封建伦理道德纲常，但史学著述不尽受封建正统观念的束缚，不别正闰，仅以朝代年号作为叙事时序的标志；不喜佛老、阴阳，少有迷信鬼神材料入史。在历史编纂学上，创长编法：重视材料的真实和全面，提倡“宁失于繁，勿失于略”的原则；重视鉴别考订史料，创自著考异法，两法作为史料处理和史学著述的基本方法，为后世史家广为推崇和效仿。

《资治通鉴》上起东周威烈王二十三年（前403），下终后周世宗显德六年（959），按年记载了共1362年的历史事实，是中国历史上第一部编年通史著作。它体例谨严，结构完整，取材广泛，对史料取舍慎重，考证详密。其中像《赤壁之战》、《淝水之战》都成为历史散文的名篇。司马光自称“颇慕古文”而“不能刻意致力”（《答陈充秘校书》），他的文章正因不甚刻意致力而能得自然之致。《资治通鉴》的文字质朴简洁，叙事清晰，文笔流畅，生动形象，有文学色彩，如赤壁之战、淝水之战及李愬雪夜入蔡州等战争场面的描写，历来为人们所推重。其他文章如《谏院题名记》等也写得精练明洁。

司马光博学多识，于史学而外，音乐、律历、天文、术数等无所不通，另著有《温国文正司马公文集》、《稽古录》、《涑水记闻》、《潜虚》等。

71 李白（701—762），唐代大诗人。字太白，自号青莲居士，世人又称谪仙。祖籍陇西成纪（今甘肃秦安）人，后随父迁居绵州昌隆（今四川江油）青莲乡。少年有才。20余岁漫游各地。天宝初因人推荐供奉翰林，后被疏远，乃于天宝三年（744）离开长安，又开始漫游生活。天宝十四年（755）“安史之乱”爆发，李白于次年参加永王李璘水军，受其牵连，获罪长流夜郎。晚年流落，病逝于当涂。多写傲岸不羁的浪漫生活，风格雄奇豪放，尤擅古体和绝句，有《李太白集》传世。

李白的创作以两年供奉翰林为转折，主要成就体现在后期诗作。前期的诗尚缺乏社会内容。离开长安之后，由于政治理想破灭并有了和最高统治集团直接接触的经验，陆续写出了《行路难》、《鸣皋歌送岑徵君》、《玉壶吟》等一系列政治抒情诗，对宫廷腐败进行了大胆揭露，并预言唐帝国大难将临。这一特色也表现在《将进酒》等许多以饮酒、游仙和歌咏山水为题材的诗篇中。“安史之乱”爆发后，名篇有《猛虎行》、《永王东巡歌》、《万愤词》等，这些作品不仅描绘了九土横溃和生民涂炭的悲惨景象，同时对唐统治者的昏庸、自私与无能提出了愤怒谴责。这时盛唐诗坛已归于沉寂，用诗歌反映这场历史浩劫的主要有李白和杜甫。李白还有另一类作品，政治色彩淡薄，多以吟咏山水、抒发羁旅别情或反映他和下层社会的接触为内容，名篇如《静夜思》、《春夜洛城闻笛》、《望庐山瀑布》、《秋浦歌》、《赠汪伦》等。这类诗作风格清新隽永，显示了诗人天真恳挚的性格，富于生活情趣，同样是李白诗歌中的重要部分。

李白是屈原之后最伟大的浪漫主义诗人，其傲视权贵和敢于反抗的性格深受历代读者喜爱。李白相当全面地继承了中国的历史文化遗产，尤其是受庄子散文和屈原影响最大。他还善于从民间乐府汲取营养。李白的诗作感情奔放，想象丰富，语言夸张，并惯于采用历史典故和神话传说表达感情。

他最擅长乐府歌行，近体则以七绝和五律著称。今存李白诗共1000余首，另有赋8篇，文60余篇。《李白集》向无编年，传世注本有元萧士赟《分类补注李太白集》、明朱谏《李诗辨疑》、胡震亨《李诗通》、清王琦《李太白全集》及1980年上海古籍出版社出版，由瞿蜕园、朱金城校注的《李白集校注》。

72 杜甫（712—770），唐代著名诗人。字子美，自称“少陵野老”或“杜陵布衣”。京兆杜陵（今陕西省西安市东南）人，生于河南巩县。

杜甫一生处于唐帝国由盛而衰的时代。他自幼好学，7岁吟诗，自谓“读书破万卷，下笔如有神”（《奉赠韦左丞丈二十二韵》）。20岁后开始壮游，前后3次，历时10年。第一次漫游吴越（今江苏、浙江一带）。24岁参加进士考试，落第后开始了第二次漫游，地点是齐赵（今山东、河南、河北）。第三次漫游，在洛阳结识李白、高适，同游梁宋（今河南开封、商丘一带）。长期壮游，大开眼界，大展心胸，此时代表作《望岳》。35岁后怀抱“致君尧舜上，再使风俗淳”的政治抱负来到京城，又是应制落第，虽多次上诗文自荐，并未在仕途上一展宏图，困守长安近10年。贫困潦倒、疾病缠身的生活使他对统治者的罪恶有了深刻认识，此时他写出了《兵车行》、《丽人行》、《赴奉先咏怀》等现实主义杰作。安禄山军陷长安，他逃至凤翔，谒见肃宗，官左拾遗。长安收复后，随肃宗还京，因上疏营救房琯的罢相，触怒了肃宗，乾元元年（758）被贬为华州司功参军。不久弃官，携家小迁秦州、同谷。政治上的打击，从宫廷走向民间，为他的诗歌创作开拓了一条广阔的现实主义道路。有名的《北征》、《羌村》、“三吏”、“三别”就作于此时。乾元二年（759）末，杜甫到了成都，开始了10年漂泊西南的生活。开始筑草堂于成都西郊浣花溪上，一度在剑南节度使严武幕中任参谋，严又荐其为检校工部员外郎，故世称“杜工部”。大历元年（766），杜甫携家小至夔州（四川奉节），此地依山临江，是三峡起点，气势雄伟，居二年，写诗430余首，占全作1/3。大历三年（768），乘舟出蜀，病死于湘江途中。

杜甫生逢乱世，仕途坎坷，生活困苦，报国无门，济世不得，忧国忧民之情皆融于诗作中。今存诗1400多首，广泛而深刻地反映了唐代由盛而衰的历史画面，表达了广大人民的心声，被誉为“诗史”。在艺术形式上，以古体、律诗见长，以现实主义手法高度概括生活，情、景、事三者融为一体，语言凝练自然，极富表现力，风格多样，以沉郁为主。杜诗对后世影响很大。韩愈赞曰：“李杜文章在，光焰万丈长。”（《调张籍》）千余年来，研究杜甫之风，未曾稍衰，仅专著就有二三百种。新旧唐书有传。有《杜工部集》。

73 白居易（772—846），唐代诗人。字乐天，晚年号香山居士。祖籍太原（今属山西省），后迁居下邽（今陕西省渭南县），生于郑州新郑县（今河南省新郑县）。

德宗建中时期，北方战乱频仍，白居易被迫离家远游，避难越中（今浙江省），以后又南北奔走，备尝流离之苦，很早就了解到民生疾苦。十七八岁时，曾到长安，携早期诗作拜谒名士顾况，其《赋得古原草送别》颇受赞许。贞元十六年（800）中进士，十八年（应拔萃科考试，入甲等，授秘书省校书郎。因将应制举（由皇帝亲自主持选拔的特科），写《策林》75篇，针对当时社会弊端提出改革意见。元和元年（806）参加了“才识兼茂明于体用科”试，中四等，因出言太直，不得为谏官，任盩厔（今陕西省周至县）县尉。此时作著名长诗《长恨歌》。元和二年应诏回长安，授翰林学士，次年转左拾遗。在3年谏官任内，一方面对时弊勇于谏诤，一方面写了大量讽喻诗《新乐府》50首、《秦中吟》10首，指斥时弊，使“执政者扼腕”(《与元九书》)，与友人元稹、张籍等开展了新乐府运动。元和十年因上表请求严缉刺死宰相武元衡的凶手，得罪权贵，被贬为江州司马。江州之贬，使其愤懑不平，从此思想上逐渐消极。此时写著名长诗《琵琶行》。长庆初年（821）任杭州刺史，兴水利，有善政。宝历元年（825）任苏州刺史，有善政。后任河南尹、太子少傅，官终刑部尚书。会昌四年（844）施散家财，开凿洛阳龙门八节滩以利舟民，成为当时闻名的义举。晚年居洛阳，死葬洛阳香山，今有“白园”。在文学上，他主张“文章合为时而著，歌诗合为事而作”，是新乐府运动的倡导者。早期讽喻诗针砭时弊，同情人民疾苦。重要作品有《观刈麦》、《杜陵叟》、《重赋》、《卖炭翁》、《轻肥》、《买花》、《新丰折臂翁》等。其诗歌理论主要在《与元九书》、《采诗以补察时政》等文章中。

白居易今存诗3000多首，为诗题旨明确、语言通俗浅切，生动的叙事、描写、议论、抒情相结合，有感染力。其诗风对后世有影响，形成“浅切”诗派。与元稹友谊甚笃，且与之齐名，世称“元白”；又与刘禹锡唱和甚多，同创新声《竹枝词》、《杨柳枝词》等，人称“刘白”。白居易文学成就是多方面的，元稹于长庆四年为白居易编《白氏长庆集》，序中说：“乐天之长，可以为多矣。”为文有碑记、叙、制诰、启奏、表状、书檄等多体，但为诗名所掩。新旧《唐书》有《白居易传》，清初汪立名编《白香山年谱》。有《白氏长庆集》。

74 苏轼（1037—1101），宋代文学家。字子瞻，一字和仲，号东坡居士。眉州眉山（今属四川）人。

苏轼于嘉祐二年(1057)中进士，后举制科，入直史馆。曾反对王安石新法。元丰二年(1079)，御史中丞李定劾以诗讽新法，下狱，即“乌台诗案”。出狱后责授黄州团练副使，本州看管，于州城外东坡筑室垦地。哲宗时迁中书舍人、翰林学士知制诰兼侍读。对司马光尽废新法不满，遂出知杭州，筑苏堤于西湖。元祐六年(1091)，诏为翰林学士承旨，次年诏任兵部侍郎，改礼部兼端明殿学士与翰林侍读学士。绍圣初年（1094)御史劾其掌内外制时作诰命“讥斥先朝”、“诽谤先帝”，旋贬惠州。次年昌华军安置。曾于桄榔林筑茅屋栖身，取名“载堂”，并于此处设东坡书院为汉黎各族学子讲习授业。徽宗立，赦还永州。次年病卒。

系“唐宋八大家”之一，继欧阳修之后成为文坛领袖，推动了诗文革新，倡导“诗文皆有为而作”、“以文为诗”、“以诗为词”。开始打破诗词界限，将革新深入到词的领域，举凡写景、抒情、叙事、说理，苏轼皆可以词表达，冲破南唐冯延巳以来词多写男女恋情、离愁别绪的束缚，使之成为可以独立发展的新诗体。宋词极为兴盛，苏轼实有开创之功。其文纵横捭阖，气势磅礴；其诗词意境恢宏瑰丽，想象新奇丰富，感情热烈奔放，笔墨挥洒自如，发纤秾于简古，寄至味于淡泊。主张风格多样化，“无穷出清新”，反对以一种风格束缚诗词的创造，并冲破词在音律方面过于严格的束缚，“出新意于法度之中，寄妙理于豪放之外”。虽不乏清新婉丽之作，但开创了豪放一派，代表作品有《江城子·十年生死两茫茫》、《念奴娇·赤壁怀古》等。他奖掖后进，著名诗人黄庭坚、秦观、晁无咎、张耒等皆游其门下，人称“苏门四学士”，其作品对后世影响很大。"大江东去，浪淘尽，千古风流人物"等名句，千百年来脍炙人口。工书画，其书骨劲肉丰，意淡态浓，能于拙中见巧，成一代大师。与蔡襄、黄庭坚、米芾并称"宋四家"。著有《东坡七集》、《东坡乐府》、《东坡易传》、《东坡书传》等。

75 辛弃疾（1140—1207），南宋爱国词人。字幼安，号稼轩，历城（今属山东）人。出生时宋室南渡已13年，父早卒，由祖父辛赞抚养成人。幼年从学亳州诗人刘瞻。绍兴三十一年（1161）22岁时，聚众2000人，起事抗金。后加入农民耿京起义队伍，任为掌书记，共图恢复。次年，奉耿京之命，赴建康（今南京）奏归附事。归途中闻耿京被降金的张安国所杀，毅然率50骑突袭济州，擒张安国，押回行在斩首示众。此壮举盛传一时。南归后，历任湖北、湖南、江西、福建等地安抚使等职。其间写成《美芹十论》、《九议》，进奏朝廷。陈述"逆顺之理，消长之势，技之长短，地之要害"（《宋史·本传》），提出抗金恢复的大政方略，以讲和方定，不被采纳，亦不授要职。在地方官任上"宽征薄赋，招流散，教民兵，议屯田"（《宋史·本传》），惩贪吏豪强，赈济饥民，创雄镇一方的飞虎军。种种政绩，引来权臣的忌恨，淳熙八年（1181）被弹劾落职。退居江西上饶带湖，后迁至铅山瓢泉。自谓"人生在勤，当以力田为先"，因此以"稼"名轩，自号"稼轩"。此后20余年间，除短期赴福建、镇江、浙东任职外，主要闲居乡间。嘉泰三年（1203）被起用，先后知绍兴府兼浙东安抚使，知镇江府。终因言官弹劾罢职，不久病卒于铅山。

辛弃疾豪爽尚气节，文才武略，矢志收复中原山河，终未展其宏愿。满腔忠愤，都寄之于词，悲歌慷慨，唱出了时代最强音。《鹧鸪天》（“壮岁旌旗拥万夫”）表达对早年率众抗金英雄壮举的追怀；《破阵子》（“醉里挑灯看剑”）表达对驰骋疆场、杀敌报国的渴望；《永遇乐》（“千古江山”）吊古伤今，自比老将廉颇，抒壮心不已的悲叹，无不包含着词人以身许国的爱国激情。壮志难酬、报国无门的悲愤，也是辛词的重要内容。《水龙吟》（“楚天千里清秋”）登临送目，“把吴钩看了，栏干拍遍；无人会，登临意”，抚栏悲歌，抑郁难平。《摸鱼儿》（“更能消几番风雨”）熔铸经史典故，暗喻南宋危机，忧谗畏讥，抒发深沉悲愤。此外，描绘农村风俗、田园风光的佳作也不乏。《清平乐》（“茅檐低小”）宛如恬适的农舍风俗画。《西江月》（“明月别枝惊鹊”）是幽美的农村夏夜风景画。

辛词题材广阔，体制恢宏，“大声镗鞳，小声铿鍧；横绝六合，扫空万古。其浓丽绵密处，亦不在小晏、秦郎之下”（刘克庄《后村诗话》）。词风以豪迈奔放为主，亦不拘一格，兼有苍凉、婉转、明丽、俊秀等多种风貌。善于用典，亦长白描，刚柔相济，灵活多样。与苏轼并称为“苏辛”。有《稼轩长短句》（12卷）与《稼轩词》（4卷）两种刊本。存词600余首，数量、质量都堪称两宋词人之冠。

76 王羲之（303—361，一说321—379，一说307—365），晋代书法家。字逸少。王旷之子，王导之侄。琅琊（今属山东省）人，后徙居会稽山阴（今浙江绍兴）。曾官秘书郎，为征西将军庾亮参军，后为宁远将军、江州刺史，至右军将军、会稽内史。世称“王右军”，又称“王会稽”。娶郗鉴之女为妻。会稽任上，有善政之誉。后因与王述不合，称病辞官，与诸名士优游山林自适以终。

王羲之初从卫铄学书。后于其父王旷处见前代名家法帖，遂改变初学，博采众长。草书师张芝，正书学钟繇，又习蔡邕、梁鹄、张昶等书。精研诸家体势，增损古法，一变汉、魏质朴书风，而创妍美流便之今体。与钟繇并称“钟王”。享有“书圣”之誉。其草书浓纤折中，正书势巧形密，行书遒媚劲健，千变万化，而体势自然；笔法多变，风流蕴藉，而内含筋骨，入木三分。造诣极深，能一字为数体，一体别成点画。臻于书学峰顶，于中国书法有承前启后之功。其书为世所重。传有蕺山老姥持竹扇卖20钱，羲之书其扇各5字，令索百钱，人争购之。《淳化阁法帖》有卫夫人帖云：“卫有一弟子王逸少，能学卫真书，咄咄逼人，笔势洞精，字体遒媚。”刘宋羊欣赞其书云：“古今莫工。”梁武帝萧衍《古今书人优劣评》云：“王羲之书，学势雄逸，如龙跳天门，虎卧风阙，故历代宝之。”南梁庾肩吾《书品》列羲之书品上之上，与张芝、钟繇同列。唐张怀瓘《书断》列其隶、行、章草、飞白、草书为神品，八分书入妙品。唐太宗酷爱王羲之书，赞其书曰：“详察古今，研篆素，尽善尽美，其惟五逸少乎！”求得其书，用以殉葬。传世书迹很多，面貌不同。《兰亭序》尤脍炙人口，称天下行书第一。楷书有《乐毅论》、《黄庭经》，行草有《频有衷祸帖》、《孔侍中帖》、《快雪时晴帖》、《姨母帖》、《初月帖》、《上虞帖》、《平安帖》等，均有各种刻帖本流传。又胡唐僧怀仁集王羲之字《圣教序》传于世。书论有《题卫夫人笔阵图后》、《笔势论》、《用笔赋》、《记白云先生书诀》等。其丹青亦妙，有《临镜自写真图》、《扇上画小人物图》等。

77 颜真卿（709—785），唐代书法家、文学家。字清臣，小名羡门子，别号应方，京兆长安（今陕西西安市）人。颜回之后，颜师古五世从孙。颜真卿少孤，由母亲殷氏训育，少好儒学，词翰绝纶。唐玄宗开元二十二年（734）进士及第，登甲科。唐代宗时，历官尚书右丞、刑部尚书等，进封鲁郡公，世称“颜鲁公”。唐德宗时，为卢杞所忌，迁太子太师。李希烈叛乱，卢杞又点名让德宗派他去劝谕。李希烈多方诱胁，颜真卿终不屈，后被缢杀。赠司徒，谥“文忠”。

颜真卿书法初学褚遂良，曾三次拜谒张旭，始得秘传真草用笔之法：“用笔须如印印泥。”又云：“真草用笔，悉如画沙，点画净媚，则其道至矣。”颜真卿“自此得攻书之妙”，成为一代大家。正楷端庄雄伟，气势开张；行书遒劲郁勃，刚毅飞动，使古法为之一振，开创了“二王”以外的崭新风格，人称“颜体”。宋陈师道《后山诗话》云：“苏子瞻（轼）云：‘子美（杜甫）之诗，退之（韩愈）之文，鲁公（颜真卿）之书，皆集大成者也。’”《墨池编》云：“鲁公嗜书石，大几咫尺，小亦方寸，碑刻遗迹，存者最多。观《中兴颂》，则闳伟发扬，状其功德之盛；观《家庙碑》，则庄重笃实，见其承家之谨；观《仙坛记》，则秀颖超举，像其志气之妙；观《元次山铭》，则淳涵深厚，见其业履之纯。点如坠石，画如夏云，钩如屈金，戈如发弩。纵横有象，低昂有态，自羲（王羲之）、献（王献之）以来，未如有公者也。”对后世影响很大，至今仍为学书者的楷模。《新唐书·艺文志》著录有《吴兴集》10卷、《庐陵集》10卷、《临川集》10卷，北宋时已散佚。今传宋末留元刚所辑《颜鲁公集》10卷。令狐垣《颜真卿墓志铭》及殷亮《颜鲁公行》又载其编有《韵海镜源》360卷。碑刻有《多宝塔碑》、《李玄靖碑》、《颜家庙碑》、《麻姑仙坛记》、《争坐位帖》等。书迹有《自书告身》及《祭侄文稿》。新旧唐书均有《颜真卿传》，事迹又见令狐垣《颜真卿墓志铭》及殷亮《颜鲁公行状》、《唐国史补》等。

78 陶渊明（365或372或376—427），东晋文学家。一名潜，字元亮，私谥靖节。浔阳柴桑(今江西九江)人。《晋书》、《宋书》均谓其系陶侃曾孙，后人亦有疑其说者。祖茂，曾任武昌太守。父逸，曾任安城太守。太元十八年（393）任江州祭酒，元兴三年（404）为镇军将军刘裕之参军，旋又为建威将军江州刺史刘敬宣之参军。义熙元年（405）任彭泽县令，在职81天，因不满现实黑暗，不愿为五斗米折腰，弃官归田。诏征著作郎，称疾不就。

陶渊明今存诗文辞赋120余篇，多为归隐后作。散文以《桃花源记》最有名，构想一无剥削无压迫的理想王国。《五柳先生传》是一篇自传性作品。《归去来兮辞》叙写归隐原因及隐居后的舒畅情怀。赋以《感士不遇赋》揭露时弊最深，鞭挞最力。诗以田园诗成就最高，代表作《归园田居五首》、《饮酒诗二十首》等表现对黑暗社会的憎恶，对田园生活的热爱和对自然景物的赞美。《杂诗十二首》表现不负盛年、及时勉励的积极思想。《咏荆轲》、《读山海经·精卫衔微木》等篇，寄寓怀抱，颇多慷慨悲愤之音。其作品亦有明哲保身、及时行乐、人生无常之消极思想流露。艺术上兼有刚健豪放与恬静冲淡的特色，而后者最能代表其艺术风格。其诗情感真切，意境淡远，语言质朴，在玄言诗统治晋代文坛时能独树一帜。其人、其文不合时尚，故不为当世所重。

刘勰《文心雕龙》对陶渊明未作评价，钟嵘《诗品》仅将其列入中品。萧统为最早重视陶诗者，始编陶诗8卷，并为其作传及序，但《文选》中所选陶诗不及谢灵运多。自唐始被重视，为李白、杜甫所推崇。至宋，更受文人的普遍重视，苏轼有和陶诗百余篇。清沈德潜评陶为“六朝第一流人物”（《说诗晬语》)。有《陶渊明集》、《搜神后记》。生平事迹见《晋书》卷九四、《宋书》卷九三、《南史》卷七五。后人评陶、研陶资料有颜延之《陶征士诔并序》，萧统《陶渊明传》及《陶渊明集序》，钟嵘《诗品》，王质《栗里谱》，丁晏《晋陶靖节年谱》，梁启超《陶渊明年谱》，逯钦立校注《陶渊明集》，王瑶注《陶渊明集》，北京大学中文系编《陶渊明诗文汇评》，北京大学、北京师范大学中文系编《陶渊明研究资料汇编》。

79 欧阳修（1007—1073），北宋文学家、史学家。字永叔，40岁自号醉翁，晚年又号“六一居士”。吉水(今属江西省)人。谥号“文忠”。

幼年欧阳修借书披阅，沙地练字，刻苦而早慧。天圣七年（1029）参加国子监考试，获第一。次年参加进士考试，再中第一名，充西京（今河南省洛阳市）留守推官，时年24岁。在西京期间，与尹洙、梅尧臣、苏舜钦等相互往来，诗文唱和。景祐元年（1034）任职京师，介入政事。因支持范仲淹改革，横身挡事，受诬被降职峡州夷陵（今湖北省宜昌市）县令。在夷陵，备添愤然孤寂之情，写出《读李翱文》那样的慨叹之文。庆历年间，仁宗锐意改革，欧阳修受诏归京，鼓吹支持“庆历新政”。新政夭折后，又受诬于男女财产之事，被降职滁州上任。滁州地僻事简，其俗安闲，欧阳修于此忘却烦恼，浑然成为“醉翁”，醉于山水之间。而后又调任颍州，关怀民瘼，写下《食糟民》之类作品。至和元年（1054），奉诏重返汴京，被命为权判流内铨，为实权官位。任上，举荐后进，修书《论权贵子弟冲移选人》等文，激怒权贵，屡遭诬陷，便上书远引疾去，想先出知地方官，进而归田。熙宁四年（1071），累章告老，终于回到颍州西湖之滨。不料归田才一年，便患病而逝，享年66岁。

作为“天下翕然而师尊之”的一代文宗，欧阳修于诗、文、词均有贡献。其文“文备众体，变化开阖，因物命意，各极其工”（吴充《欧阳公行状》），无论政论、游记、墓志铭、祭文、抒情小赋，以至序、跋，均有佳篇，开一代文风，为“唐宋八大家”承前启后之中坚，直到明清，依然被奉为宗师。诗作逊于散文，多说理、议论，有散文化倾向，虽其宗旨在于反对堆砌故实、雕琢字句的风气，但有意“以文为诗”不免有矫枉过正之处。其词胜于诗，数量也较多，无论写男女恋情、感慨遭遇、伤时叹老、山水风光，均出自真心，故而清疏隽永、蕴藉沉厚。近代冯煦在《宋六十家词选·例言》中认为欧阳修词“疏隽开子瞻，深婉开少游”，可见其地位举足轻重。另外，作为史学家，他的历史专著有《新五代史》75卷，《新唐书》225卷。有《欧阳文忠集》传世。《宋史》有《欧阳修传》。

80 韩愈（768—824），唐代文学家。字退之。河阳（今河南孟县）人。郡望昌黎，世称韩昌黎，晚年任吏部侍郎，谥文，因又称韩吏部、韩文公。3岁而孤，由兄韩会抚育。自幼备尝艰辛，少即究心古训，通习六艺。贞元八年（792）登进士第。三上吏部试不入选，乃先后赴汴州董晋、徐州张建封节度使幕府任职。后至京师，官四门博士、监察御史。十九年，因上书论事得罪权要，贬阳山令。元和元年（806）诏为国子博士。后迁为职方员外郎。七年，坐事降为国子博士。十二年，从裴度讨淮西吴元济有功，升任刑部侍郎。十四年，因上表谏迎佛骨，贬潮州刺史。次年诏拜国子祭酒。长庆二年（822）以赴镇州宣抚王廷凑兵变有功，转任吏部侍郎、京兆尹等职。四年冬，卒于长安。

韩愈与柳宗元并称“韩柳”，同为中唐古文运动倡导者，同被列入“唐宋八大家”。文学上主张文以载道，文道合一，“学古道则欲兼通其辞，通其辞者，本志乎古道者也”（《题欧阳生哀辞后》）。力反六朝以来的骈偶文风，提出以先秦两汉古文为创作标准，“非三代两汉之书不敢观，非圣人之志不敢存”。认为要写出有充实内容的作品，首先应有良好的道德修养，“气盛则言之短长与声之高下者皆宜”。为文既强调创新，“惟陈言之务去”（均见《答李翊书》），又力求平易晓畅，“文从字顺各识职”（《南阳樊绍述墓志铭》），创造出一种清新流畅的新文体，并造就了一大批古文作者。苏轼以“文起八代之衰，而道济天下之溺”（《潮州韩文公庙碑》）誉之，对后世散文发展影响甚巨。其散文在继承秦汉散文优良传统的基础上，又吸收了骈文长处和古今语言精华，形成了气势充沛、雄奇奔放、纵横开阖、奇偶交错的风格。后人谓其文“如长江大河，浑浩流转”（苏洵《上欧阳内翰书》）。其名篇甚多，《原道》、《师说》、《进学解》、《张中丞传后叙》、《祭十二郎文》、《送李愿归盘谷序》可为代表。其诗与孟郊齐名，并称“韩孟”，多有反映现实，抨击时弊之作，如《丰陵行》、《华山女》等；亦有咏怀述志、咏物纪行之作，如《山行》、《秋怀》等。其诗风雄奇壮伟、光怪陆离，如《南山》、《月蚀诗效玉川子作》等，然《杏花》、《早春呈水部张十八员外》、《山石》等诗则不乏自然清新之态。又好“以文为诗”，即以古文之章法句式入诗，且多发议论，于宋诗之散文化、议论化影响极大。叶燮云：“韩愈为唐诗之一大变。其力大，其思雄，崛起特为鼻祖。”（《原诗》）有《韩昌黎集》。生平事迹见《全唐文》卷六八七皇甫湜《韩文公墓志铭》、卷六三九李翱《韩公行状》，

《旧唐书》卷一六〇,《新唐书》卷一七六。宋洪兴祖有《韩子年谱》。

81 柳宗元(773—819),唐代散文家、诗人。字子厚。河东(山西永济)人,世称“柳河东”。少年时聪颖能文,有美名。贞元九年(793)进士及第。贞元十二年登博学宏辞科。贞元十五年为集贤殿书院正字。贞元十七年,出为蓝田尉。贞元十九年回长安任监察御史里行。顺宗即位,为礼部员外郎。积极参与王叔文领导的“永贞革新”。革新失败,被贬为邵州刺史,再被贬永州司马。元和十年(815)奉诏还京,不久贬为柳州刺史,世称“柳柳州”。在柳州宽刑爱民,政绩卓著,元和十四年卒,时年47岁。

柳宗元具有进步的政治思想和朴素的唯物主义思想。他与韩愈一道倡导中唐古文运动,主张“文以明道”,提倡先秦两汉散文质朴流畅的传统,反对形式主义的骈俪文风,其文与韩愈齐名,并称“韩柳”。柳宗元的散文题材广泛,形式多样。可分为四类:第一类是议论文,主要阐述他的哲学思想和政治主张,如《封建论》、《天对》、《六逆论》。第二类是传记文,其题材多取于下层人物,往往通过对人物的描绘揭露弊政,如《捕蛇者说》、《种树郭橐驼传》。第三类是寓言,往往以巧妙比喻,把笔锋触向社会深处,能发人深思。柳宗元为寓言的发展做出了重要的贡献,从他之后,寓言便成了一种独立的文学体裁。其著名寓言有《三戒》、《罴说》、《蝜蝂传》等。第四类是山水游记,代表作是《永州八记》。《唐才子传》称其“天才绝伦,文章卓伟,一时行辈,咸推仰之”。柳宗元的诗与散文一样,大多是被贬之后所作。如著名的七律诗《登柳州城楼寄漳汀封连四州刺史》,抒发了诗人遭贬谪后的愁苦之情和对同遭贬谪的其他好友的深切思念;《田家》三首表现了对劳动人民的同情;《笼鹰词》、《行路难》或借用神话，或托言禽鸟来讽喻现实;《江雪》、《渔翁》写山水风光与隐逸生活，风格近似陶渊明与韦应物。苏轼评其诗“在陶渊明下，韦苏州上”(《又论柳子厚诗》)。

柳宗元卒后，曾由友人刘禹锡编次其遗文30通，并撰有《柳君集纪》。现存有《柳宗元集》(或称《柳河东集》)45卷,《新唐书·艺文志》著录有柳宗元注《扬子法言》13卷。《全唐诗》卷三五O—三五三录有其诗4卷,《全唐文》卷五六九—五九三存其文25卷。近人章士钊所著《柳文指要》(中华书局，1971)是有关柳宗元及其作品的研究专著，在学术界较有影响。中华书局曾于1979年出版了吴文治等人点校整理的《柳宗元集》4册。人民文学出版社曾于1982年出版了孙昌武所著《柳宗元传论》。

82 罗贯中(约1330—约1400)，元末明初小说家、戏曲作家。据考订，一般认为，名本，字贯中。杭州人，祖籍太原。有关生平资料很少。据《录鬼簿续编》记载:“罗贯中太原人，号湖海散人，与人寡合。乐府、隐语，极为清新，与余为忘年交，遭时多故，各天一方，至正甲辰复会，别来又六十余年，竟不知所终。”

关于他的生平,《录鬼簿续编》记载罗贯中“与人寡合”，“遭时多故”，与贾仲明“各天一方”。王圻《稗史汇编》谓罗贯中与葛可久“皆有志图王者”，因值朱元璋这样的“真主”统一了天下，葛就“寄神医工”，罗则“传神稗史”。罗贯中生当元末社会动乱，有自己的政治理想，不苟同于流俗，东奔西走，参加了反元起义斗争，明朝建立之后，即结束了政治生涯，而专心致力于小说创作。清代徐渭仁《徐所绘水浒一百单八将图题跋》又谓“罗贯中客伪吴，欲讽士诚”，以为罗贯中曾入吴王张士诚幕，虽系传说，但亦不无可能。

从其作品看，罗贯中阅历丰富，他的足迹踏遍江南浙赣一带。又是一位很有政治抱负的作家，传说中他曾在张士诚府做过幕僚。他推崇“圣君”、“贤相”，主张“忠君爱民”，以仁政治天下。据记载他的作品有数十种，保存下来的小说有《三国志通俗演义》、《残唐五代史演义传》、《隋唐两朝志传》和《三遂平妖传》，杂剧有《赵太祖龙虎风云会》。

83 汤显祖（1550—1616），明代戏曲作家。字义仍，号海若，又号若士，别署清远道人。临川（今属江西）人。

汤显祖出身书香门第，早有才名，12岁时的诗作即已显出才华。14岁补县诸生，21岁中举。这时，他不仅于古文诗词颇精，而且能通天文地理、医药卜筮诸书。26岁时刊印第一部诗集《红泉逸草》，次年又刊印诗集《雍藻》（未传），第三部诗集名《问棘邮草》。28岁时作第一部传奇《紫箫记》，得到友人的合作，但未完稿，10年后改写为《紫钗记》。34岁中进士，在南京先后任太常寺博士、詹事府主簿和礼部祠祭司主事。万历十九年（1591），作著名的《论辅臣科臣疏》，批评神宗朱翊钧即位后的朝政，抨击宰辅张居正和申时行，因而被贬广东徐闻任典史。二十年调任浙江遂昌知县，颇多善政，并有诗作讽刺朝政，关心民间疾苦。《感事》诗直接讽刺皇帝醉心求金开矿而造成弊端：“中涓凿空山河尽，圣主求金日夜劳。赖是年来稀骏骨，黄金应与筑台高。”二十六年弃官归里。家居期间，心情颇矛盾，一方面希望有“起报知遇”之日，一方面却又只望“朝廷有威风之臣，郡邑无饿虎之吏，吟咏升平，每年添一卷诗足矣。”后逐渐打消仕进之念，专事写作。

汤显祖平生才气主要用在传奇（南曲）的创作上，传世之作有《牡丹亭》、《邯郸记》（演唐人《枕中记》故事）、《南柯记》（演唐人《南柯太守传》故事）和《紫钗记》（演唐人《霍小玉传》故事），因这四部传奇中都有“梦”，故合称“玉茗堂四梦”或“临川四梦”。“玉茗堂”是汤显祖的书斋名。在“四梦”中，《牡丹亭》最负盛名。

84 关汉卿（约1220—1300），元代杂剧作家，生卒年不详。名不详，号已斋，一作一斋。大都（今北京市）人。关于他的籍贯，还有祁州（今河北省安国县）伍仁村（乾隆《祁州志》卷八）、解州（今山西省运城县）（《元史类编》卷三十六）等几种不同的说法。

关汉卿是元杂剧奠基人，曾创作杂剧63种，约占元人杂剧总数的十分之一。现存杂剧18种，有《窦娥冤》、《救风尘》、《调风月》、《单刀会》、《望江亭》、《蝴蝶梦》、《玉镜台》、《金线池》、《谢天香》、《绯衣梦》、《西蜀梦》、《哭存孝》、《鲁斋郎》、《陈母教子》、《王侯宴》、《裴度还带》、《单鞭夺槊》、《西厢记》（第五本）。前五种是代表作，后六种是否为汉卿所作，历来说法不一。另有《哭香囊》、《春衫记》、《孟良盗骨》仅存残曲。所作散曲，今存小令50多首，完整的套曲12套。大部分保存于元人杨朝英的《阳春白雪》和《太平乐府》中。散曲写得生动清新，有诗词韵味。如《别情》、《青杏子》。《不伏老·南吕一枝花套》写得幽默风趣，有自叙性质。由于他生活于社会底层，出入瓦舍，与书会才子、民间艺人往还，有深厚的生活体验，所写杂剧暴露了封建统治的黑暗腐败，表现了对人民苦难生活的同情，尤其对妇女们的遭遇与斗争表现得更为突出，塑造了一系列的典型形象，如窦娥、赵盼儿、王瑞兰、谭记儿、燕燕等，性格鲜明，生动感人。戏曲的故事情节曲折、生动，结构完整，善于处理戏剧冲突，表现了广阔的社会内容。曲词本色而精练，善化民间口语为独具风格的戏剧语言。王国维称他“一空倚傍，自铸伟词，而曲尽人情，字字本色，故当为元人第一”(《宋元戏曲考》)，并非过誉。元末明初的贾仲明说他“驱梨园领袖，总编修帅首，捻杂剧班头”(《挽关汉卿辞》，指出他在戏剧界的重大影响。关汉卿戏剧的现实主义精神与戏剧艺术技巧，促进了我国古典戏剧的发展。今存《关汉卿戏曲集》。其生平略见于《录鬼簿》(元钟嗣成)、《析津志》(元熊梦祥)、《太和正音谱》(明朱权)。

85 唐玄奘（600或602—664），唐初佛教高僧，中国佛教四大译经家之一，法相唯识宗创始人，又称“三藏法师”、“唐僧”。俗姓陈，名祎。洛州缑氏(今河南偃师南缑氏镇)人。

13岁出家，21岁受具足戒。曾游历各地，参学《涅槃经》、《摄大乘论》、《杂阿毗昙心论》、《俱舍论》、《成实论》等，感到各师所说不一，各种经典也不尽相同，决心西行求法，以释所惑，“并取《十七地论》(即《瑜伽师地论》)以释众疑”。曾陈表朝廷奏请去西方“遵求遗法”，未被允纳。贞观三年(629)长安饥荒，朝廷令百姓可自行求生，他即从长安（今陕西西安市）西行，经姑臧（今甘肃武威）、敦煌，出高昌（今新疆吐鲁番）及中亚诸国，边游边学，辗转到达中印度摩揭陀国王舍城，入当时印度佛教中心那烂陀寺，历时5年（634—638）。从戒贤学《瑜伽师地论》，并重听《显扬圣教论》、《对法论》、《集量论》、《中论》、《百论》、《俱舍论》、《大毗婆论》、《顺正理论》、《因明论》等，兼学《声明记论》。后游历印度东部、南部、西部、北部数十国，到处参学。又四年，约642年，重回那烂陀寺，戒贤让他主讲《摄大乘论》、《唯识抉择论》。该寺师子光根据中观学说，批驳“瑜伽”思想，玄奘著《会宗论》3000颂，融会空、有二宗。曾和“顺世论”者辩论获胜。戒日王于曲女城设无遮大会，玄奘著《制恶见论》1600颂，折服正量部论师之《破大乘论》，获得更大声誉，被尊为“大乘天”、“解脱天”。贞观十九年（645）返长安。史书记载，玄奘西行求法，往返17年，旅程5万里，“所闻所履，百有三十八国”，带回大小乘佛教经律论共520夹，657部。当时太宗住洛阳，玄奘东归，即受召见，请其回住长安弘福寺，后又住大慈恩寺。从贞观十九年开始，从事译经，20年间，先后译出大小乘经论共75部，1335卷，其中主要有《大般若经》、《大菩萨藏经》、《解深密经》、《瑜伽师地论》、《大毗婆沙论》、《摄大乘论》、《显扬圣教论》、《集论》、《杂集论》、《观所缘论》、《辨中边论》、《发智论》及其“六足”论、《俱舍论》等。还把《老子》和《大乘起信论》译为梵文，传入印度。把入印见闻撰成《大唐西域记》12卷。编成《成唯识论》，为法相宗所依主要典籍。所译《因明入正理论》，开创因明学的系统研习。其在印度的论著已皆佚散，传说“真唯识量”、“三类境”颂为其所撰。另有表章书函，散见于《三藏法师传》中。弟子几千人，著名的有窥基、圆测、普光、法宝、神泰、靖迈、慧立、彦悰、神防等。

86 慧能（638—713），唐代僧人。禅宗南宗创始人，佛教史上称为禅宗六祖。据《坛经》、王维《六祖能禅师碑铭并序》、《曹溪大师别传》等载，俗姓卢。故后又称“卢老”。其父行瑫官于范阳（今河北涿县），后左降迁流岭南新州（今广东新兴）。出生于岭南，因其父不久即去世，故家境贫困，母子相依为命。一日，于市中听人念《金刚般若经》，得知受自黄梅弘忍。乃于龙朔元年（661），赴黄梅参礼弘忍，做一“行者”，于碓房舂米，前后8月。弘忍为选嗣法弟子，命寺僧各作一偈。上座神秀主张渐修，其偈曰：“身是菩提树，心如明镜台；时时勤拂拭，勿使惹尘埃。”慧能主张顿悟，让人代书，也作一偈曰：“菩提本无树，明镜亦非台；本来无一物（此句敦煌本作“佛性本清净”），何处惹尘埃！”得弘忍赞许，密授法衣。因惧他人争夺法衣，乃回到岭南，混迹市廛16年。仪凤元年（676），在南海法性寺遇印宗法师，得以落发，智光律师临坛为授满分戒。翌年，回韶州（今广东韶关）曹溪宝林寺，弘扬“直指人心，见性成佛”的顿悟法门；与神秀在北方倡导宣传的渐修法门相对，史称“南顿北渐”、“南能北秀”。武则天和唐中宗曾分别诏他入京，均被拒绝。卒后，唐宪宗追谥为“大鉴禅师”。王维、柳宗元、刘禹锡都曾为其撰写碑铭。弟子有神会、怀让、行思等40余人。

其禅学首先从原则上否定净心、念佛、坐禅等传统意义的禅法。在此基础上，提出“定慧等学”、“戒禅一致”的观点。又依《大乘起信论》说“一行三昧”，主张“于一切时中行住坐卧，常行直心”。自称其法门乃“无念为宗，无相为体，无住为本”。所谓“无相者，于相而离相；无念者，于念而不念；无住者，为人本性，念念不住”并将上述思想归结和落实到“顿悟”上，将“顿悟”视为成佛的一大途径。所谓“顿悟”，指出刹那领悟自性佛性，便是成佛之时。故后人称其创立的禅宗为“不立文字”、“教外别传”、“直指人心”、“见性成佛”。弟子法海将其说法内容汇编成书，名《坛经》，是为后来禅宗的“宗经”。

87 韩国，位于亚洲大陆东北朝鲜半岛南部，东濒日本海，西面与中国山东省隔海相望，面积9.96万平方公里，半岛海岸线全长约1.7万公里（包括岛屿海岸线）。地形东北高、西南低，山地面积约占70%。属温带季风气候。韩国人口4874.7万，全国为单一民族，通用韩语，其中50%左右的人口信奉基督教、佛教等宗教。

近代朝鲜半岛曾遭受日本的殖民统治，直到1945年由于日本战败才得以光复。

1948年8月15日大韩民国成立，李承晚当选首任总统。1960年李承晚在全国性学生运动中下台。1961年朴正熙发动军事政变，此后长期执政，期间韩国经济实现持续高速增长。1979年朴正熙遇刺身亡，全斗焕发动政变，并于1980年出任总统。1987年韩国当局迫于民主运动压力修改宪法，开始实行总统直选。

韩国现行宪法是1987年10月全民投票通过的新宪法，1988年2月25日起生效。

新宪法规定，韩国实行三权鼎立、依法治国的体制。根据这部新宪法，总统是国家元首和全国武装力量司令，在政府系统和对外关系中代表整个国家，总统任期5年，不得连任。

总统是内外政策的制定者，可向国会提出立法议案等；同时，总统也是国家最高行政长官，负责各项法律法规的实施。总统通过由15—30人组成并由其主持的国务会议行使行政职能。作为总统主要行政助手的国务总理由总统任命，但须经国会批准。

国务总理有权参与制定重要的国家政策。总统无权解散国会，但国会可用启动弹劾程序的方式对总统进行制约，使其最终对国家宪法负责。

从20世纪60年代开始，韩国政府成功地推行以增长为主的经济政策，70年代之后正式走上发展经济的轨道，创造了举世闻名的“汉江奇迹”。到80年代，韩国一改贫穷与落后的面貌，呈现出繁荣和富裕的景象，成为国际市场上一个具有竞争力的国家。

如今，韩国经济实力雄厚，钢铁、汽车、造船、电子、纺织等已成为韩国的支柱产业，其中造船和汽车制造等行业更是享誉世界。大企业集团在韩国经济中占有十分重要的地位，三星、现代、ＳＫ、ＬＧ和ＫＴ（韩国电信）等大企业集团创造的产值在国民经济中所占比重超过60%。

近年来，韩国经济保持中速增长。李明博政府提出“747计划”，即年均经济增长率达到7%、10年内实现人均收入4万美元、10年内使韩国发展成为世界第7大经济强国。韩国2009年的名义国内生产总值约为1050万亿韩元，连续两年超过1000万亿韩元。

在文化方面，韩国是个具有悠久历史和灿烂文化的国家，在文学艺术等方面都有自己的特色。韩国的美术主要包括绘画、书法、版画、工艺、装饰等，既继承了民族传统，又吸收了外国美术的特长。韩国的绘画分东洋画和西洋画，东洋画类似中国的国画，用笔、墨、纸、砚表现各种话题。此外还有各类华丽的风俗画。与中国、日本一样，书法在韩国是一种高雅的艺术形式。

韩国人素以喜爱音乐和舞蹈而著称。韩国现代音乐大致可分为“民族音乐”和“西洋音乐”两种。民族音乐又可分为“雅乐”和“民俗乐”两种。雅乐是韩国历代封建王朝在宫廷举行祭祀、宴会等各种仪式时由专业乐队演奏的音乐，通称“正乐”或“宫廷乐”。民俗乐中有杂歌、民谣、农乐等。乐器常用玄琴、伽耶琴、杖鼓、笛等。韩国民俗乐的特色之一是配上舞蹈。韩国舞蹈非常重视舞者肩膀、胳膊的韵律。道具有扇、花冠、鼓。韩国的舞蹈以民族舞和宫廷舞为中心，多姿多彩。韩国的戏剧起源于史前时期的宗教仪式，主要包括假面具、木偶剧、曲艺、唱剧、话剧5类。其中假面具又称“假面舞”，为韩国文化象征，在韩国传统戏剧中占有极为重要的地位。

20世纪60年代后，韩国通过实行以制造业发展为主的经济政策，实现了国民经济的飞速发展。但是这一时期，韩国政府对文化产业的发展始终较为缓慢，直到20世纪80年代末期，政府才对文化产业的发展有所重视。1986年，韩国政府在第六个经济发展五年计划中提出了“文化的发展与国家的发展同步化”这一重要的政策目标，为韩国文化产业的发展奠定了基础。1990年，在《文化发展十年规划》中提出了“文化要面向全体国民”的政策理念。1993年，出台了“文化繁荣五年计划”，将文化产业的开发作为重要目标之一。1994年，在文化观光部正式设立文化产业局，负责管理出版业、音像业、广播影视业、广告业等文化内容产业的发展，同时着手制定《文化产业振兴法》等文化产业的法律体系，完善各种文化政策综合计划。亚洲金融危机之后，韩国政府认识到文化产业发展的重要性和必要性。1998年，韩国开始实施“文化立国”方针，将文化产业作为21世纪发展国家经济的战略性支柱产业，并随之诞生了“韩流”。在十余年的时间里，韩国文化产业实现了跨越式发展。据统计，2004年韩国文化产品已经在世界市场上占到3.5%，成为世界第五大文化产业强国。

韩国在遭到亚洲金融风暴后，韩国政府许多部门都在裁减人员，只有文化部门不减反增。电玩产业异军突起，迅速成为韩国新的经济增长点。一部分失业人员用遣散金投资网吧业，韩国网吧如雨后春笋般发展起来。同时韩国政府还开设游戏专业教育机构，设立了20多个文化产业大学、游戏学院和游戏学校。1998年，韩国成立了游戏产业振兴中心，大力促进文化产品的出口。这种优先发展文化产业的战略已收到了显著成效。如为家用电脑开发设计的数字化游戏，由于被确定为韩国的国家战略产业，自1998年以来产值翻番增长。其中“任天堂”游戏最突出，不仅风靡亚洲，而且与微软和索尼在世界游戏产品市场形成鼎足之势，直接促进了电子商务在其他领域的发展，逐渐把“韩国制造”推向“韩国创作”。1999年韩国文化观光部、产业资源部、信息通讯部通力合作，建立了各自下属的游戏综合支援中心（主管游戏产业园区建设和管理）和游戏技术开发中心（主管游戏产业技术开发），形成合力，重点扶持游戏产业，政府平均每年还拨出1.7亿美元辅助游戏厂商进行研发。游戏产业的高速发展使韩国较快地走出了1997年的亚洲金融风暴阴影。

为实施文化发展战略，从1999年到2001年，韩国政府先后制定了《文化产业发展五年计划》、《文化产业前景21》和《文化产业发展推进计划》，明确了文化产业发展战略和中长期发展计划。2000年成立了“韩国文化产业振兴委员会”，负责制定国家文化产业政策方向，发展计划及文化产业振兴基金运营方案，检查政策执行情况，开展有关调查研究。2001年又成立文化产业振兴院，负责制定文化产业政策，策划产业内容，组织专门人才培养，开拓海外市场及开展国际交流等。在法制建设方面，韩国政府先后出台了《文化产业振兴法》、《设立文化地区特别法》等项法规。近些年又陆续对《影像振兴基本法》、《著作权法》、《电影振兴法》、《演出法》、《广播法》、《唱片录像带暨游戏制品法》等作了部分或全面修订，为文化产业的发展提供了较为全面的法律法规保障。

在文化产品出口方面，政府对影视、网络游戏等文化产品的输出提供了大量的支持。在韩国经济恢复过程中，文化产业最活跃、成长最快。现在，韩国是公认的文化出口大国。韩国以中国、日本为重点的东亚地区作为目标市场，注重市场调研，针对地区特点开发适销对路的名牌文化产品。构筑海外营销网，积极利用网络、外国代理商，开发直销、合作经销等多种手段，为韩国文化产品走向世界开辟途径。电子游戏被确定为韩国的国家战略产业后，自1998年以来产值翻了一倍。韩国三大电视公司之一的MBC，在2002年6月上海电视节上卖出了100多万美元的片子，而几年前才卖了5万美元。目前“韩剧”已成为亚洲收视率记录的代名词，由此带来的经济效益令人瞩目，据韩国统计，仅一部《冬季恋歌》2000年就为韩国经济贡献了10亿美元。

在本土文化输出方面，首先，韩国通过重大的国际活动如奥运会、世博会、世界杯等挖掘和宣传本土特色文化，树立起“文化韩国”的形象。其次，韩国将传统文化背景融入到现代生活中，借助具有韩国特色的“韩流”传播韩国文化。以游戏、影视、时装、舞蹈、食文化等为主打的“韩流”席卷整个中国和日本后，韩国又以此为平台，通过树立品牌和建立机构，扩大“韩流”在全球的影响力，建立了一系列推广“韩流”的组织机构，包括在首尔建立“韩流发祥地园地”，在“韩流”影响大的国家和城市设办事处，在韩国多个城市举办“韩流商品博览会”等。

韩国实行教育“高投资”政策。其教育投资是世界上最高的国家之一。政府自2000年到2005年共投入2000多亿韩元培养文化产业复合型人才，推动产、学、研结合，成立“CT产业人才培养委员会”（CT=Culture Technology），在文化产业振兴院建立文化产业专门人才数据库。同时，加强与国外的人才交流与合作。选派人员出国研修，加快培养具有国际水平的文化产业专业人才，以增强国际竞争力。此外，韩国政府还开设了相当于大学本科的传统文化学校，开设科学保护、文物管理、文化遗产、传统工艺美术等专业，对于文化人才的培养也起到了重要的作用。

在始终明确“文化立国”方针的前提下，韩国文化产业得到了飞速发展。韩国文化产业振兴院在2000年至2001年仅两年期间，成功运作“投资组合”17项，共融资2073亿韩元。2001年，韩国电影振兴公社通过“电影专门投资组合”融资3000亿韩元，保障电影事业的发展。韩国政府规划了10多个文化产业园区，10个传统文化产业园区和1—2个综合文化产业园区。2003年，涵盖韩国出版、漫画、游戏、电影、动画片、广播电视、互联网及移动文化信息等10个文化产业领域的市场销售额为44万亿韩元，占当年韩国GDP的6%。2007年，韩国文化产业产值约为650亿美元，同比增长7.4%，连续5年年均增长达到9%以上，是同期经济增长率的近2倍，文化产业占GDP的比重近7%；文化产品出口达100亿美元，占世界文化市场5%的份额，成为世界前5强。文化产业的发展同时也带动了韩国整体经济的发展，如网络游戏产业带动韩国的宽带网络的普及，并直接促进了电子商务在其他领域的发展；影视产品的出口促进了文化旅游业的发展等等。

88 郭沫若（1892—1978），诗人、剧作家、历史学家。原名郭开贞，号尚武、鼎堂、定甫。笔名麦克昂、易坎人、羊易之、谷人、爱牟、杜顽庶、高汝鸿、安娜、白圭、牛何之、杜荃、杜衎、石沱生、龙子、克拉克等。四川乐山人。1906年入嘉定高小。次年升入嘉定中学。1910年插入成都分设中学。1914年赴日本留学。翌年相继考入东京第一高等学校预科和冈山第六高等学校。1918年进九州帝国大学医科。1919年组织夏社，开始发表新诗。1921年4月回国，与成仿吾、郁达夫等组织创造社，创办《创造季刊》。同年，第一部诗集《女神》出版。1923年从帝国大学毕业后回国，编辑《创造周报》、《创造日》。1924年再次东渡日本，翻译河上肇的《社会组织与社会革命》。同年9月回国。1926年任广州中山大学文学院长，随后参加北伐，任革命军政治部宣传科长和副主任。1927年参加八一南昌起义，任起义军政治部主任，不久加入中国共产党。1928年2月流亡日本。在日期间，从事甲骨文和中国古代历史研究。1937年七七事变后回国，投身抗日救亡运动，任救亡日报社社长。1938年到武汉，任国民政府军委政治部第三厅厅长，团结文化界爱国人士进行抗日斗争。同年冬到重庆。1940年任文化工作委员会主任。皖南事变后，创作了《屈原》等大型历史剧。1945年夏访问苏联。1946年5月离开重庆，在上海、香港等地领导文化界进行民主革命斗争。1948年赴东北解放区。1949年抵北平，在全国第一次文代会上被选为全国文协主席。新中国成立后，历任政务院副总理兼文教委员会主任，中国科学院院长、哲学社会科学部主任，中国科技大学校长，中国人民保卫世界和平委员会主席，历届全国人大常委会副委员长、中共中央委员等职。1978年6月12日在北京逝世。主要作品有诗集《女神》、《星空》、

《瓶》、《恢复》、《前茅》、《新华颂》，历史剧《屈原》、《虎符》、《棠棣之花》、《孔雀胆》、《南冠草》、《蔡文姬》、《武则天》，回忆录《创造十年》、《洪波曲》等；历史研究专著有《青铜时代》、《甲申三百年祭》等；古文字学研究专著有《甲骨文字研究》、《殷周青铜器铭文研究》、《金文丛考》等；译有《浮士德》、《茵梦湖》、《少年维特之烦恼》等。均收入《郭沫若全集》。

89 冯友兰（1895—1990），现当代著名哲学家。字芝生。河南南阳唐河人。1915年入北京大学学习哲学。1919年留学美国。1924年获美国哥伦比亚大学研究院哲学博士学位。回国后曾先后担任中州大学、广东大学、燕京大学、清华大学及西南联大的哲学教授和文学院院长、校务会议主席等职。此间曾一度赴美任宾夕法尼亚大学客座教授。新中国成立后，曾任清华大学校务委员会主席，1952年起一直在北京大学任教授，并为中国科学院哲学社会科学部学部委员。其哲学活动可分为四个时期：一、1919—1926年，代表作是《人生哲学》，侧重从人生问题出发探讨了东西方文化问题；二、1926—1935年，写成《中国哲学史》上下卷，提出“子学时代”和“经学时代”的概念，并自述其研究哲学史曾受到黑格尔“正”、“反”、“合”三段论公式的影响，“故吾之正统派的观点，乃黑格尔所说之‘合’，而非其所说之‘正’也”（《中国哲学史·自序》）。该书代表了当时中国资产阶级学者研究中国哲学史的水平；三、1936—1948年，相继写出《新理学》、《新事论》、《新世训》、《新原人》、《新原道》、《新知言》6本专著，其研究课题从哲学史深入到哲学本身。这些论著以新实在论的哲学方法来阐释和发挥程朱理学“理在气先”的哲学思想，架构了一个内容丰富、结构完整的客观唯心主义哲学体系；四、1949—1990年，代表作是多卷本《中国哲学史新编》。在“自序”中表示“我所希望的就是用马克思主义的立场、观点和方法重写一部《中国哲学史》”。该书的特点是结合社会环境分析历史上每一位哲学家哲学思想的发展与变化，每一学派的产生、演变和嬗递。他希望《新编》能够“成为一部以哲学史为中心而又对于中国文化有所阐述的历史”。其著作还有《中国哲学史补》、《中国哲学简史》、《中国哲学史论文集》（初集、二集）、《中国哲学史史料学初稿》、《三松堂学术文集》、《三松堂自序》、《三松堂全集》等。

90 陈寅恪（1890—1969），现代古典文学研究家、史学家。江西修水人。祖父陈宝箴，主张变法维新。陈寅恪自幼学习经史，1904年到日本巢鸭弘文学院求学，不久因病回国。1910年在德国柏林大学和瑞士苏黎世大学攻读语言文学。1913年入法国巴黎高等政治学校社会经济部，一年后，因欧洲战争爆发辍学回国。1918年起，先后在美国哈佛大学和德国柏林大学梵文研究所研究东方古文字学和比较语言学。1925年回国后，应聘为清华国学研究院导师，历任清华大学、西南联合大学、香港大学、广西大学、燕京大学、岭南大学、中山大学教授，讲授“佛教翻译文学”、“两晋南北朝隋唐史”、“唐代乐府”等课程。1930年起，先后兼任中央研究院理事、历史语言研究所研究员、故宫博物院理事、清代档案编委会委员等职。中华人民共和国成立后，当选为中国人民政治协商会议第三届全国委员会常务委员、中国科学院哲学社会科学学部委员，兼任中央文史馆副馆长。

陈寅恪的治学范围甚广，他在历史学、语言学和宗教学等方面都有很高的造诣，对中国古典文学的研究，也做出了突出的贡献。

1930年，陈寅恪在《敦煌本〈维摩诘经文殊师利问疾品演义〉跋》中，认为六朝维摩诘故事的佛典实皆哲理小说的变相。它与《冥报记》等神异小说不同，但由于中国民族素乏幽渺之思，所以哲理小说未能盛行。但佛经对中国古代文学的内容和形式，都有重大的影响。在另外一些论文中他指出佛经故事有为《大唐三藏取经诗话》和《西游记》等小说所取材，佛经的体裁长行与偈颂，即诗文相间的形式，后世衍变为散文体，偶杂以诗歌，乃成章回体小说；其保存原式，仍用散文诗歌合体者，就是后来的弹词。

自20世纪30年代开始，陈寅恪陆续发表他对中国古代诗歌、小说研究的成果，著有《元白诗笺证稿》等。他的《桃花源记旁征》、《秦妇吟校笺》、《读哀江南赋》、《论再生缘》等论文致力于以史释诗和以诗证史的考释，为国内外学者所称道。他认为元稹《新乐府》虽为唐诗的新创，但一题数意，且词意晦涩，不及白居易所作。白居易《新乐府》结构严谨，其体例为《毛诗》形式的发展。诗的排列先后总结了唐太宗以来的兴衰变化，针对时政而发，是讽喻诗的榜样。白居易用乐府古体诗改革六朝流行的宫体诗，成一代诗风，这与古文运动有同一的目的和方法。

陈寅恪对唐代文学中所谓“文备众体”，即包括史才、诗笔和议论诸体裁的作品，都有所论述。认为元稹的《莺莺传》、《连昌宫词》，陈鸿的《长恨歌传》和白居易的《长恨歌》，均属此类作品。这些分析不但可以了解唐代科举对文学的影响，也可以从中探讨作者的政治道德观念以及当时的社会风尚。

陈寅恪晚年双目失明，尚著有《柳如是别传》，凡70万言，详细笺释钱谦益和柳如是等人的诗文，对他们提出了新的评价，并着重阐述明清之际的政治背景。这是他系统地运用以诗文证史的一部著作。

91 钱穆（1895—1990），现代历史学家。字宾四，曾用笔名公沙、梁隐、与忘、孤云。江苏无锡人。1895年7月30日生。幼年家贫，1912年辍学后自学。先后在家乡的小学、厦门集美学校、无锡第三师范、苏州中学任教。在"既无师友指点，亦不知所谓为学之门径与方法"的情况下，"冥索"苦学，开始著述。著《论语要略》、《孟子要略》。他所著《国学概论》，率先系统地清理"五四"以来的当代思想，1926年夏，由商务印书馆出版，被定为中等学校教科书。1930年，发表《刘向歆父子年谱》，由史入经，列举事实，指出康有为《新学伪经考》刘歆伪造诸经之说不可通，说明刘歆无伪造诸经之必要与可能。文章解决了晚清道咸以来的经学今古文争论的公案，打破了中国近代经学研究中今文学的一统天下，纠正了一味疑古的学风，因而震动了北方学术界。同年，经顾颉刚介绍，应聘到燕京大学任国文讲师。以后历任燕京大学、北京大学、清华大学、北平师范大学教授。抗日战争时期，先后在西南联合大学、华西大学、四川大学任教，并曾主持齐鲁大学国学研究所，主编《齐鲁学报》。抗日战争胜利后，1946年秋，任昆明五华学院文史研究所所长，并任教于云南大学。1948年春，任无锡江南大学文学院院长兼历史系主任。1949年去香港，创办亚洲文商夜校，1950年改办日校，更名新亚书院。1953年创办新亚研究所。1960年，应邀赴欧美一些大学参观、讲学。1964年新亚书院并入香港中文大学，遂辞去新亚书院院长职。1967年移居台北，任中国文化书院（今文化大学）博士生班首任班主任、“中央研究院”院士、“故宫博物院”特聘研究员。1987年6月结束教学生涯。治学由古文始，进而治五经，治先秦诸子，再进而治史学；由通史而至文化史、思想史。兼重训诂考据与义理，尚会通，于会通中探求中国学术文化之内在生命力和内在逻辑，阐扬中华民族文化。对中华民族文化有精深的研究和深厚的感情，认为“我民族国家之前途，仍将于我先民文化所贻自身内部获其生机”。

钱穆著作等身，有专著80种以上。主要有《刘向歆父子年谱》、《先秦诸子系年》、《中国近三百年学术史》、《国史大纲》、《中国文化史导论》、《文化学大义》、《中国历代政治得失》、《中国历史精神》、《中国思想史》、《中国思想通俗讲话》、《宋明理学概述》、《论语新解》、《诸子新学案》、《中国学术通义》、《从中国历史来看中国民族性及中国文化》等。结集出版的文集有《两汉经学今古文平议》、《中国学术思想史论丛》（8册）、《历史与文化论丛》、《中国文学论丛》、《古史地理论丛》、《中华文化十二讲》、《中国文化十讲》、《中国文化丛谈》等。他强调中国历史的独特而长久的传统，倡中国秦以后非封建社会非专制政治说，被公认为现代中国三大史学派别之一传统史学的代表，影响颇大，尤以治学术思想和文化史的成就闻名中外，被誉为儒学大师。曾获香港大学名誉法学博士、美国耶鲁大学名誉人文学博士。

92《山海经》，先秦古籍，作者不详。主要记述古代地理、物产、神话、巫术、宗教等，也包括古史、医药、民俗、民族等方面的内容，具有多方面的学术价值。

《山海经》现存本皆出于郭璞本，全书共18篇，31000多字。“五藏山经”5篇、“海外经”4篇、“海内经”4篇、“大荒经”4篇、“又海内经”1篇。《汉书·艺文志》作13篇，没有把“大荒经”和“海内经”计算在内。“五藏山经”详细地记述了山势水系、物产、神祇及祭祀之法。其所述地域、地望以及山水的走向大多可考。此经的“海经”部分，有据图为文的痕迹，大约是以文字说明图像的。

这部书过去传为禹、益所作，自汉代以来的研究者，都不信此说法。书中关于铁器、动植矿物、医药等方面的知识已有相当水平，夏代不可能达到。《山海经》的成书经历了从西周中期至汉初的漫长过程，故非一人一时之作，而是若干作者长期修订补充的成果。到西汉刘秀（歆）校书的时候才合编在一起的。

《山海经》记述的内容，范围很广，刘秀《上〈山海经〉表》说：它“内别五方之山，外分八方之海，纪其珍宝奇物，异方之所生，水土草木禽兽昆虫麟凤之所止，祯祥之所隐，及四海之外，绝域国，殊类之人”。它对古代人民是有多方面的实际作用的。其中原始神话、原始宗教的材料尤多。许多散亡的中国古代传说，赖有此书得以保存其大概。如以乳为目，以脐为口，执干戚而舞的刑天神话；赤足白喙，衔石以堙东海的精卫神话；虎尾豹齿，蓬发戴胜，穴居的西王母神话；蚩尤与黄帝大战于涿鹿之野的神话；殷周民族的始祖神帝俊的神话以及著名的夸父神话、创造女神女娲神话等，都在《山海经》中得到保存。其他如关于山神等的自然崇拜与祀祭习俗以及信仰、禁忌等方面也都有许多宝贵的资料。

《山海经》中所记神话不仅数量最多，而且大多比较原始，情节比较完整的也有不少，这在先秦古籍乃至后世典籍中都是少有的。它在神话学、宗教学上具有重要研究价值。同时，对于古代历史、地理、物产、医药等方面也有重要的科学价值。《山海经》中的不少神话，在《天问》中都得到印证。

本书传世以来，在其影响下产生了一系列志怪小说和地学著作，至今研究地学、博物、史学、神话、医药的学者还可从中取材。现存版本主要有《道藏》本、《古今逸史》本、《四库全书》本、《四部备要》本、《四部丛刊》本、《丛书集成初编》本。历代注本以晋代郭璞《山海经注》为最古。清人吴任臣《山海经广注》以图见长。毕沅《山海经新校正》以地理考据见长。郝懿行《山海经笺疏》注释成就较高。今人袁珂《山海经校注》最有参考价值。

图书在版编目（CIP）数据

大国崛起的文化准备/李洪峰著．—北京：文化艺术出版社，2011.5

ISBN 978-7-5039-5051-3

Ⅰ.①大… Ⅱ.①李… Ⅲ.①文化事业—发展战略—研究—中国 Ⅳ.①G12

中国版本图书馆 CIP 数据核字（2011）第 053920 号

大国崛起的文化准备

著　　者　李洪峰
责任编辑　斯　日
责任校对　方玉菊
装帧设计　刘玲子
出版发行　文化艺术出版社
地　　址　北京市东城区东四八条 52 号　100700
网　　址　www. whyscbs. com
电子邮箱　whysbooks@263. net
电　　话　（010）84057666　84057660（总编室）
　　　　　（010）84057691　84057690（发行部）
经　　销　新华书店
印　　刷　国英印务有限公司
版　　次　2011 年 9 月第 1 版
　　　　　2011 年12月第 2 次印刷
开　　本　787×1092 毫米　1/16
印　　张　20.25
字　　数　200 千字
书　　号　ISBN 978-7-5039-5051-3
定　　价　49.80 元